종교개혁 시대의 영성

Roots that Refresh

by Alister McGrath

종교개혁 시대의 영성

알리스터 맥그래스

박규태 옮김

좋은씨앗

종교개혁 시대의 영성

초판　1쇄 발행　2005년 6월 20일
재조판 1쇄 발행　2021년 3월 20일
재조판 2쇄 발행　2025년 11월 20일

지은이　알리스터 맥그래스
옮긴이　박규태
펴낸이　신은철
펴낸곳　좋은씨앗
출판등록　제4-385호(1999. 12. 21)
주소　서울시 서초구 바우뫼로 156, 402호
전화　(02)2057-3041 팩스 / (02)2057-3042
이메일　good-seed21@daum.net
페이스북　facebook.com/goodseedbook

ISBN 978-89-5874-427-6 03230

종교개혁을 가능하게 했던
영성의 뿌리를 찾아서

차례

이 책에서는 종교개혁의 신학적 입장에서 우리 시대의 왜곡된 영성과 건전한 영성은 무엇인지 논의했습니다. 특별히 종교개혁 전공자로서 뛰어난 신학적 저술들을 많이 저술하고, 복음주의 지성의 각성을 촉구하고 호소해온 맥그래스가 저술한 이 책『종교개혁 시대의 영성』은 개혁자들의 경건과 영성으로부터 점점 더 멀어져만 가는 지금의 출판 현실에 있어 한 잔의 청량제와 같습니다.

종교개혁가들의 영성이 칼 바르트와 위르겐 몰트만으로 이어져 현대에 적용되고 있다는 그의 주장과 현대 복음주의가 그러한 영성의 계승자라는 인식, 그리고 개신교 신학에 입각한 영성을 논하면서도 로마 가톨릭과의 친근함을 보이는 맥그래스의 인식과 신학적 이해에는 온전히 동의하기 어렵지만, 영성을 말할 때는 종교개혁의 신학적 영성에 대한 논의가 있어야 한다는 그의 주장에는 전적으로 동의합니다.

그러한 영성이 일상의 각 영역과 분야에서 실천되어야 한다는 이러한 시각이 영성에 대한 조국 교회의 불균형을 바로잡아주리라 생각합니다.

종교개혁자들의 신학에 기초한 영성에 대해 광범위하면서도 간결하게 기록한 이 책이 특별히 꼼꼼하게 독자를 배려한 역자의 손을 통해 나오게 된 것 또한 기쁘게 생각합니다. 원래 저자는 일반 독자들을 위한 각주를 달지 않았습니다. 종교개혁자들과 그 시대 및 인용되고 있는 인물들과 사건들에 대한 선지식이 없는 독자들을 위해서는 역주가 좋은 도움이 될 것입니다.

_김남준(목사, GSI선교회 대표)

이 책의 원제목은 '새롭게 하는 뿌리들: 종교개혁 영성을 기리며'이다. 영국 케임브리지대학교의 복음주의 신학자 알리스터 맥그래스가 1991년에 쓴 이 책은 종교개혁을 가능케 했던 영성을 현대 개신교회와 교인들의 삶 속에 다시 적용해 보려고 시도한 노작이다. 저자는 종교개혁 영성이 성경에 충실하면서도 현실에 뛰어들 수 있다는 측면에서 현대 교회의 생명력 있는 대안임을 설득력 있게 주장한다. 나는 이 책의 주요 논지를 압축적으로 요약하고 나의 논평을 곁들임으로써 추천의 이유를 밝혀보고자 한다.

1장 "어두움이 물러가고 빛이 밝아오다: 종교개혁 영성의 생명력"에서 저자는 16세기 종교개혁이 기독교적인 정체성과 순전성을 찾으려는 시도였음을 강조한다. 종교개혁 영성의 핵심은 성경으로부터

자양분을 공급받아 교회의 정체성을 회복하고 교회와 개별 그리스
도인을 갱신하며, 세상을 변혁하는 에너지를 창출하는 데 있다는 것
이다.

2장 "종교개혁 영성의 기본 원리"는 중세 수도원적 영성과 종교개
혁 영성을 구분함으로써 종교개혁 영성의 특성을 잘 부각시킨다. 중
세 수도원에서는 '영적이다'라는 표현이 '세속 사회로부터의 탈출'을
의미했다. 이것은 육체와 물질의 세계가 영과 정신의 세계에 비해
열등하다고 믿은 플라톤적인 이원론의 연장일 뿐이었다. 종교개혁
자들은 하나님의 영에 지배를 받는 사람의 삶이 이뤄지는 현장이
곧 수도원이며 영성 실현의 장이라고 보았다. 세상에 존재하면서 하
나님의 말씀에 응답하는 사람의 삶(고전 2:14-15)이 바로 영성인 것이
다. 따라서 종교개혁적 영성은 내면생활을 살찌움으로써 인격적 완
덕을 추구하는 가톨릭적인 영성과는 사뭇 달랐다. 그들의 영성은 내
면으로만 치닫는 축소적인 행위가 아니었고, 총체적인 영역에서의
경건이요 하나님의 뜻에 대한 총체적인 응답이었다.

또한 저자는 종교개혁자들이 가톨릭의 사이비 영성을 예리하게
비판했음을 상기시킨다. 로마 가톨릭교회는 성직자들의 탈세상적
삶이나 가톨릭의 위계질서가 영성의 수원지이며, 그 질서와 지위 자
체가 영성을 자동적으로 구현한다고 주장했다. 그러나 맥그래스에
의하면, 실상 루터의 종교개혁 영성은 초기 수도원에서 출발한 잃어
버린 평신도 영성 전통의 회복이었다. 성직자들의 영성 독점에 저항
하는 평신도들의 자발적인 영성 운동이 수도원 영성이었다는 점에

서, 루터의 종교개혁 영성은 중세 초기 기독교회의 순수 수도원 영성의 회복으로 인정된다.

저자는 종교개혁 영성의 특징을 성경연구, 하나님을 아는 지식을 통한 자아갱신, 평신도를 영성생활의 중심 주체로 설정하고 일상생활의 신비에 눈뜨게 한 영성, 이렇게 세 가지로 구분한다. 종교개혁은 성경을 읽고 깊이 묵상한 사람들의 운동이었다. 그들은 가톨릭교회에서는 상상도 할 수 없는 광범위하고 포괄적인 성경주석에 몰입했다. 또 한편 종교개혁자들은 성령의 직통계시를 강조하는 재세례파에 맞서 객관적인 성경계시의 우선성을 강조했다.

또한 저자 맥그래스는 현대 미국의 TV 복음전도자들의 자아존중적 위로 설교에 담긴 영성과 심리학적 인격완성을 강조하는 현대적 영성 개념을 비판하면서 종교개혁 영성의 자아변혁적 특징을 부각시킨다. 그들은 하나님을 아는 지식으로 변화를 받는 자아를 말했지, 막연한 정신 고양이나 심리조작을 통한 자아완성을 말하지 않았다는 것이다. 종교개혁자들에게 "하나님을 안다"는 것은 "하나님으로 말미암아 자아와 공동체가 바뀐다"는 것을 의미했다.

종교개혁 영성의 세 번째 특징은 평신도를 일으키는 영성이었다. 종교개혁자들은 평신도가 하나님의 백성이라는 관점을 견지했다. 과연 놀랍게도 종교개혁 초기의 지지자들과 참여자들은 평신도 남녀 교인들이었다. 이처럼 종교개혁의 영성은 평신도 중심의 영성이었기 때문에 일상생활에서 뿌리를 내리는 영성으로 발돋움할 수밖에 없었다. 종교개혁 영성은 평신도의 삶이 주로 이루어지는 현세를 긍정하고 노동의 가치를 인정하는 영성으로 자리잡았다.

3장 "기독교의 뿌리를 재발견하다: 종교개혁 영성과 정체성"에서 저자는 16세기 종교개혁이 초대 기독교 신앙의 뿌리로 돌아가자는 온고이지신 운동이었음을 논증한다. 일찍이 루터는 십자가에 못박힌 그리스도를 통하여 박탈과 박해를 감수하던 초대 교회와의 연속성을 확보하려고 했다. 칼뱅은 제네바를 거룩한 도시로 변혁하려는 과정에서 사도시대의 교회 구조를 창출하려고 분투했다는 점에서 온고이지신 영성의 산 증인이 되었다. 츠빙글리는 성찬식을 통하여 예수 그리스도의 죽으심과 부활을 기념하고 기억하며 초대 교회 공동체와의 연속성을 확보하려고 노력했다. 이처럼 예수 그리스도와 초대 교회는 16세기 종교개혁의 교회의 뿌리를 찾는 단서였다.

4장 "신앙에 찾아온 칠흑 같은 밤: 루터의 십자가 신학"에서 저자는 "오직 십자가만이 우리의 신학이다. 크루시안(crucians)만이 그리스도인(Christians)이다"라는 명제를 자세하게 해설하고 있다. 루터의 '십자가 신학'은 가톨릭교회의 '영광의 신학'에 저항한다. 세상의 비천하고 연약한 경험 속에 감춰져 계신 하나님을 발견하는 것이 십자가 신학의 주요 논지다. 이성은 하나님께서 장엄하고 권능에 찬 상황에서 자신을 계시한다고 주장하나, 십자가 신학은 이것이 거짓됨을 폭로한다. 또한 로마 가톨릭교회의 영광의 신학은 경험이 낳은 그릇된 인상들의 뒷면을 바라본 나머지 역설적 경험 속에 숨으신 하나님을 알아차리지 못한다. 이 경우 믿음의 흑암이 시작된다. 예기치 못한 하나님의 고난과 겸비 때문에 눈이 감기고 귀가 닫힌다. 하나님은 으레 하나님을 경험할 것이라고 기대하는 곳에서 경험되지 않고 정반대의 영역에서 경험된다는 것이다. 이처럼 십자가 신학은 이성과 경험을 비판한다. 십자가는 모든 것을 시험하는 시금석이다. 그래서 십자가 신학은 소망 없는 연약함 속에서도 하나님의 현존을 본다는 점에서 소망의 신학이라고 부를 수 있다. 끝으로, 루터의 '십자가 신학'은 오늘날 '나에게 유익한 것'을 찾아가는 자아중심적 영성을 경계하고, 오도된 영성운동을 비판하는 데 효과적인 발판을 제공해 준다.

5장 "견고한 피난처가 되시는 하나님 : 신앙, 의심, 그리고 염려"에서 저자는 의심과 불확실성을 신앙의 적으로 보지 않고 그것들을 변증법적으로 긍정하는 착상을 보여준다. 16세기 자체는 총체적 불확실성과 의심의 시대였다. 어떤 의미로는 개혁자들에게 있어 신앙의 본질이란 곧 의지적인 결단을 의미했다. 비록 지식에 비추어 의심과 수긍하기 어려운 점이 생겨나더라도 하나님의 약속과 그분의 인격을 신뢰하겠다는 단호한 마음이 믿음이다. 종교개혁 영성에서 가장 독특한 특징 중 하나는 부활하신 그리스도 안에서 신자의 모습을 새롭게 바꾸시는 만남이 일어난다는 점이다. 죄와 악처럼 의심과 염려는 신자들이 신앙인으로 살아가는 내내 신자들을 엄습한다. 이때 신앙은 불신앙을 조장하는 지성과 경험에 맞서 싸우게 된다.

6장 "도시 속의 신앙 : 비판의 시선으로 세상을 긍정하는 영성"과 7장 "일상세계 속의 신앙: 인간의 노동이 가지는 고귀함"에서 저자는 "부지불식간에 하나님을 부인하지 않으면서도 어떻게 이 세상을 긍정할 수 있을까?"의 문제를 다룬다. 6장에서 저자는 종교개혁 영성이 16세기에 두각을 드러낸 도시생활과 신흥 부르주아 계층 시민들의 영적 요구를 시의적절하게 만족시켰음을 잘 논증하고 있다. 여기서는 하비 콕스(『세속도시』)나 자크 엘륄(『도시의 의미』)이 '도시'에 대해 내린 것과는 약간 다른 신학적 평가가 제시되고 있다. 저자가 보기에 종교개혁자들에게 '도시'는 새롭게 부상하는 신앙공동체를 상징했다. 16세기의 도시는 신흥 시민계급의 중심 무대이자 새로운 신앙 공동체 탄생의 요람이었다. 역사적, 사회학적, 정치적 관점에서 보면 과연 16세기 유럽에서 도시는 프로테스탄트 신앙을 지키는 신흥 시민계급의 진지요 영적 요새였다는 것이다. 인간의 자율성과 성취를 표상하던 존 던이나 자크 엘륄 식의 도시가 아니었다. 결론적으로 저자 맥그래스는 도시라는 이미지가 복음주의의 공동체적 영성을 세우는 데 제거될 수 없는 자산임을 긍정한다.

그래서 종교개혁자들은 수도원의 헌신은 노동보다 절대적으로 귀하다는 가톨릭교회의 수도원 영성 전통을 배격한다. 16세기 종교개혁 영성은 세상 한복판으로 나아갈 것을 강조한다. 세속 한복판으로 들어가 세상 활동에 능동적으로 참여하는 영성이라는 것이다. 물론 종교개혁자들의 '비판적 시선'을 지닌 세상 긍정은 인간의 모든 문명에 대해 무조건 쌍수를 들고 환영하는 것을 의미하지는 않는다. 이런 점을 고려한다면 나는 "저자 맥그래스가 도시 문명의 반기독교적 경향도 논의했더라면 좀더 균형잡힌 논의가 되지 않았을까?"라고 생각해 본다. 물신숭배와 음란한 영들의 본거지로 그려지는 종말의 도시 바벨론(계시록 18장) 이미지는 전혀 언급하지 않았다. 또한 저자는 다국적 기업의 횡포와 물신화된 권력의 총본산인 도시문명을 해부하지는 않고 있다. 그럼에도 불구하고 '도시'에 대한 (종교개혁자들과) 맥그래스의 신학적 복권은 신선하다.

7장 "일상 세계 속의 신앙: 인간의 노동이 가진 고귀함"에서 저자 맥그래스는 종교개혁 영성이 근대 서구문화에 끼친 영향 중 하나가 직업윤리 영역임을 강조한다. 개신교 직업윤리는 육체노동을 긍정하고, 세속 노동이 신성함을 옹호한다. 루터는 가정부의 일이나 수도사의 일이나 둘 다 고귀하고 신성하다고 주장한다. 오도된 가톨릭교회의 수도원 영성이 소명을 세상으로부터 탈출해 수도원으로 은둔하는 것이라고 정의한 반면, 종교개혁 영성은 세상 속으로 부름받아 노동에 참여하는 것이 소명이라고 주장했다. 하나님이 부르신 소명은 하나님이 지으신 이 세상에서 하나님을 섬기는 것을 의미한다는 것이다. 종교개혁자들은 (육체)노동을 하나님이 창조하신 세계와 이 세계를 통하여 하나님을 찬양하고 그를 긍정하는 영화롭고 영예로운 도구라고 본다.

8장 "넘치는 은혜: 하나님의 자비를 다시 발견하다"에서 저자는 '은혜'는 중세의 공로주의 세계에서 살아남은 개념이었음을 강조한다. 종교개혁 영성은 죄의 실체를 대면하게 하고 그 지배로부터 인간의 구원을 강조한다. 그리스도인은 자신의 입장에서 보면 늘 죄인이나, 밖에서 자비로운 하나님의 입장에서 보면 완전해질 의인들이다. 저자는 여기서 성례들이 하나님의 은혜를 기억나게 하는 도구들이었음을 부각시킨다.

9장 "훈련과 자유: 이신칭의와 그리스도인의 삶"에서 저자는 이신칭의 교리에 대한 통속적 이해를 비판하면서 하나님이 주신 죄사함의 은혜는 성화를 위한 부단한 훈련으로 심화된다는 사실을 강조한다. 그리고 믿음 '때문에' 의로워진 것이 아니라 믿음을 '통하여' 의롭다하심을 경험한다는 점을 분명히 밝히고 있다. '이신(以信)'이라 할 때 그 '신(信)'은 신자의 신앙의지를 가리키는 말이 아니라 그리스도의 신실하심을 가리키는 말에 가깝다. 믿음은 그리스도께서 이루신 일을 우리 삶에 적용시키는 수단이다.

저자는 여기서 "개인이나 공동체가 율법을 지킴으로써 성화의 훈련을 받는 것은 은혜의 우선성을 강조하는 것과 모순되지 않는가?"라는 질문을 스스로 제기하고 "아니요"라고 답한다. 저자는 사죄의 확신에서 '사랑의 샘물'이 흘러나온다고 믿은 루터를 은근히 교정하는 것 같다. 루터는 진정한 믿음은 자연스럽게 선한 행실을 낳는다고 주장했다. 반면 칼뱅은 사랑의 샘에서 흘러나오는 자발적인 사랑이 기독교인의 성화를 자동적으로 성취시키는 것이 아니라, 이신칭의의 사죄 경험이 그리스도와의 연합을 경험하는 것으로 이어진다고 강조한다. 칭의와 성화 둘 다 그리스도 안에 현존하는 그리스도의 사역이라는 것이다. 칭의 경험은 말씀에 순종하는 경험, 율법 성취의 경험을 낳는다. 저자는 성화를 위해서는 칼뱅의 신학이 더욱 효과적이라는 판단에 이른 것처럼 들린다.

훈련은 구원받은 백성이 그리스도를 닮아가기 위하여 하나님의 율법에 복종하는 연습이다. 칼뱅에 따르면 하나님을 향한 신자의 헌신이 깊어가는 과정에서는 훈련이 필수적이다. 개인과 공동체 양쪽에서, 훈련은 그리스도의 모습을 닮아가는 과정을 촉진한다. 칼뱅은 프랑스의 칼뱅파 소그룹에 부단한 훈련을 강조했기 때문에 가톨릭 교회의 큰 박해에도 불구하고 살아남아 성공을 거두었다고 평가한다. 이 점은 필자에게 아주 새롭게 다가온 통찰의 빛줄기였다.

"결론: 종교개혁 영성과 현대 교회"에서 저자는 종교개혁 영성의 현대에의 적용가능성을 옹호한다. 종교개혁 영성은 16세기 유럽에서 검증된 영성이었다는 점에서 "현대사회에 무한히 적용가능하다." 종교개혁 영성은 지금에도 적용가능하고 스스로의 오류를 질정해 갈 수 있는 자가발전적 에너지를 함유하고 있다. 이런 점에서 종교개혁 영성은 현대 교회를 갱신시킬 수 있는 뿌리가 되는 영성으로 존중되어야 한다.

이 책은 오늘날 자신과 교회를 갱신하고, 새롭게 된 교회공동체를 통하여 세상을 변화시켜 보려는 하나님의 백성들에게 풍성한 위로와 확신을 안겨주는 책이다. 비교적 읽기 쉽게 원서를 번역한 역자의 수고는 인정되어야 할 것이다. 끝으로 목회자와 신학생, 의식 있는 평신도와 기독청년들의 진지한 일독을 권한다.

_김회권(숭실대학교 기독교학과 교수)

소년 시절, 나는 할아버지의 다락방을 샅샅이 헤집고 다녔다. 그것은 나의 가장 큰 즐거움이었다. 그 방은 책과 그림 그리고 20세기 초에나 사용되었을 법한 오래된 가구들이 즐비해, 내게는 보물 창고나 다름없었다. 그 방은 빅토리아 시대의 엄청나게 넓은 저택 맨 꼭대기에 자리하고 있던 탓에, 오래 되었지만 버리기에는 아까운 온갖 종류의 물건들을 보관해 두는 저장고 역할을 해왔다. 이런 물건들을 버리지 못하게 하는 마음 어딘가에는 '그것들도 언젠가는 쓸모가 있겠지'라는 철학이 자리하고 있었을 테다.

그 후 나는 이와 똑같은 태도가 그리스도인들의 사고에 있어 훌륭한 기초를 이루고 있음을 발견했다. 신뢰할 만한 기독교 신학과 영성은 과거의 사상과 가치를 진부한 것으로 여기지 않고, 앞으로도 의미 있게 사용될 것으로 간주한다. 특별히 고전적 복음주의 영성의 토대를 놓은 '종교개혁 영성'이 이에 해당한다. '고전적'이라는 개념은 복잡하고 그 안에 많은 중요한 개념들을 담고 있다. 고전은 하나의 판단 기준이 되며, 세월이 가도 변함없는 하나의 자원으로 남아, 그 의미와 적실성이 그 시대에 소멸되지 않고 다른 시대에도 의미 있게 사용된다. 셰익스피어의 『맥베드』, 베토벤의 <교향곡 3번 영웅> 그리고 플라톤의 『국가』 등은 모두 현대에 와서도 변함없이 이 시대와 적실성을 유지하고 있는 고전들의 본보기이다. 현대에 나온 저술들은 기껏해야 한두 세대 그 소임을 수행할 뿐이지만, 고전은 계속하여 그 생명을 이어가면서, 아직 태어나지 않은 세대들 사이에서도 적지 않은 기여를 하게 된다. 그런 점에서 종교개혁 영성은 고전적 자원이다. 이는 현대 복음주의가 자기를 이해하도록 돕는 아주 중요한 판단 기준이며, 현대 복음주의의 필요에 부응하는 지속적인 자원으로도 사용된다.

기독교 역사상의 다른 많은 시대들처럼, 종교개혁은 오늘날 우리에게 많은 것을 제공한다. 위르겐 몰트만의 『십자가에 달리신 하나님』(*The Crucified God*, 이 시대에 루터의 십자가 신학을 가장 훌륭하게 설명해 놓은 책이다, 대한기독교서회 역간)과 같은 작품들은 우리에게 종교개혁 시대의 신학이 갖고 있는 상당한 잠재력을 일깨워 준다. 그리고 그러한 인식은 종교개혁 시대의 영성에까지 확대되어야 한다. 종교개혁 영성은 고전적인 복음주의 영성의 토대를 놓은 것 이상의 가치가 있다. 종교개혁 영성은 마치 연기로 가득찬 방 속에 신선한 공기를 불어넣

듯, 새롭고 활력이 넘치는 그리스도인의 삶으로 가는 길을 열어 놓았다. 종교개혁은 우리가 다시 한번 새롭게, 우리의 상황을 돌아보기 위해 우리의 뿌리인 성경으로 돌아가 상고하라고 초대하고 있다.

종교개혁적인 영성은, 여전히 성경에 충실하면서도 현대의 삶이라는 현실에 뛰어들려는 현대 교회가 선택할 수 있는 생명력 있는 대안이다. 왜냐하면 고전적 복음주의 영성은 성경으로 돌아가는 것 이상을 말하기 때문이다. 이는 체계적이고 일관성 있는 하나의 접근법으로서, 그리스도를 통하여 하나님이 실제로 이루신 구속에 대한 성경 속의 모든 증거들이 일상 세계와 긴밀히 연결되도록 해준다. 우리는 성경을 단순히 읽고 존중하는 것으로 그치지 않고, 그리스도인의 모든 삶의 영역과 관련성을 가지는 책으로 인정해야 한다. 개혁주의 신학자들은 자신들의 접근법을 격리된 수도원이나 대학이라는 상아탑 속에서 발전시키지 않았다. 이 새로운 접근법들은 근대 초기, 대도시라는 도가니의 열기 속에서 담금질되고 검증된 것들이었다. 시험을 거쳤고 검증도 받았다. 그런데 오히려 지금은 무시되고 있는 형편이다.

이 책은 기독교 영성에 대한 고전적 접근법을 회복하는 데 미약하나마 도움을 주기 위해 썼다. 프로테스탄트 전통을 이어가는 많은 교회들이 영적 갱신을 위해 자신의 복음주의적 뿌리로 되돌아가려고 결심한다면, 이 책은 그 전통이 담고 있는 몇몇 풍성한 유산들을 지금의 상속자들이 선용하게 하는 데 목표를 두고 있다. 성장과 발전의 선행 조건이 그 영적 뿌리로 돌아가는 것이라면, 고전적 접근

방식을 통해 복음주의 영성을 얻기 원하는 사람들이 쉽게 다가가고 선용할 수 있도록 종교개혁의 영성은 재발견되어야만 한다. 현대 미국인의 종교 생활을 살펴본 근래의 많은 조사 결과들이 이 점을 언급하고 있다.

현대의 그리스도인들이 이 글에 담긴 생각들을 쉽게 이해하고 다가갈 수 있도록 했다. 영성이라는 주제에 관해 다른 시대에 나누어졌던 대화를 현대인들이 엿듣도록 돕고자 애썼다. 아무 생각없이 과거로 뒷걸음질치지 않았으며, 기독교 역사상 진실로 창조적이고 흥미로웠던 순간을 비판적이면서 동시에 감사가 묻어나도록 다루었다. 현대 복음주의자들에게 있어 종교개혁을 연구하는 것은 단지 우리가 잊고 억눌러왔던 것을 재발견하는 것일 뿐 아니라, 여러 개의 조각들로 나눠진 우리 세계를 어떻게 다시 하나로 모을지 그 방도를 배우는 일이다. 이는 또한 개혁자들에게 놀라움을 안겨 주는 작업이며, 종교개혁이 그동안 우리가 익히 알아온 것과 얼마나 다른지 발견하게 한다.

1990년 미국 드루대학교의 한 강좌에서, 뉴잉글랜드 지역 출신의 목회자와 신학생 그리고 일반 신자로 이루어진 청중을 상대로 하여 '종교개혁 영성'이라는 주제로 강의해 달라는 부탁을 받았을 때 이 책에 대한 아이디어를 생각했다. 이를 계기로, 나는 종교개혁 영성의 본질과 그것이 이 시대와 어떤 관련이 있는지 구체적으로 살펴보게 되었고, 나아가 목회에 그것을 선용하고 싶어하는 청중과 함께 이에 관해 탐구할 기회도 얻을 수 있었다. 이 강의들이 상당히 뜨거운 반응을 불러오면서, 나는 될 수 있는 한 많은 사람들과 이를 나누는 것이 중요하다는 확신을 갖게 되었다.

드루대학교에서 강의할 수 있도록 초청해 주신 토머스 오글리트리 교수님께 감사드리며, 아울러 제임스 올트 주교님과 호의를 베풀어 준 드루대학교 신학부에도 감사드린다. 또한 그 무렵 프린스턴신학대학원과 메모리얼교회, 하버드대학교에서 했던 공개 강연들로부터 관련 자료들을 끌어다가 포함시켰다. 또한 1991년 봄에 캘리포니아 주 할리우드에 있는 제일장로교회에서 열렸던 '개혁을 위해 연합한 그리스도인들'(Christians United for Reformation: CURE) 총회에 제출하기 위해 그 자료를 새로 고쳐 썼다. 거기서 받았던 많은 유익한 조언들에 대하여 감사드리며, 호의를 베풀어 준 마이클 호튼 교수님께 감사드린다. 종교개혁 영성에 담긴 이런 생각들이 할리우드에서 통할 수 있다면, 어디에서도 이것이 통할 수 있다고 생각한다.

마지막으로, 종교개혁자들의 저술에서 인용한 글에 대하여 한마디 덧붙이고자 한다. 나는 원전에 담겨 있는 신선함을 전달하고자 16세기의 라틴어, 독일어, 프랑스어 원전을 직접 번역했다. 그러나 현대의 독자들에게 익숙하지 않을 수 있는 몇몇 부분의 말과 개념들에 대해서는 해석과 함께, 다르게 바꿔 써야만 했다. 원전이 담고 있는 의미에 어떤 왜곡도 일어나지 않았음을 확신한다. 많이 생각한 끝에, 나는 인용문의 출처를 밝히지 않기로 마음먹었다. 그런 출처들은 굳이 학문성을 드러낼 필요가 없는 이런 성격의 작품에는 필요치 않다.

소망이 있다면, 이 책에서 제시된 여러 성찰들을 앞으로 학문 차원에서 완전하게 제시한 책을 쓰는 것이다. 기독교 역사에서 이처럼 두드러지게 역동성이 충만하고 창조성이 흘러넘치던 시대의 영성을 완전하게 설명하려면, 가톨릭 복음주의의 풍성하고 귀중한 공헌들이 포함되어야 할 것이며, 나바르의 마거리트와 가스파로 콘타리니 같은 이들의 저작들도 활용되어야 한다. 아울러 종교개혁 영성에 대한 완전한 설명이 이루어지려면, 기독교 전통의 기도와 예배 의식에 상당한 기여를 했던 잉글랜드 종교개혁의 자원들도 원용되어야 할 것이다. 그리고 그것은 당대에 가장 탁월한 저술가와 사상가들이 달려들었음에도 역사에 의해 '소수'로 불린 유럽 전역의 개혁자들이 남긴 화려한 유산들을 망라하는 시도가 될 것이다. 현재는 다만 꿈일 뿐인 저술을 시작하게 되면, 그 책에서는 모든 참고 문헌과 인용처를 상세하게 기록하도록 하겠다. 그 동안은 이 책으로 만족해야 할 것 같다.

이 책이 갖고 있는 한계에 대하여 충분히 사과했다고 보고, 이제 본격적으로 주제를 다루어보자.

1장

어두움이 물러가고 빛이 밝아오다: 종교개혁 영성의 생명력

빛은 희망을 나타내는 상징물이다. 1914년의 여름이 막바지에 이르고, 눈앞에 닥쳐 온 전쟁의 기운을 유럽의 주요국들이 체감하기 시작할 무렵, 많은 유럽인들에게 이 빛은 금방이라도 꺼져버릴 것처럼 보였다. 1914년 8월 3일, 런던의 화이트홀에 있는 집무실 창가에 서서 밖을 내다보던 당시 영국 외상 그레이 경은 이 음울한 기운을 간파하면서, 그 해 여름에 벌어졌던 냉혹한 사건들이 암시하는 바를 되씹고 있었다. '온 유럽에서 등불들이 꺼져가고 있구나. 앞으로 살아가는 동안, 그 등불들이 다시 켜지는 것을 못 볼 거야.' 어둠이 내리기 전 그림자가 길게 드리우면서, 희망의 시대의 종말을 상징하듯 빛은 깜박거리고 있었다.

하지만 이때로부터 400년 전에는 정반대의 정서가 뒤덮고 있었다. 1535년, 여러 해에 걸친 독립 투쟁 끝에, 마침내 제네바 시는 강국이었던 사보이 공국으로부터 자유를 얻었다. 이 신흥 독립시는 정치와 종교 양면에서 과거와 인연을 끊고, 당시 유럽을 휩쓸고 있던 중요하고도 새로운 종교의 힘—종교개혁—에 동조하기로 결정했다. 그 다음 해(1536년)에는 장 칼뱅이 제네바에 도착하여 제네바 복음주의에 꼭 필요했던 방향감각과 목적의식을 제공하게 된다. 1535년에 제네바 시의회는 이미 그 미래의 세력들에 동조하는 결의문에 서명하기로 했다. 그리고 역사의 흐름 속에서 울려 퍼지게 될 그 도시의 모토를 선택했다. '어둠이 물러가고, 빛이 밝아오도다'(post tene-bras lux). 새로운 희망의 시대가 동터오는 것처럼 보였다.

종교개혁을 수용하기로 한 제네바 시의 결의는 당시 대부분의 북구 대도시들의 모범에 따른 것이었다. 그렇지만 그것은 당시 유럽의 여러 도시들에서 움트고 있던 새로운 정치 질서 이상의 것이었다. 즉, 하나의 새로운 기독교 영성이 창조되어 발전하고 있었던 것이다. 그것은 성경에 충실하고 기독교 전통에 깊이 뿌리내리고 있으면서, 다른 한편으로는 새 시대와 그 시대를 맞이하던 도시들의 요구에 부응하는 것이었다. 이 책이 주제로 삼는 것이 이러한 영성이다.

종교개혁의 영성을 연구하는 것은 낭만주의적인 기풍에 탐닉하는 게 아니다. 모든 것이 지금보다 나았다고 지나간 황금 시절을 동경하는 것처럼, 과거에 대한 향수를 곱씹는 것도 아니다. 그것은 희미하게 바래버린 사진들을 감상에 젖어 들여다본다거나, 지나간 시대와 그 시대의 평안함을 갈구하는 것도 아니다. 그것은 우리 시대에도 여전히 유효하며 잠재력을 가진 과거의 사건들과 그 시대의 인물, 그들의 사상들을 유익하게 사용하려고 끈기 있게 살피는 것이다. 그것은 우리 기독교의 과거 속으로 들어가 그 시대의 여러 풍성한 자산들을 되찾아오는 것이다. 이는 현재 기독교의 모습이 바람직하지 않다는 비판에 기초한 자각이며, 나아가 그에 대한 여러 가능성 있는 대안들을 숙고하려는 의지와 결부되어 있다. 종교개혁은 고전 복음주의의 영성의 탄생을 목도한 바 있다. 현대는 바로 그 영성을 알아야 하고 그로부터 도움을 받아야 할 필요가 있다.

현대가 요구하는 영성

역사가들은 역사 속의 여러 시대들에 이름을 붙이는 것이 편리하다는 것을 알고 있다. 사람들은 종교개혁이 '근대 초기'의 여명기에 서 있었다는 데 널리 동의한다. 종교개혁은 중세와 근세의 연결점이라는 특징이 있다. 그것은 두 갈래 길, 곧 쇠락의 길로 접어들던 중세와 새롭게 떠오르던 근대가 갈라지는 분기점을 상징하기도 한다. 우리가 현대에 당연한 것으로 여기고 있는 종교, 사회, 정치 그리고 경제 분야의 많은 발전상들은 그 기원을 유럽의 종교개혁에 두고 있다. 물론 16세기보다 훨씬 후대에 발생한 것들로, 그 기원이 계몽주의 또는 프랑스 혁명으로 거슬러 올라가는 주요 발전상들도 많다. 현대의 모든 양상을 종교개혁을 통해 내다볼 수 있는 것은 아니다.

그럼에도 불구하고 종교개혁에는 우리가 살고 있는 현대의 상황과 맞닿아 있는 요소들이 있으며 그것은 아주 중요하면서도 생명력 넘치는 것들이다. 시간이 지날수록 종교개혁자들이 우리 시대의 관심사, 근심거리 그리고 열망들과 연결되어 있는 것처럼 보인다. 그때의 저작들에서 지금과 동일한 시대감각을 느끼게 되는 것은 놀라운 일이다. 역사를 되새김질 하면서, 우리가 기대하는 것이 바로 이것이다. 종교개혁을 이끌던 세력은 중세의 몰락과 더불어 서서히 밝아오던 새 시대를 연결하는 기독교적인 사고방식과 행동 양식을 개발해야 했다. 중세는 근대가 새롭게 요구하던 관심사들을 감당할 수 없었다. 종교개혁은 평범한 시민들이 점점 주도적인 세력으로 등장하는 '도시'라는 새로운 세계와 복음을 연결시키기 위해 필요했던 시도로 보인다.

현대 서구 사회의 근본적인 기원을 이때의 유럽에 두고 있다는 점에서, 종교개혁의 영성이 우리 시대와 직접 관련이 있으리라는 것은 예상할 수 있는 일이다. 이 영성이 새로운 사회 질서의 필요에 부응해 발전했다는 점을 염두에 두어야 한다. 현대의 서구 사회는 16세기 유럽이라는 뿌리로부터 떨어져 나간 것처럼 보이지만, 그 연결고리들은 아직 그대로 남아 있다. 없어서는 안 될 연결고리들은 그대로 남아 있으며, 오늘을 사는 신자들이 그것들을 발견하여 선용해주기를 기다리고 있다. 다만 그 연결고리들이 현대의 삶이 갖는 모든 측면들과 결부된 것은 아니라는 점은 예상해야 한다. 결국, 역사는 앞으로 나아가는 것이기 때문이다.

19세기에는 "종교개혁과 그것이 남긴 유산은 조금도 영성을 담고 있지 않다"는 주장이 등장했다. 이 얘기는 기독교 역사에서 쉽사리 사라지지 않고 큰 반향을 일으켰다. 사람들은 '종교개혁적인 영성'이라는 문구 자체가 전혀 어울리지 않는 말이며, 하나의 자기모순에 불과하다고 단언했다. 하지만 이 주장은 결국 쇠락하여 폐기처분만을 기다리는 처지가 됐다. 그 사실을 인식하면서 이 책을 쓸 수 있다는 것이 내게는 하나의 즐거움이다. 최근의 학문 연구가 낳은 성과들에 비추어 볼 때, 종교개혁을 이끌던 많은 인물들은 목회, 영성 그리고 사회적 측면에서, 동시대를 살던 사람들의 안녕에 열정어린 관심을 가진 이들이었음을 알 수 있다. 또한 그들은 지루하지만 종종 두려움을 자아내기도 하는 일상이라는 현실의 토양에 자신들의 신학이 견고히 뿌리내리기를 갈망했다. 순전한 기독교 영성을 향한 그들의 탐구는 다음과 같은 신념에 그 뿌리를 두고 있다. 즉 하나님을 아는 참 지식은, 그것을 확실히 깨닫는 이들이 부닥치는 정신과 경험 그리고 사회를 밑바닥부터 철저하게 바꾸어 버릴 수 있는 능력이 있다는 사실 말이다. 그러므로 오늘날 우리도 새롭고 순전한 기독교 영성을 추구한다면, 다른 것보다 먼저 루터와 칼뱅 같은 인물들과 대화를 나눠보는 것이 나을 것이다.

더욱이 최근 학자들은 초기의 관점들을 대부분 내다 버렸다. 예를 들어 로마 가톨릭 계통에서도 종교개혁자들을, 유달리 곤고하고 불안했던 한 시대에 창조력을 발휘하여 기독교 신앙을 다시 전하고 적용하는 데 관심을 기울인 저술가요 설교자들로 보는 이들이 점점 늘고 있다. 나아가 중세 교회를 산산조각내고 그 통일성을 파괴한

것은 종교개혁자들이 아니라, 오히려 후기 르네상스 시대에 정치와
사회 분야에서 나타났던 흐름들이라는 주장에 공감을 표시하는 이
들이 많아지고 있다. 유럽에서 민족주의가 부상하고 정치면에서 절
대주의를 추구하는 경향이 늘어난 것 역시 이런 흐름들에 속한다고
볼 수 있다. 사실, 종교개혁이 기독 신앙과 교회가 세속의 길로 빠져
들어가는 것을 사전에 차단함으로써 세속화에 따른 부정적 파급 효
과를 상당수 억제했다고 논증하는 것도 가능하다.

이제는 종교개혁자들을 중세 후기 교회가 가지고 있던 강퍅함 때
문에 그들 시대의 교회와 어쩔 수 없이 단절해야 했던 이들로 보려
는 추세가 많아지고 있다. 낡은 포도주 부대는 잠재력이 풍부한 새
포도주를 담을 수 없었다. 뒤늦은 깨달음 덕분에, 우리 역시 종교개
혁자들을 새로운 눈으로 바라보고 있다. 그들은 새로운 사상을 발
전시켰을 뿐 아니라, 교회가 그 시대에 나타난 새로운 도전과 기회에
부응하고 몸부림치면서 응당 행동의 준거로 삼았어야 할 옛 사상들
을 불러일으킨 사람들이다.

종교개혁이 결국 교회에 분열을 가져왔다는 것은 역사가 증언하
고 있다. 하지만 그 개혁자들은 결코 이런 분열을 일으킬 의도가 없
었으며, 실제로 그 분열을 보고 조금도 기뻐하지 않았다는 점 역시
역사가 말해 준다. 16세기의 가장 커다란 비극 중 하나는 교회를 내
부로부터 갱신시켜 새로운 모습이 되게 하겠다는 이상에 사로잡힌
이들을 대부분 강제로 교회 밖으로 축출했다는 점인데, 이는 당시
교회 지도자들이 타협이라는 말조차 철저히 거부하면서도 정작 어

떤 이상도 없던 데서 비롯된 것 같다. 탁월한 루터 연구자 하인리히 보른캄은 교회 갱신을 부르짖는 자신의 호소가 마치 소귀에 경읽기와 같다는 것을 발견하고서 루터가 빠져들었던 고뇌를 유려한 필치로 그려냈다.

당시의 신학과 교회의 모습을 비판했던 루터는 '자신의' 교회로부터 쫓겨나고 말았다. 그가 그토록 열정적으로 그리고 고통스럽게 기도하고 탄식하며 분노하는 가운데 교회의 그릇됨을 고소한 것은 '다른' 교회가 아니라 '그의' 교회였기에, 그는 자신의 교회로부터 축출당했던 것이다. 그가 행동하고 말하며 글로 썼던 모든 것은 그 교회에 맞서기 위함이 아니라, 그 교회와 교회의 안녕을 위하여 한 것이었으며, 결코 어떤 새로운 교회를 세우고자 했던 것이 아니다. 그럼에도 그를 축출한 당시의 로마 교회에게 그의 주장은 전혀 새롭고 또한 낯선 요구였다. 이전에도 교회에 여러 차례 개혁이 있긴 했지만 그것은 외부로부터의 개혁이었지, 루터가 제기하면서 시작된 내부로부터의 개혁은 아니었기 때문이다.

내부로부터 일어난 교회의 갱신으로 인식되었던 종교개혁은, 그 결과 전혀 다른 것을 낳았다.

이 점을 인식하면 요즘 들어 가톨릭교회 안에서 복음주의 영성에 대한 새로운 관심이 등장하면서 그에 대한 공감이 나타나는 이유를 설명할 수 있는 몇 가지 길이 열리게 된다. 그들이 이 복음주의 영성

을 선용한다고 해서 반드시 가톨릭 신자이기를 포기해야 하는 것은
아니다. 16세기 초로 거슬러 올라가자면, 이탈리아, 에스파냐 그리
고 프랑스의 가톨릭교회에 소속되어 있던 수많은 사람들이 복음주
의 영성 양식들을 수용하게 되지만, 그들은 여전히 가톨릭교회 안
에 남아 있었고 최고위 성직을 맡는 경우도 빈번했다. 그런 상황이
정반대로 변하면서, 가톨릭 신자이면서 동시에 복음주의자가 되는
것이 불가능해졌고 이는 가톨릭 복음주의자들로 하여금 몇 가지 매
우 어려운 결정을 내리게끔 했던 것이다. 하지만 그들의 시대는 우리
를 견고히 받쳐주고 있다. 현대 가톨릭교회 안에서는 복음주의가 점
점 더 영향력 있는 존재로 자리매김하고 있으며, 현대 교회가 고를
수 있는 정당하고 실현 가능하면서도 흥미로운 선택안으로 복음주
의를 인정하는 분위기다. 이것을 곧 가톨릭교를 포기하는 것으로
볼 필요는 없다. 오히려 비록 때가 늦었지만, 16세기의 정치 기류 때
문에 당시 가톨릭 신자들이 구현할 수 없었던 기독교 영성의 한 고
전 양식을 되찾는 것으로 보아야만 한다. 복음주의 영성은 분열되지
않는다. 그것이 분열된 이유는 다만 지나간 한 시대에 위세를 부리
던 정치 때문이었다.

루터가 1513년부터 1519년 사이에 쓴 저작들 도처에서 분명하게
말하듯, 그에게는 결코 어떤 분열된 교회를 새로 세울 의도가 없었
다. 온 세계에 '보편성'을 갖고 있던 그리스도의 몸에서 또 다른 몸을
분리하여 '루터파'를 세우겠다는 생각은 추호도 없었다. 그의 포부
는 자신도 그중 한 지체였던 한 몸된 교회에 그리스도께서 주신 이

상과 소명을 내부로부터 다시 불러일으키는 것이었다. 어떤 이들이 자신을 '루터파 신자'로 부를 것이라는 생각은 루터에겐 단지 저주일 뿐이었다.

> 결코 내가 누군가를 위하여 십자가에 못 박힌 것이 아니다! … 하잘 것 없고 비천한 죽은 몸뚱아리뿐인 내가 어떻게 그리스도의 자녀들을 하찮은 나의 이름이 붙은 명칭으로 부르게 할 수 있겠는가? 그럴 수 없다! 결코 그럴 수 없다! 절대 그렇게 되어서는 안 된다! 사랑하는 나의 벗들이여, 우리가 견고하게 붙들고 있는 가르침들을 주신 그분의 이름을 좇아 자신을 그리스도인이라고 부르자.

종교개혁의 영성은 다른 것이 아닌 기독교 영성 그 자체이며, 대장간에서 고철을 불에 녹이고 달구어 두들기고 담금질한 다음 새로운 모양의 쇳덩어리를 만들어 내는 것과 같은 과정 곧 단련이라는 과정을 거쳐, 당시 서구 문화의 새 시대가 제기하는 요구들에 적합한 새로운 양식을 갖추게 되었던 것이다.

만일 기독교가 근대 유럽에서도 그 생명력을 계속 유지하고자 했다면, 이러한 단련은 절박한 요구였다. 중세 시대에, 저물어가는 중세 세계와 기독교가 점점 더 강고하게 결합될수록 오히려 점점 평범한 민중들로부터 고립되었다. 에른스트 커티어스는 우리가 '중세 기독교' 또는 '중세의 영성'으로 일컫는 대부분이 실제로는 그 성격과 기원으로 보아 사실상 모두 수도원 기독교 또는 수도원 영성임에도 불구하고, 이 사실이 간과되고 있음을 강조했던 학자다. 역사적 실증주의는, 슬프게도 중세의 이런 영성 양식들이 수도원 바깥에는 지극히 제한된 영향만을 끼쳤으며, 심지어 성직자들에게도 그러했다는 점을 인정하라고 말한다. 평범한 사람들의 일상은 사실상 모든 영역에 걸쳐, 수도원 안에서 자라던 풍부한 영성으로부터 영향을 받지 못했다. 수도원 영성은 수도원이라는 상황을 염두에 두고 형성된 것이었기에, 보통 사람들과 너무나 동떨어진 삶의 방식과 외관이 그려졌다. 종교개혁과 더불어 유럽의 대도시들이 그리스도인들의 새로운 사고와 행동 방식의 요람이요 그것이 녹아든 도가니로 등장하면서, 영성이 형성되는 중심은 차츰차츰 수도원으로부터 시장터로 옮겨 갔다. 평범한 사람들이 필요로 하는 것들과 그 상황들이 철저히 고려되면서, 영성 면에서 새로운 생활 양식들이 창조되었다.

이런 추이를 들여다보면 근대 서구 문화의 형성 과정에서 그 중심에 자리한 정치, 사회, 경제 그리고 종교적인 변화들을 알 수 있을 것이다. 종교개혁의 영성은 그 출발부터 어떤 미래를 함축하는 사상을 대변하고 있었으며, 근대 서구 사회에서 등장하던 요구들과 어떤 높은 상관 계수로 연결되어 있었다. 중세의 쇠퇴는 어쩔 수 없이 중세의 영성 양식들이 갖고 있던 잠재력의 감퇴를 동반했는데, 이것들은 특별히 중세의 사상 및 제도들과 광범위하게 연관되어 있었다. 낡은 종교는 새 시대가 유례없이 압력을 가하며 제기해 오는 도전들을 감당할 능력이 전혀 없었다.

종교개혁은 그리스도인의 믿음을 이 새 시대의 상황과 생활 방식에 연결시키려고 이루어진 하나의 끊임없는 시도였다. 종교개혁의 영성은 기독교 전통에 너무나 깊이 뿌리를 내리고 있었기에 그것을 '고전'이라고 묘사하는 것이 온당할 수도 있지만, 다른 한편으로는 당시 발전해 가던 새로운 상황들이 던지는 질문에 충분히 답할 수 있었기에 '근대'라는 말로도 표현할 수 있다. 고전과 근대를 뒤섞음으로써, 종교개혁은 우리가 사는 이 시대가 요구하는 것을 전달하기에 적절한 위치에 놓이게 되었다. 이 점은 더 상세하게 고찰할 만한 내용이다.

기독교의 정체성을 다시 자각하다

종교개혁은, 그 근본을 놓고 본다면, 기독교의 정체성과 순전성을 되찾으려는 시도였다. 사실, 기독 교회는 늘 관성에 기울어지곤 한다. 여기서 말하는 관성이란 교회에서의 삶과 사유 속에서 펼쳐지는 일들은 변함없이 선하다고 주장하는 어떤 뿌리 깊은 경향을 의미한다. 이는 곧, 현재 어떤 일들이 이루어지거나 어떤 사물이 존재하는 방식에 대하여 제기되는 어떠한 비판적인 입장도 받아들이려 하지 않는다는 자세를 말한다. 발전에 의문을 제기하고 변화에 도전하는 것을 싫어하는 어떤 경향이다.

바로 여기서 종교개혁은 근본을 뒤흔드는 중요한 기여를 했으며, 그 기여는 오늘날도 '프로테스탄트 원리'로 알려져 여전히 지속되고 있다. 종교개혁과 그 유산에 자양분을 공급한 가장 심오하고 강력한 원천은 창조성으로 충만한 저항 정신, 그리고 선지자들의 그것과 같은 비판 정신이었다. 창조성이 넘쳐나면서도 비판 정신이 살아 있는 이 원리는 하나님의 자기 계시를 역동적으로 이해하며, 이 계시에 비추어 기독 교회를 다시 성찰하고 갱신하도록 그 교회에 주신 하나님의 소명에 기초하고 있다. 고전적 복음주의 영성은 신앙 공동체가 끊임없이 자기 자신을 — 곧 자신의 사상, 제도 그리고 행위들을 — 이 계시에 비추어 성찰할 필요가 있다고 인식하며, 이는 결국 성경으로부터 그 양분을 공급받아 이루어지는 회복, 갱신 그리고 개혁이라는 하나의 독특한 전형을 낳게 된다. 그런 전형은 제일 먼저 종교개혁, 바로 그것이 일어났던 그 시기에 뚜렷이 나타나게 된다.

'개혁된 교회는 항상 자신을 개혁하는 교회이어야 한다'는 종교개혁 표어로부터 우리는 배워야 할 점이 많다. 종교개혁은 이제는 과거 속에 깊이 파묻혀 버린 하나의 일회성 사건으로 간주될 수 없다. 그것은 현재도 계속되고 있는 하나의 과정임에 틀림없다. 그렇기에 종교개혁의 영성을 연구하는 것은 기독교 신앙으로 새롭게 접근하는 것이며, 그 안에서 우리는 그리스도인의 의미가 무엇인지, 또 그리스도인이 모든 차원에서 — 우리가 영성이라 부르는 믿음과 삶의 공유 영역에서 — 자신의 정체성을 어떻게 표현하는지 끊임없이 묻게 되는 것이다.

종교개혁은 중세 시대 기독교인들에게 어떠한 의문도 없이 일어난 진전들에 대하여 때늦은, 그렇기에 상처투성이였던, 의문을 제기했다. 그리고 역사는 돌이킬 수 없다는 관념에 도전장을 내밀었다.

중세 교회가 나아갈 방향과 존재 이유를 잃어버렸다고 확신함으로써 기독교의 순전성을 추구하려 했었다. 무엇보다 종교개혁은 기독교의 뿌리를 추구했기에, 뿌리를 잊은 공동체는 이 세상에서 존재할 이유를 망각한 것이라고 믿었다.

하지만 종교개혁자들은 단순히 1세기 지중해 동안의 세계를 16세기 서유럽에 옮겨 심으려는 사람들은 아니었다. 오히려 그들은 기독교 신앙의 토대가 되는 사건들과 현재와 연관을 맺게 할 과거의 판단 기준들을 발전시키는 것이 필요하다고 믿었다. 종교개혁의 신학과 영성을 간략하게 요약하자면, 과거의 자원이 현재와 연관된 생명력을 가진다는 취지의 내용이 될 것이다. 과거로 돌아감으로써, 사람들은 선택 가능한 방안들과 여러 가능성들을 인식하게 되며, 영감으로 가득찬 이상을 잠깐이나마 볼 수 있게 되어, 그것을 통하여 새로운 확신과 자각을 갖고 미래를 대면하게 된다.

그렇기에 종교개혁의 영성을 연구한다 함은 몇몇 분파들의 시각들에 미리 사로잡히는 것이 아니다. 또 교회의 연합을 지향하는 이 시대에, 기독교 역사의 한 분열 시대를 향하여 건전하지 못한 관심을 기울이려는 것도 아니다(가톨릭 계열의 저술가들이 종교개혁의 신학과 영성의 가치를 점점 더 인정하는 것이야말로 이를 충분히 뒷받침한다). 오히려 이는 서구 기독 교회 역사에서 형성과 창조의 중요한 시대와 오늘날 우리의 사고가 서로 부딪치게 하는 것이다. 여러 가지에서, 종교개혁이 설파한 사상은 우리의 사상과 다르다. 때때로 그 개혁이 내건 전제들은 이상하게 보일 수도 있다. 그러나 이런 것들로 말미암아 창조성이 흘러넘치는 과거와의 대화가 방해를 받아서는 안 된다. 신학의 성숙을 증명하는 표지는 과거의 유산이 제기하는 도전을 기꺼이 받아들이는 것이다. 우리 시대의 사상과 행태 그리고 가치가 어떤 경우에도 과거보다는 낫다고 자연스레 생각하는 경향에 의문을 제기해야 한다. 종교개혁은 모든 그리스도인들에게 공급해 줄 자원이 많다. 단지 1990년에 등장했기 때문에 1540년에 등장한 사상보다 더 나을 수는 없다.

뿐만 아니라, 종교개혁은 자신을 복음주의자로 간주하는 현대 교회의 지체들과 특별하게 연관되어 있다. 개신교(Protestantism)는 현대에 하나의 주요한 종교 세력으로 계속 그 세가 뻗어나가고 있다. 하지만 '프로테스탄트'(Protestant)가 무엇을 의미하는지 더 이상 명확하지 않다. 대체 '개신교'란 무엇인가? 어떻게 그 정체성을 자각하고 목적의식을 되찾을 수 있을까? 다른 기독교 전통들에는 없는, 개신교가 계속 존재하는 이유는 무엇인가? 자신을 개신교 전통 안에 선 사람으로 간주하는 이들은 누구든지 프로테스탄트라는 것이 무엇을 의미하는지 다시금 발견해야 한다.

어딘가에 도달하려 할 때, 어디로부터 출발했는지 아는 것은 도움이 된다. 이전 세대들이 각고의 노력 끝에 얻은 통찰들을 되찾아 그 가치를 평가하고, 나아가 그것들을 우리의 사고에 통합하여 끼워 넣는 것이 필요하다.

종교개혁은 오늘날까지 그리스도인의 사유 방식과 행동 방식의 기원들로 자리매김하고 있다. 개신교 같은 운동이 왜 존재하는지 그 이유는 쉽사리 잊혀질 수 있다. 후기 개신교는 초기 종교개혁이 가지고 있던 신선함, 생명력 그리고 성경 실증주의에 자주 손상을 가한 일련의 과정들을 보아왔다. 종교개혁으로 돌아가는 것은 후기 정통이 자신도 모르는 사이에 잃어버린 복음주의의 순진성, 창조성, 신선함 그리고 활력을 다시 되찾는 것이다. 종교개혁은 후기 개신교라는 틀 안에서 자라온 사람들에게 놀라움과 기쁨을 안겨주는 탁월한 능력이 있으며, 나아가 그들에게 조용히 도전장을 내밀어 그들 스스로 자신의 생각을 돌아보고 거기에 활력을 불어넣게 한다. 칼 바르트와 위르겐 몰트만은 개신교 전통 안에 선 현대 저술가들로서, 초기 개신교의 사상으로부터 심오하고 확실한 영향을 받은 뚜렷한 본보기다.

그렇기에 종교개혁 영성을 연구하면 개신교 전통의 근본 사상과 만나게 된다. 그것은 복음주의가 나온 반석을 살펴보고, 복음주의의 정체성과 목적을 다시 자각하는 것이다. 또한 오늘날의 문제들과 기회들을 조망하는 역사의 어떤 참고점을 발견하는 것이다. 근래에 전 세계의 프로테스탄트 교회들 안에는 종교개혁을 통하여 그들에게 전달되었던 복음주의의 유산으로 돌아가려는 욕구가 많이 자라나고 있다.

자신에게 생명력을 부여한 원천을 무시한다면 그 뿌리가 사라지게 될 위험을 안고 있는 것이다. 종교개혁의 영성과 신학을 연구하면 개신교를 견고히 해주는 종교적 전통과 책임 있는 관계를 맺을 수 있다.

그렇다면 영성은 종교개혁과 어떠한 양식으로 연결되어 있을까?
다음 장에서는 이 고전적 복음주의 영성의 기본적인 특징을 그려보
겠다.

2장

종교개혁 영성의 기본 원리들

종교개혁은 복음주의 영성의 고전 명제를 제시하고 있다. 현대 기독교는 살아 숨쉬는 대안으로 여전히 이를 인정하려고 한다. 그리고 종교개혁 영성의 거대한 잠재력을 탐구하려면 그 기본적인 특징들을 꼼꼼하게 살펴보는 것으로 첫 걸음을 시작해야 한다.

여기서는 종교개혁 시기에 서서히 그 모습을 갖추어 등장했던 영성의 여러 접근들에 대해 간략하면서도 신뢰할 만한 개관을 제시하겠다. 두 가지 다른 각도에서 이 주제에 접근했다. 첫째는 종교개혁자들이 받아들일 수 없는 것으로 간주했던 특징들이고, 둘째는 개혁자들이 제자리에 놓으려 했던 특징들이 무엇인지 확인하는 것이다. 하지만 이것을 다루기에 앞서, '영성'에 대해 좀 더 자세하게 고찰해도 좋을 것이다.

영성의 본질

기본적인 의미에서, '영성'은 그리스도인의 삶을 가리키는 말이다. 단지 그 사상만이 아니라, 그것이 그리스도를 믿는 개개인과 공동체의 삶에서 눈앞에 드러나게 한 방식을 가리킨다. 영성은 사상과 삶, 신학과 인간 실존의 공존을 보여준다. 종교개혁자들에게 영성은 하나님께서 은혜로 당신의 인격을 드러내시며 보이신 행위에 대하여 신자들이 각자 그리고 함께 반응하는 것과 관련되었으며, 사실상 삶의 모든 면을 아울렀다.

나아가 종교개혁 영성은 종교개혁의 신학과 하나의 유기체처럼 연결되어 있었다. 영성은 저 심층에 자리잡은 신학의 원천으로부터 흘러나올 뿐 아니라 그것으로부터 풍성한 양분을 섭취하는 것으로, 그 기독교 신학이 구체성을 띠면서 현실 속에 드러내 보이는 표현이 바로 영성으로 간주되고 있다. 종교개혁 영성을, 단지 우리가 실천할 일들을 적어 놓은 목록 정도로 치부하는 것은 핵심에서 너무나 빗나간 일이다. 이 영성을 밑받침하는 것으로 신학이 제시하는 토대들을 살펴보면서, 우리는 종교개혁 영성이 지닌 가치를 음미하고 그것을 우리가 사는 이 시기, 나아가 이 시대에 적용할 수 있다.

그러나 몇몇 사람들에게는 '종교개혁 영성'이라는 바로 그 문구가 어려움을 일으킨다. 개신교 전통 안에 있는 많은 사람들은 '영성'이라는 말 앞에서 멈칫하게 되는데, 그 이유는 역사 속에서 '영성'이 가톨릭의 종교 생활 양식과 특별한 연관을 맺고 있기 때문이다. 그러나 시간이 흘러가면서 언어는 그 뜻이 변하기 마련이다. '영성'도 가톨릭교와 맺고 있던 특별한 유대로부터 떨어져 나오면서, 개신교 전통 안에서 채택되는 경우가 점점 더 늘고 있다. '영성'은 종교개혁에서 유래하여 향취를 물씬 풍겼던 개신교 전통의 용어들을 점차 대체하기 시작했다. 그 의미와 쓰임새에서 찬란한 역사를 함축해 온 '헌신', '경건', '거룩' 그리고 '신앙심' 같은 단어들이 점차 사용되지 않게 된 것이다.

이들 용어들이 '영성'으로 대치된 것은, 개신교 신자들과 가톨릭 교도들 사이에 어느 정도 훈풍이 불고 있음을 보여준다. 많은 개신교 신자들은 개인이나 공동체의 차원을 가리지 않고, 이 용어(영성)를 사용하는 데 더 이상 거리낌을 갖지 않게 되었으며, 마찬가지로 많은 가톨릭 신자들 역시 개신교의 영성 전통이 가진 풍성한 자원들을 끌어다쓰는 데 더 이상 거부감을 갖지 않게 되었다. 하나님께서 부여하시고 당신의 권위로 인정하신 믿음의 방도를 끈질기게 탐색하는 작업은 역사의 물결을 따라 왕성하게 전개되었다.

그럼에도 불구하고, '영성'이라는 용어 사용에 대하여 일말의 근심을 나타내지 않을 수 없다. '영성'이라는 용어가 역사 속에서 그것이 갖고 있는 관계 안에서 연상되는 것이 아니라, 오히려 신학이 내세우는 전제들과 관련을 맺고 있다는 점이다. 근심하는 이유는 바로 그 '영성'이라는 단어가 영에 속한 것과 육에 속한 것, 영혼과 육체, 묵상과 일상생활의 과격한 분리를 주장하는 것으로 비치기 때문이다. 곧, '영성'의 주제는 평범한 일상이 가져오는 정신의 산만함에서 벗어나 영혼의 내면을 살찌워간다는 의미처럼 보인다. 정작 개신교 전통에서 더 오래 전부터 사용되었던 언어들은 그것이 갖고 있던 중심 모습, 곧 믿음과 일상의 삶이 완전히 통합되는 모습을 더욱 충실하게 보여주고 있는데 말이다.

만일 우리가 바울이 진정 품었고, 루터 역시 충실하게 바울을 따라 외쳤던 생각을 되찾는다면, 믿음과 일상의 삶이 분리되는 것으로 영성을 이해하면서 겪게 되는 어려움들은 대부분 사라질 것이다. 그들은 '영적이다'라는 것을 속세에서 탈출하는 것이 아니라 '세상에 있으면서 하나님을 지향하는 생명'이라고 주장했다.

근본 의미로 보면, 영성은 '영에 속한(영적인) 사람'을 빚어내어, 그에게 능력을 붓고 나아가 그를 장성한 분량에 이르게 하는 것과 관련되어 있으며, 바울은 바로 이 '영에 속한 사람' — 이 세상에 살며 세상의 요구대로 사는 사람이 아니라, 이 세상에 몸담고 있으면서도 하나님의 말씀에 응답하는 사람 — 이 믿음의 삶에 근원적인 충격을 준다고 권면한다(고전 2:14-15, 개역개정판은 15절의 'spiritual'을 '신령한 자'라고 번역했다 — 역주). 복음주의 전통의 핵심 관심사 — 곧 성경과 종교개혁자들을 통해 만들어지고 그들로부터 풍성한 양분을 공급받았던 관심사 — 가 이 땅에서 그 책임을 다하는 그리스도인을 그려내는 것이었다는 점에서, 복음주의 전통 안에서 '영성'의 참된 의미를 찾는 것은 그리 어렵지만은 않다.

앞으로 더 나아가기 전에 하나의 난점을 언급할 수 있을 것 같다. '종교개혁 영성'이란 말에 호소하는 것이 자칫 종교개혁과 연계되어 있는 삶을 한정되고 좁은 시각으로 내다보게도 할 수 있다는 것이다. 사실 종교개혁은 여러 양상이 함께 나타난 운동이었다. (단지 몇 가지 점만 지적한다 할지라도) 개혁이 일어났던 문화, 사회 그리고 종교 상황의 차이뿐 아니라, 종교개혁자들이 받았던 교육과 그들의 개성 사이에 존재했던 차이점들도 반영하고 있다. 나의 연구서인 『유럽의 종교개혁을 낳은 지성의 원천』(*The Intellectual Origins of the European Reformation, 1987*)에서, 나는 신학 방법론에 관한 특정 쟁점들을 둘러싸고 종교개혁 내부에서 발견될 수 있는 다양성을 강조한 바 있다. 예를 들면, 루터는 성경을 무엇보다도 하나님의 약속과 연관된 것으로 간주하는 경향이 있는 반면, 츠빙글리는 성경이 담고 있는 순종에의 요구에 강조점을 두었다. 이로 말미암아 어떤 사항들에서는 내부에서도 신학의 커다란 차이를 낳기도 했는데, 성찬을 둘러싸고 루터와 츠빙글리가 펼쳤던 논쟁에서 그런 차이는 정점에 이른다. 이 책을 쓰면서 서로 다른 선택 방안들과 접근들이 독자들에게 유용하게끔 노력했다. 하지만 때때로 그런 다양한 모습들이 나타나고 있음에도 불구하고, 종교개혁 내부에는 나로 하여금 수많은 주요 쟁점들에 관하여 그 운동이 갖고 있는 전망을 개괄할 수 있도록 하는 충분한 일관성과 수렴성이 널리 존재하고 있다.

사이비 영성 형식들에 대한 비판

신령한 것을 가르친다고 할 때, 특별히 그것을 가르치는 사람에 중심을 두게 되면서, 종교개혁자들은 그것을 성직자의 권위, 수도원 생활 그리고 면죄부와 같은 의문투성이의 행태 및 사상과 밀접하게 연결되어 있는 것으로 이해했다. 중세의 가톨릭 전통 안에서, 신령한 (영에 속한) 일을 가르치는 자는 사람들 위에 군림하며 권위를 내세우는 성직자로 간주되는 것이 보통이었다. 모든 신자가 성직자라는 루터의 교리(만인제사장론)는 성직에 대한 이런 인식을 비판하는 데 바탕이 되었다. 한 사람 한 사람의 그리스도인이 세례를 받음으로 말미암아 제사장(성직자)으로 세움을 받았다. 설령 복음서에 기록된 사역자들이 어떤 명칭으로 불렸다 해도, 그들과 평범한 신자들 사이에는 근본적으로 어떤 구별이나 차이도 없었다.

중세의 가톨릭교는 '영적인 지위'(곧, 그들이 사제, 주교 그리고 교황이든 상관없이, 모든 성직자 계급을 가리키는 말)와 '세속적인 지위'(성직자 계급을 제외한 모든 사람들) 사이에 근본적으로 구분이 존재한다는 점을 인정했다. 루터는 이 구분이 이미 폐기된 것으로 무효이며, 그것은 하나님이 명령하신 것이 아니라 인간이 고안해 낸 것에 불과하다고 선언했다. 그는 『독일 민족의 그리스도인 귀족에게 고함』(*Appeal to the German Nobility*, 1520, 도서출판 길 역간)이라는 책에서 이렇게 쓰고 있다.

모든 그리스도인들은 진정 신령한 지위를 가진 사람들이며, 따라서 직무가 다를 뿐 그들 사이에는 어떠한 차이도 존재하지 않는다. 바울은 고린도전서 12장 12-13절에서, 우리가 모두 각 지체가 갖고 있는 그 나름의 직무(역할)를 통해 다른 지체들을 섬기고 있는 한 몸임을 말하고 있다. 이는 우리가 하나의 세례, 하나의 복음 그리고 하나의 믿음을 가지고 있고, 그러한 세례, 복음 그리고 믿음만이 우리를 신령한 그리스도의 사람으로 만들기 때문이다. ··· 그렇기에 평범한 사람과 성직자, 제왕과 주들, 수도원에 사는 사람과 속세에 몸을 담고 있는 사람 사이에는 근원적으로 결코 어떠한 차이도 존재하지 않는다는 결론이 도출된다. 유일하게 존재하는 차이는 그 지위가 아니라, 그들이 수행하는 직무 및 사역과 관련된 것이다.

교회 안에서 전문 계급에 속한 어떤 이들이 그렇지 않은 형제들보다 하나님과 더 친밀하고 신령한 유대를 맺고 있다고 하는 그 어떤 사상도 기독교 안에서 발견할 수 없었다. 그럼에도 불구하고, 모든 사람이 실제로 성직자의 역할을 수행하도록 허용될 수는 없었다. 이 점에 대하여 칼뱅이 지적하듯이, '올바른 지성을 가진 그리스도인이라면 모든 사람을 말씀을 전하는 일과 성례를 집행하는 일에 동등한 자로 세울 수 없다는 것을 안다. 곧 모든 일이 그 일에 알맞은 모양으로 질서를 따라 이루어져야 하기 때문이며, 아울러 그리스도가 부어주신 특별한 은혜를 힘입어 목사들이 그 목적을 위해 세움을 받았기 때문이다.' 루터가 천명한 근본 원리는, 모든 그리스도인들이 세례를 받음으로 동등한 지위를 공유하고 있지만, 그들은 신앙공동체 안에서 그들 각자에게 하나님이 부어주신 은사와 능력을 따라 각기 다른 직무를 수행할 수 있다는 것이다. 목사는 그의 형제인 그리스도인들과 나란히 선 채 하나님 앞에서 그 지위를 공유하지만,

그의 형제들인 신자들은 목사가 그들 가운데 서서 그 직무를 수행하도록, 직접 또는 간접으로 그를 청빙한 것이다. 모든 신자가 동등함을 인정하는 것이 곧, 모든 신자가 동일하다는 것을 암시하는 것으로 이해되어서는 안 된다.

루터는 그의 논문 『성직에 대하여』(Concerning the Ministry, 1523)에서, 모든 신자가 믿음을 통해 그리스도와 연합함으로 말미암아 대제사장이신 그리스도의 제사장직을 함께 갖고 있다고 논증한다. 하지만 그의 주장에 따르면, 이것이 곧 모든 신자가 제사장으로 부름 받았다는 것을 함축하는 것은 아니다. 그는 성직자(목사)의 선정이 다음과 같은 방식으로 이루어져야 한다고 주장했다. 교회의 지체들이 함께 모여 각각 지체이면서도 한 몸을 이루는 그들 위에 성령의 인도를 간구해야 한다. 이후 그들은 성직자를 선택하고, 이 사람은 복음을 전하는 성직자의 직무와 사역을 감당하도록 이전에 이미 부르심을 받은 사람으로 그 신앙 공동체에 천거된다. 그러나 이것이 곧, 선택된 사람의 지위에 영구히 지속될 어떤 변화를 가져오는 것은 아니었다. 그 공동체는 이후에도 이미 뽑힌 사람 외에 이런 일을 수행할 사람을 추가로 또는 이미 뽑힌 사람을 바꾸어 선출할 수 있었기 때문이다. 모든 그리스도인은 성직자의 지위를 부여받았다. 그럼에도 불구하고 그 직무 수행은 하나님의 사람들이 동의하느냐에 달려 있는 것이다.

영적인 것을 가르치는 경우에도 마찬가지이다. 그런 사람은 하나님을 아는 지식을 독점하고 있다든지, 또는 교회 안에서 우월한 지위를 지녔다는 생각, 아니면 형제들과 그를 분리시킬 만큼 특별한 관계를 하나님과 맺고 있다는 생각이 모두 철저하게 거부되고 있다. 영에 속한 것을 가르치는 사람은 단지 하나님의 사람들과 같은 대열에 나란히 서서, 그들의 환경과 지위를 공유하는 사람일 뿐이다. 그럼에도 불구하고 신앙 공동체와 그 안에 있는 개인들은 하나님께서 몇몇 사람들에게 특별한 은사들, 이를테면 영분별과 지혜와 같은 은사들을 주셨다고 인정하면서, 이 은사들이 공동체에서 행사되도록 한다. 그리함으로써 신령한 것을 가르치는 사람은 어떤 우월한 인물이라기보다 영혼의 형제 내지 동지로 간주되는 것이다.

많은 점에서, 루터의 접근법은 수도원 영성이 잃어버린 이상들을 다시 찾아낸 것으로 볼 수 있다. 수도원 운동은 교회 안의 영적인 권위에서 평신도를 엄격하게 배척하는 데서 벗어나려는 노력에 그 기원을 두고 있었다. 4-5세기의 수도원 운동은 영성과 영적 권위의 문제에서 평신도를 소외시킨 것에 반발하여 일어난 하나의 저항 운동이었다. 하나님께서 평범한 그리스도인을 불러 세우신다는 사도들의 사상을 회복하기 위하여, 점점 더 중앙으로 집중되던 제도권 교회의 성직 위계 제도를 따르지 않기로 결심한 사람들이 수사(monk)였다. 수사는 자신의 존재를 통하여 초기 교회의 성직자들 사이에 점점 자라나고 있던 권위주의에 맞서 조용히 저항하던 이들이다. 이집트의 안토니[1]는, 어쩌면 그런 수사들 가운데 가장 유명한 사람일지

---

1 라틴어 방식으로 읽으면 안토니우스이다. 251년 이집트 중부 코마에서 태어나 356년

모르지만, 한 사람의 평신도로 남아 있었다.

나일 삼각주에 자리한 알렉산드리아의 동남쪽에 있었던 위대한 수도원 공동체인 니트리아의 경우는, 4세기에 그 안에 5천 명의 수사들이 있었지만 성직자는 겨우 8명뿐이었다. 8명을 제외한 나머지는 평신도 — 아마도 성직자 제도에 반대하던 평신들 — 였으며, 교회가 새로운 조직체로 발전해 가면서 각 평신도의 영적인 삶과 요구들은 정작 간과되고 있다고 확신하던 이들이었다. 카르타고의 키푸리아누스가 교회를 감독(주교), 사제 그리고 부제가 다스리는, 제국과 유사한 하나의 제도로 생각했을 때, 초기 수도원 운동에서는 하나님께서 평범한 신자들을 불러 세우신다는 통찰이 그 밑바닥에서 살아 움직이고 있었던 것이다. 이런 통찰이 중세 시대가 흘러가는 동안에 사라져 버린 것은, 점점 더 변질되어 가던 수사서임이 적잖은 부분에서 원인이 되었을 것이다. '하나님께서 평신도를 불러 세우신다'는 사상은, 신학의 차원에서는 모든 신자가 성직자라는 교리(만인제사장론)로 표명되면서, 초기 수도원 영성이 품었던 이상을 되찾기 위해 종교개혁이 회복하려던 것이었다.

두 번째 접근은 영적 지도자의 직무에 대한 이해에 집중되었다.

에 세상을 떠난 인물로 수사의 시조라 불린다. 20세에 부모를 여의고, 전 재산을 누이와 가난한 이들에게 나누어 준 다음, 산으로 들어가 고적한 수도자로 평생을 보냈다. 아리우스의 이단 교리에 맞서 싸우기 위해 알렉산드리아에 한 번 출타한 것이, 그가 수도사의 삶을 시작한 이후 유일하게 수도지를 벗어난 경우였다. 비록 느슨하기는 했지만, 사람들을 모아 하나의 수도 공동체를 형성하여 뒤에 출현할 수도원들에게 하나의 전범을 제시했다. [이후에 책에 표시된 각주는 모두 역자의 주임.]

루터는 1520년에 펴낸 저서 『교회의 바빌론의 포로에 대한 마르틴 루터의 서주』(*The Babylonian Captivity of the Christian Church*, 도서출판 길 역간)에서, 성직자의 직무가 갖는 본질을 그릇되게 이해한 것에 맞서 격렬하게 저항했다. 그는 세례를 예로 든다. 세례 장소, 세례를 베풀 권능 그리고 세례의 목적은 성직자에게 의존하는 것이 아니라, 하나님께서 약속하신 것들에 그 기초가 있는 것이다. 어떤 일이든지 그 일을 이루는 이는 성직자가 아니라 하나님이시다. 성직자의 직무는 자신 안에서 또 자신을 통하여 하나님께서 일하시게 하는 것이지, 결코 자신의 권리로 무엇을 이루는 것이 아니다. 어떤 일에서든, 성직자는 매개일 뿐, 그 일을 행하는 주체가 아니다. (이로써 루터는 세례뿐 아니라 성찬에 대하여 중세에 널리 퍼졌던 견해, 곧 성찬은 그 집례자의 인간 됨됨이와 공로로 말미암아 그 효력을 획득한다는 견해에도 저항하고 있다.)

중세 후기에는 영적 지도에 비슷한 오해가 추가되었다. 종교개혁 직전만 해도, 영혼이 성장하는 것은 영적인 지도자가 스스로 이뤄낸 것 때문으로 여겨졌다. 영적인 가르침의 효력은 지도자의 됨됨이와 공로에 따라 결정된다는 것이다. 종교개혁자들은 그런 접근법이 영혼의 성장을 이루시는 하나님의 역할을 폄하하고 나아가 영적 지도자의 사람 됨됨이를 숭배하는 풍토를 가져왔기 때문에 근심할 수밖에 없었다. 결국 믿음의 성숙을 이루시는 이는 영적인 것을 가르치는 사람이 아니라 바로 하나님이시다.

이런 통찰로 말미암아 영적 지도는 그 본래의 위치를 되찾게 된다. 그것은 영적인 가르침을 배제하지 않는다. 종교개혁자들은 영적인 지도(가르침)라는 직무가 전문직으로 고착되어 가고, 기독교 영성이 희미해지거나 나아가 어떤 소명 의식 — 자신이 하나님으로부터 영적 지도자로 부름 받았다는 자각 — 마저 실종되는 풍토 속에서, 기독교 영성이 가진 순전한 요소를 되찾은 사람들이다.

여하튼 종교개혁 시기 이후 그 기본 쟁점은 수긍이 가도록 잘 마무리되었다. 영혼의 성장이라는 과정을 자신의 모습대로 문하생들을 빚어가는 장인의 작업 과정으로 여기는 사람들이 늘 존재하겠지만, 신뢰할 만한 기독교 영성 지도란 가르치는 자와 가르침을 받는 자 모두 하나님께 마음을 열고 그분의 말씀에 응답해야 함을 깨닫는 것이 그 기초다. 성장과 성숙을 가져오는 이는 하나님이시지, 결코 지도자가 아니다. 틸든 에드워즈는 그의 저서 『영혼의 벗』(*Spiritual Friend*)에서, 다음과 같이 분명하게 말한다.

어떤 사람에게 영혼의 벗이 된다는 것은 곧 다친 사람에게 의사가 되는 것이다. 어떤 사람이 상처에 피를 흘리며 찾아왔을 때 의사는 무엇을 하는가? 세 가지가 있다. 그는 우선 상처를 깨끗이 닦아내고, 어긋난 부분들을 바로 맞추며, 그리고 쉬게 한다. 그것이 전부다. 의사가 상처를 치유하지는 않는다. 의사는 자신의 치료 행위보다 우선하는 자연적 치료 과정이 적절히 이루어질 수 있도록 어떤 환경만을 제공할 뿐이다. 의사는 치료자라기보다 해산을 돕는 산파일 뿐이다.

그러므로 영적인 지도자는, 믿음을 창조하시고 자라게 하시며 견고한 터 위에 서게 하는 분이 하나님이심을 확실히 알기에, 믿음이 자라는 데 충분한 자양분이 잘 공급되는 환경을 제공하는 것을 목표로 삼는다. 이는 종교개혁 영성에서 중추적인 역할을 했고, 이제 신뢰할 만한 기독교 영성 지도가 낳은 열매로 널리 알려져 있다.

종교개혁은 이렇게 신뢰할 수 있는 지반을 마련했다. 중세 후기의 몇몇 저술가들이 보여주었던 영성에 대한 순전치 않고 신뢰할 수 없는 견해들은 한 쪽으로 밀려났다. 종교개혁의 문턱에 도달하기 직전, 짓눌린 채 숨조차 내쉬지 못하던 중세 후기의 순전한 영성을 되찾아 다시 자기 것으로 만들 수 있는 길이 닦인 것이다. 하지만 종교개혁은 단지 옛 사상을 되찾는 것만을 의미하지 않는다. 그와 더불어 종교개혁은, 우리가 지금 근세 초기라고 부르는 새 시대가 제시한 요구들과 기회들에 부응하여, 영성으로 나아가는 새로운 접근법들을 만들어냈다. 우리는 이에 대해 종교개혁 사상에서 신학자들이 차지하던 자리를 살펴봄으로써 그려낼 수 있다.

중세 시대에 신학자들은 너나 할 것 없이 신앙 공동체로부터 자주 고립되었다. 그들은 보통, 토마스 아퀴나스처럼 유럽의 장엄한 수도원에 그 기반을 두고 있었다. 그들은 수도원 생활이라는 울타리 안에 갇혀 있었으며, 일단 글을 쓰게 되면 동료 수사들을 청중으로 삼았다. 이런 정황을 벗어나 활동했던 중세의 신학자를 찾기란 드물다. 하지만 토마스 아 켐피스[2]의 경우처럼, 그 시대의 신학자가 모두

---

2 1380년 독일에서 태어나 1471년에 세상을 떠난 중세 영성의 대표자이다. 아우구스

알려져 있는 것은 아닌 점이 다행이다.

우리가 살고 있는 이 시대에, 신학자들은 그들이 섬겨야 할 공동체들로부터 점점 더 멀어지고 있다. 신학자들은 더욱 전문직업인으로 변해 가면서, 대학 신학부라는 울타리 안에 갇힌 채, 상아탑 안에 안주한다고 비난받는다. 신학자가 하나의 직업으로 바뀌어가면서 그들을 신앙 공동체 내부로부터 배제하는 경향이 나타났다. 세속의 물결이 밀려오면서 신앙과 학문을 추구하는 삶 사이에 괴리가 나타났고, 전문직업인으로 학문을 추구하게 된 신학자들은 더 이상 교회가 말하는 삶에 충실할 필요가 없게 되었다. 신학의 역할에 대하여 결코 만족스럽지 않은 이 두 접근 사이의 틈을 종교개혁이 메워주고 있다. 종교개혁자들은 유럽의 도시에 삶의 기반을 두고 공동체 안에서 생활하면서 공동체와 함께 믿음을 나누던 사람들이었다. 그들은 결코 수도원이나 대학에서 고립되어 살지 않았다. 그들의 사명은 자신이 존재하던 실제 상황에 비추어 복음을 해석하고 그것을 거기에 적용하는 것이었다. 그리고 그 상황들은 평범한 이들의 삶과 연관된 것이었다.

어쩌면 종교개혁에서 가장 중요한 순간을 얘기하자면 1520년으로 거슬러 올라갈 수 있을 것 같다. 이때 루터는 너무나 중요한, 마치 한 편의 연극 같은 결정을 내리게 된다. 그는 순전히 학문만을 추구하며 그러한 주제들을 발표하고 연설하는 개혁자이기를 포기하고,

---

티누스 수도회에 몸담고 생활하면서, 『그리스도를 본받아』와 같은 고전을 남겼다.

독일 민중들이 종교를 향하여 품고 있던 소망과 믿음을 상대로 열정을 다 바쳐 직접 호소하기로 결심한 것이다. 루터는 한 사람의 설교자이자 동시에 목사가 되었으며, 그가 목회에 기울인 관심과 경험은 시간이 흐를수록 그의 신학 안에서 두드러지게 나타나고 있다. 루터는 신약 성경이 기독교 공동체의 삶과 생생하면서도 끊임없는 연관성을 갖고 있다고 믿었으며, 그런 관점에서 성경을 읽고 해석했다(종교개혁 시대의 신학자들과 현대의 거의 모든 대학에서 신약 성경을 다루는 방식 사이에는 엄정하고 현저한 차이가 존재한다). 여기에 하나의 순수한 목회 신학이 있으니, 그것은 평범한 신자들, 나아가 사람들이 필요로 하는 것과 관심사를 향해 말문을 여는 신학이다.

이와 비슷하게 칼뱅의 저작 전체에서도, 제네바 시에서 펼쳐지는 매일의 삶이라는 실제 세계, 나아가 거기서 비롯된 모든 문제와 가능성에 몰두하기로 결심한 것을 발견한다. 칼뱅은 라인홀드 니버가 1920년대 디트로이트 도심에서 얻었던 교훈들을 배운 것처럼 보인다. 니버는 그의 저작 『길들여진 냉소주의자의 노트』(*Leaves from the Notebook of a Tamed Cynic*, 동연출판사 역간)에서 이렇게 썼다.

만일 어떤 목사가 사람들 사이에 함께 선 사람이 되려 한다면, 그에게 필요한 단 한 가지는 모두가 이론으로는 받아들이면서도 정작 실제 삶에서는 부인하고 있는 뜬구름 같은 막연한 이상들에 헌신하는 것을 그만두는 것이며, 나아가 그가 지금 살고 있는 문명 속에서 사람들이 대면하는 사회 문제들을 해결하는 데 그 사상이 유효하며 실용성이 있는지 고민하는 것이다. 그리함으로써 그의 목회에 조금이나마 현실감과 능력이 주어진다.

이런 전형은 칼뱅이 영성과 설교를 화두로 삼아 쓴 저작들에 두드러지게 나타나고 있다. 칼뱅은 인간들의 삶의 정황들—사회, 정치 그리고 경제면에서—을 앞에 놓고, 여기에 동반하는 모든 위험을 감내하면서 말하고 있다. 이는 어떤 막연한 이론을 만들어내는 작업이 아니다. 오히려 그가 섬기는 민중들과 삶을 공유하면서, 그 삶의 정황에 비추어 복음을 해석하고 적용하려고 시도하는 것이다. 칼뱅은 그가 설교했던 공동체의 한 지체로서 예배하고 설교했다. 그는 공동체의 지체들로부터 따로 떨어져 있는 사람이 아니었으며, 그들 위에 있지도 않았다. 그는 공동체의 한 지체로서, 공동체가 가진 문제들을 함께하며, 그 공동체 내부로부터 나온 글을 썼다. 여기에는 천상에서 바로 떨어진 신학은 존재하지 않았고, 다만 한 공동체 안에서, 그 공동체가 필요로 하는 것들, 가능성 그리고 열망과 더불어 태어난 신학이 있을 뿐이다.

오늘날의 정황과 연관성이 있으면서 호소력을 갖고 있는 모델이 바로 여기 있지 않은가? 평범한 기독교 신자들은 신학자들이 자신들과 얼마나 상관이 없는 사람들인지 촌평하곤 한다. '그들은 너무 동떨어져 있는 사람들 같아요.' '도대체 매일매일 벌어지는 삶의 문제들을 이해하지 못하는 것 같아요.' '그 신학자들은 우리 평범한 신자들과는 완전히 다른 문제들을 가지고 있는 것처럼 보이는군요.' '우리는 그 사람들이 뭘 하는지 도무지 이해할 수가 없어요.' 미국에서 연구하는 동안, 심지어 나는 북미의 이름깨나 있는 신학교에서 가르치는 신학자들에 대해 이렇게 비판하는 소리도 들었다. '이 친구들은 심지어 교회도 안 간다지? 그렇다면 우리가 이 친구들 말을 귀담아 들을 이유가 대체 뭐가 있겠어?' '목회에 적합한 모델을 이 사람들이 보여줄 수 있다고? 꿈 깨게!'

요컨대 학문성만을 추구하는 상아탑 신학은 대중들으로부터 혹평을 받고 있다. 이런 촌평들은 시사하는 바가 너무나 많은데, 학문의 장과 교회 사이에 벌어져 있는 커다란 간격을 암시하고 있다. 그러므로 우리는 기독교 전통 속에서 탁월하게 적용시킨 종교개혁이라는 모델을 주목해 보아야 한다. 여기에서 신학자는 공동체 내에서 활동하며 그 공동체의 요구와 관심사를 표명한다. (동방정교회는 신학자를 올바르게 기도하는 사람으로 생각했다.) 신학자는 신앙 공동체를 내부로부터 섬기도록 부르심 받은 사람이다. 어느 부분에서는 그 공동체의 사상과 겉모습을 비판하지만, 그것은 공동체가 공유하고 있는 기독교 신앙의 내용과 약속들에 기초하여 사랑과 돌봄의 표현으로 그렇게 하는 것이다. 한 공동체를 비판한다는 것은 그 공동체를 향하여 충실하게 마음과 몸을 쏟고 있다는 하나의 표지요 결과인 것이다.

따라서 종교개혁 영성을 연구하는 것은 다른 행동 방식, 다른 문제 접근 방식 그리고 기독교가 천명한 것이 현재의 정황 속에서 어떻게 살아 움직이는지에 관해 눈을 뜨는 것이며, 그것은 현대를 사는 우리에게 하나의 자극제요 촉매제로 사용된다. 온갖 발상들이 모여

드는 장에 종교개혁 영성이라는 새로운 생각들이 가득 들어찼다고
간주해 보라. 그것은 이제 우리가 처분할 재량을 가진 하나의 자원
이다. 이로써 우리는 자연스럽게 이 영성이 갖고 있는 기본적인 특징
들을 더 상세하게 살펴볼 수 있다.

종교개혁 영성의 특징 구분하기

종교개혁 영성의 기초를 이루는 네 개의 주요 주제는 다음과 같다.

1. 그 영성의 기초는 성경 연구에 있으며, 거기로부터 풍성한 양분을
공급받았다. "오직 성경"(sola scriptura)의 원리는, 개혁자들의 신학 방식
에서 너무도 중요한 명제였기에, 그들의 영성에서도 역시 뚜렷하게
나타난다. 성경은 기독교 신앙을 낳고 자라게 하는 수단으로, 주권
자이신 하나님이 그 권위를 부여하시고 우리에게 주신 것이다. 종교
개혁을 이끌던 인물들은 성경을 읽고 묵상하는 데 집중한 사람들이
었다. 16세기 초에 프랑스 복음주의자들을 이끌던 인물들 가운데
하나인 나바르의 마거리트[3]는 바로 그런 과정을 거쳐 자신의 신앙을

---

3 마거리트 당굴렘(Marguerite d'Angouleme, 1492-1549)을 말한다. 그녀는 학생들
이 비꼬았던 것처럼 정신 나간 가정주부가 아니었다. 앙굴렘 공작이었던 샤를 도를레앙
과 사보이가 출신인 루이 사이에 태어난 그녀는 1527년 나바르 왕인 앙리 달브레와 재
혼하면서 나바르의 마거리트라는 칭호를 얻었다. 종교개혁과 인문주의의 보호자였던 그
녀는 남매지간인 프랑수아 1세와 함께, 가톨릭의 탄압으로부터 프랑스 종교개혁의 불길
을 지키기 위해 온 힘을 기울였다. 하지만 1543년에는 소르본 대학이 모든 직원에게 (가

새롭게 이해하고 체험하게 되었다. 그 결과, 이 여성은 파리 대학교의 학생들로부터 웃음거리가 되었다. 1533년 10월 1일, 학생들이 공연한 희극 속에서 이 여성은 성경을 읽고 정신이 나간 가정주부로 묘사되었다. (칼뱅 자신의 손으로 이 사건을 상세하게 적어놓은 기록이 있다.)

종교개혁 영성이 성경을 그 중심으로 삼았다는 것은 개혁자들의 문헌 자료들 속에서 발견된다. 그 자료들 가운데 다음의 세 가지가 특히 중요하다.

1) 성경 주석. 이를 읽는 사람들이 하나님의 말씀을 정독하고 이해하도록, 어려운 문구들을 설명하고 중요한 점들을 확인하면서, 나아가 독자들로 하여금 성경 구절이 제시하는 관심사들에 친숙해지게 하는 것을 목표로 삼았다. 칼뱅, 루터, 멜란히톤[4] 그리고 츠빙글리

톨릭을 따르겠다는) '신앙 조항'에 서명하도록 강요했으며 이를 거부하는 사람들은 화형당했고, 1545년에는 고등법원의 판결에 따라 개혁파에 가담했던 두 개 촌락 전체가 이단으로 규정되어 그 주민들이 모두 화형당하거나 추방당하는 비극이 벌어진다. 마거리트와 그가 살던 당시 프랑스의 종교개혁을 둘러싼 대립 양상은 Le Petit Larousse (Paris: Larousse, 1997), 1502면과 앙드레 모루아가 쓴 『프랑스사』(서울: 김영사, 2016), 219-278면을 참조하기 바란다.

4 필립 멜란히톤(Philipp Melanchthon)은 1497년 독일에서 태어나 1560년에 세상을 떠난 독일의 종교개혁자이자 교육자였다. 평생 루터의 신실한 동지였던 그는 일찍부터 집안의 할아버지뻘이면서 히브리어 연구의 대가였던 인문주의자 요하네스 로이힐린(Johannes Reuchlin, 1455-1522)의 영향을 받아 성경 원어 연구에 몰두하여, 1518년에 벌써 비텐베르크 대학(루터가 1년 전에 유명한 '95개조 반박문'을 게시했던 곳이 바로 이 비텐베르크였다)의 헬라어 교수가 되었다. 종교개혁으로 인해 개혁자와 가톨릭의 다툼이 치열해지면서, 라이프치히 논쟁에서 루터를 지지하고 『신학강요』(神學綱要, 1521)를 저술하여 개혁자들에게 탄탄한 조직신학의 기초를 제공했으며, 나아가 1530년에는 아우크스부르크 신조를 작성하는 등 개혁파의 한 사람으로서 중요한 활동을 펼쳤음에도 불구하고, 스스로 늘 루터의 뒤에 자리잡은 채, 오히려 종교 영역뿐 아니라, 교육 등 여러

와 같은 저술가들은, 학자든 필부든 가릴 것 없이 다양한 독자들을 염두에 둔 주석들을 써냈다.

2) 강해 설교. 성경 본문의 지평과 그 본문을 읽는 사람들의 지평을 융합하여, 성경 구절의 밑바탕에 깔려 있는 원리들을 설교를 듣는 청중의 정황에 적용하는 것을 목표로 했다. 칼뱅이 제네바에서 했던 설교들이 그 본보기이다. 성구집에서 끌어낸 구절이나 설교자가 골라낸 구절들을 놓고 설교하는 것이 아니라, 성경의 한 책 전체를 계속하여 설교하는 연속 설교(lectio continua)라는 개념을 만들어낸 사람이 바로 칼뱅이다. 예를 들면 칼뱅은 성경에 있는 오직 하나의 책, 곧 신명기를 놓고 1555년 3월 20일부터 1556년 7월 15일까지, 약 200회의 설교를 한 것으로 알려져 있다.

3) 성경 신학을 다룬 작품들. 이를테면 칼뱅의 『기독교강요』 같은 책들은 신학적 차원의 중요한 문제들에 대하여 성경이 말씀하는 것들을 모아 통합된 명제들로 제시함으로써 사람들이 성경을 일관성 있게 보도록 했다. 이를 통해 성경을 읽는 사람들은 모순 없는 하나의 세계관을 수립하여 매일의 삶을 단단히 묶을 수 있게 되었다. 프랑스의 역사가인 피에르 앵바흐 드 라 투르는 언젠가 이렇게 썼다. '칼뱅이 만든 첫 작품은 하나의 책, 곧 『기독교강요』였고, 두 번째 작품은 하나의 도시, 곧 제네바였다. 책과 도시가 서로 보완하고 있다. 하나는 공식화된 교리요, 다른 하나는 적용된 교리였다.' 다른 종교

분야에서 개혁 작업에 몰두했다.

개혁자들처럼 칼뱅의 경우도, 성경이 교리를 빚어냈고 그 교리가 그리스도인의 삶이라는 현실을 만들어냈다. 그런 점에서 종교개혁 영성은 먼저는 성경 중심이며, 다음은 교리 중심이다.

이 세 가지 중요한 문헌 자료들을 통하여 개혁자들은 이를 읽는 사람들 내면에 성경에 중심으로 둔 인생관을 깨우쳐 주려고 노력했다. 이런 보조물들은 성경을 대체하는 것이 아니라 보충할 목적으로 사용되었다. 칼뱅의 말처럼, '우리는 성경이 말한 곳에서 말하고, 성경이 침묵하는 곳에서 침묵한다.' 그들 모두에게 중심이 되었던 근본 가정은, 독자들이 성경 본문에 다가가면 그 본문을 해석하고 적용하는 데 도움이 필요하리라는 것이었다.

바로 이 점에서 종교개혁 전통에 공감하는 사람들뿐 아니라 이를 비판하는 자들까지 '오직 성경'이라는 성경 원리를 심각하게 오해하고 있다고 지적할 수 있다. 두 가지 특별한 오해를 살펴보자. 첫째, 종교개혁이 성경의 우선성을 강조했지만, 교회가 함께 뜻을 모아 내린 판단 위에 개인의 의견이 자리하는 것으로 이해하지는 않았다. 둘째, 성경의 우선성이 곧 영성과 신학을 다룬 자료들을 변두리로 밀어내는 것을 의미하지는 않았다.

종교개혁 당시 과격파로 알려져 있는 많은 저술가들 — 이들은 아직도 자주 '재세례(파)'(Anabaptism)로 불린다 — 은 모든 사람에게는 자신들이 좋아하는 방식을 좇아 성경을 해석할 권리가 있다고 주장했다. 이 권리는 그리스도인에게 근본적인 자유로 간주되었으며, 이는 이 운동의 두드러진 특징이었던 평등주의(경제, 정치 그리고 종교의 평등)

를 반영한 것이었다.

　하지만 종교개혁의 주류 세력은 성경에 대해 개인이 내린 해석과 공동체가 내린 해석 사이의 관계를 논하면서 너무도 다른 접근법을 채택했다. 이론적으로는 교회도 여러 부분에서 성경을 오해할 수 있다 ― 역사를 살펴보더라도 사실 교회는 그런 오해를 했다 ― 는 점을 인정하면서, 개혁자들은 각 사람들이 교회가 해석한 것들에 대하여 이의를 제기할 수 있음을 주장했다. 비록 교회가 받아들인 교리와 영성의 전통이라 할지라도 그 전통의 정당성이 성경에 비추어 끊임없이 반추되고 검증되어야만 했다. 루터는 이신칭의를 가르치면서, 중세 교회가 신약 성경이 말씀하고 있는 것을 벗어났으며 그 결과 교회의 이런 가르침은 성경의 토대에 비추어 다시 올바른 위치에 놓여야 한다는 점을 논증했다. 츠빙글리는 성찬과 관련하여, 칼뱅은 교회론과 관련하여 비슷한 논지들을 전개했다.

　그러나 개혁자들은 백지 상태에서 새롭게(de novo) 시작할 의도는 아니었다. 그들은 자신들이 이미 있던 교리와 영성을 거듭 되풀이하거나 어떤 새로운 교리와 영성의 전통을 세운 사람들로 비춰지길 원치 않았다. 오히려 그들은 자신들을 이미 존재하는 전통의 가치를 비판적으로 재음미하여 그 전통들을 개혁하고 갱신하는 사람들로 간주했는데, 이런 작업들은 성경에 비추어 필요한 일이었다. 중세의 신학이 전통을 성경으로부터 독립된 또 하나의 계시의 원천으로 간주하지 않았다는 점 그리고 그 전통이 성경을 읽는 어떤 특정한 방식이었다는 점을 지적하는 학자들이 점점 증가했다. 전통은 대대로 내려온 성경을 읽고 해석하는 방식을 말한다. 개혁자들은 성경을 읽는 이러한 방식이 사실은 성경 그 자체에 충실한 것이었음을 확실히 했다.

둘째, 종교개혁자들이 성경의 우선성을 철저하게 강조했을지라도 그들은 그로 인해 기독교 전통을 다룬 신학 저작들을 읽거나 그 가치를 평가하는 일에 방해받지 않았다. 성경은 그들의 사상에서 무게 중심이었지만, 이로 인해 읽을 책의 범주가 한정된 것은 아니었다. 성경과 모순됨이 없는 것으로 보이는 다른 저작들 역시 그 가치가 인정되었다. 때문에 루터와 칼뱅 두 사람 모두 빈번하게 아우구스티누스[5]를 향한 그들의 존경심을 기록으로 남겼고, 저작 속에서 그를 자주 언급했으며 나아가 그의 사상을 자유롭게 원용함으로써 이런 존경의 마음을 보여주었다. 반면, 루터는 15세기의 저술가인 가브리엘 비엘의 글에 대해서는 많은 부분에 대해 거의 참을 수 없는 지경에 이르렀는데, 루터는 그의 사상 대부분을 성경에서 심각하게 벗어난

---

5 아우렐리우스 아우구스티누스(Aurelius Augustinus)는 354년, 로마의 북아프리카 식민지인 누미디아의 타가스테에서 태어나, 430년, 히포에서 세상을 떠났다. 라틴 교부의 한 사람이었던 그는 신학과 철학, 신앙과 이성의 조화를 통해 기독교 신앙의 체계를 닦은 인물로 알려져 있다. 그러면서도 이성보다 믿음을 우선하는 것으로 여겼다. '알기 위해(이해하기 위해) 나는 믿는다'(credo ut intellegam)라는 그의 명제에서도 드러나듯이, 일단 이해하기 어렵거나 수긍하기 어려운 부분이라도 믿음으로 수납한 뒤 이성으로 논변할 것을 주장했다. 마니교, 펠라기우스 등의 이교, 이단 세력에 맞서 성경에 근거한 교리의 올바른 확립에 힘썼으며, 이 과정에서 『자유의지에 대하여』(De libero arbitrio), 『삼위일체에 대하여』(De Trinitate), 『진정한 종교에 대하여』(De vera religione), 『하나님의 도성에 대하여』(De civitate Dei) 등과 같은 저서를 남겼다.

것으로 간주했다. 개혁자들은 신학 저술들을 널리 칭찬하고 선용했고, 그것들은 성경 해석에서 신빙성과 신뢰성을 갖게 했다.

그러했기에 종교개혁자들은 교회의 교리와 영성이 성경과 어긋나지 않는 한, 그것들과 다투지 않았다. 하나는 신학, 하나는 실천에 관련하여 이를 보여주는 두 가지 예를 언급할 수 있다. 엄격히 말해, 삼위일체 교리가 성경 안에 명시되어 있지 않음에도 불구하고, 종교개혁자들은 이것을 성경과 철두철미하게 일치하며, 성경으로부터 건져올릴 수 있는 것으로 간주했다. 때문에 그들은 주저없이 이 교리를 성경에 합치하는 순전한 기독교 교리로 인정했다. 마찬가지로, 유아 세례 역시 성경이 분명하게 인정하거나 시인하고 있지 않다. 그러나 루터, 칼뱅 그리고 츠빙글리는 유아 세례가 성경에 완전히 합치할 뿐 아니라, 바로 그런 이유 때문에 그 가치가 인정되어야만 한다고 논증했다.

영성이라는 특수한 경우에도, 같은 접근 방법이 채택되었다. 개혁자들은 가톨릭 영성의 전통이라 할지라도 그것이 성경에 합치하는 것으로 보인다면 꺼리지 않았다. 종교개혁이 주창한 사상이나 그것이 가진 가치를 포용한다고 해서, 1500년 이전의 기독교가 갖고 있던 영성의 전통을 단호하게 거부하는 것은 아니었다. 이는 성경에 있는 뿌리에 비추어 전통을 검증하려는 것이다. 그 전통이 성경에 분명히 합치하면 그것은 기꺼이 포용될 수 있지만, 어긋난 것이라면 철저히 거부되어야 한다. 그렇기에 개혁자들은 베네딕투스 영성이 가진 많은 가치를 인정했지만, 이는 그것이 단지 성경을 읽고 묵상하는 것을 강조했기 때문만은 아니었다. 반면, 개혁자들은 프란치스코 영성의 범주에 있던 어떤 모습들, 이를테면 철저한 청빈 서약과 같은 것은 성경에 적절한 기초가 없는 것으로 간주했다.

이것이 이 시대에 암시하는 바는 분명하다. 자신이 종교개혁의 전통 안에 서 있는 사람들로 여기는 이들은 비록 가톨릭과 정교회의 영성 전통에 속한 자원일지라도 그것이 성경에 합치한다면, 흔쾌하게 그것들을 선용한다. 많은 개신교 신자들은 복음서의 핵심 구절들을 곱씹는 상상을 활용하는 이그나티우스 영성이 신앙 성장을 크게 자극하고 그 성장에 이바지한다는 점을 발견하기도 한다. 16세기 종교개혁을 앞장서서 반대하던 사람들이 이 방법을 만들었다는 점은 문제되지 않는다. 정작 중요한 문제는 이것이 성경에 합치하는가 그렇지 않는가이다.

물론, 개신교 신자들은 실제로는 이그나티우스 영성의 모습을 의미심장하게 바꾸어 버린다. 대개는 수도원에 기원을 두고서 거기로부터 영향을 받은 부분들은 제거시키는 경향이 있는데, 이는 매일의 삶으로부터 동떨어지지 않고 그 안에서 활용될 수 있는 모습들을 만드는 데 그 목적이 있기 때문이다. (개혁자들은 현세로부터 도피한다는 그 어떤 관념에 대해서도 뿌리깊은 반감을 갖고 있었으며, 도리어 신자들의 책임은 이 세상 안에 남아 있는 것이라고 보았다.) 개신교가 표방하는 근본 원리들을 손상하지 않으면서, 개신교와 가톨릭의 영성 전통들이 창조성을 발휘하여 서로 영향을 주고받은 탁월한 예가 바로 이것이다. 사실 가톨릭교 내부에서도 막연하기는 하지만 '성경 영성'이라는 명칭으로 불리며['가톨릭 복음주의'라고 점점 알려지고 있다] 새롭게 관심을 갖는 모습을 더욱 볼 수 있을 것 같다.

종교개혁이 성경을 강조함으로써 전통이 갖고 있던 영적 권위를 더 책임 있게 비판하면서, 마찬가지로 이로 인해 개인의 체험을 더욱 신뢰하게 되었다. 더 과격한 모습을 보여준 많은 실천가들은 개인의 체험이 완전하게 신뢰할 만하며 권위 있게 영적인 진리로 안내한다고 주장했다. 그렇지만 주류 개혁자들은 성령을 통하여 개인에게 계시가 주어진다는 생각에 회의를 품었다. 체험은 성경에 비추어 해석되어야 했다. 성경은 객관성이 보증된 공유하는 자료지만, 개인의 체험은 주관적이고 개별적일 뿐이었다. 종교개혁에서 주류에 있던 사람들이 성경을 강조하면서, 교회는 하나님으로부터 자신만이 받았다는 계시에 도취되어 신앙 공동체에 하나님이 주신 계시를 부인하던 자칭 선지자들의 독재로부터 해방의 기쁨을 누리게 되었다.

한번은 종교개혁자들 가운데 예언과 환상을 더 과격하게 주장하던 몇몇 대표들이 연설하던 회의에 마르틴 루터가 참석했다. 그는 그 진영 사람 중 하나가 자신이 본 환상들과 자신에게 주어졌다는 계시들을 꽤 길게 말하는 것을 듣게 되었다. 이 긴 설교가 끝을 맺자, 루터는 큰 소리로 한마디 외쳤다. '당신은 성경이 말씀하는 것을 단한마디도 말하지 않았소.' 이는 그가 방금 들은 것을 압축하면서도 그 내용의 신빙성을 단숨에 무너뜨리는 외침이었다. 하나님의 계시로서 성경이 충족성과 권위가 있음을 종교개혁의 주류가 강조한 덕분에, 성경 안에서 하나님이 말씀하시는 중요한 것들이 따로 있다면서 자신들만이 이 새로운 통찰을 소유했노라고 끈질기게 고집하는 사람들로부터 해방을 만끽하게 된다. 하나님이 어떤 사람에게 개인 차원에서 주시는 말씀은 결코 성경과 같은 권위를 갖는 것으로 받아들여질 수 없다. 성경은 한 공동체 전체에 권위를 행사한다. 어느 한 사람에게 주어진 환상은, 설령 그것이 어떠한 권위가 있다 할지라도, 그 권위는 순전히 그 개인에게 한정될 뿐이다.

특히 미국에서 현대 복음주의라는 이름으로 통용되는 것들 가운데 많은 수가 이 원리를 철저하게 망각했다. 그 복음주의는 세속의 때에 찌든 세계에서 너무나 두드러지게 나타나는 자기중심주의라는 독약에 찌들어 버렸다. 텔레비전을 통하여 복음을 전한다는 미국의 오럴 로버츠는 언젠가 자신의 텔레비전 카메라 앞에서 성경책 한 권을 들고 이렇게 선언한 적이 있다. '이 한 권의 책 안에서 발견할 수 있는 것보다 더욱 많은 것을 하나님이 말씀하십니다.' (그런 다음, 그는 자신이 얻은 통찰들과 본 환상들을 근거로 성경 이외에 하나님께서 청중에게 더 말씀하신 것이 무엇인지 계속 지적한다.) 미국 남가주 오렌지카운티에 있는 복음주의 수정교회의 목사 로버트 슐러는 '16세기에 일어났던 종교개혁은 우리의 시선을 믿음과 행위의 규범으로 유일하고 전혀 오류가 없는 거룩한 성경으로 돌려놓았지만, 새로운 종교개혁은 우리로 하여금 각 사람이 소유한 거룩한 권리, 곧 자기 자신을 존경할 권리에 눈을 돌리도록 만들 것이다!'라고 주장했다. 남부 캘리포니아를 지배하고 있는 세속 가치들에 이처럼 쉽게 순응하는 모습은 곧, 진리를 판단하는 척도의 자리를 하나님의 자기 계시가 아닌 인간의 자기 존중이 대신 차지하는 결과를 낳았다. 현대 복음주의는 이 점에서 너무나 쉽게 — 일부러 그러든지 아니면 멋모르고 그러든지 — 자신의 장자상속권을 포기했다.

2. 종교개혁 영성은 인간의 정체성, 순전성 그리고 완성이 하나님으로부터 따로 떨어진 채 이루어질 수 없다고 단언한다. 우리가 누구이며 존재하는 이유는 무엇인가를 발견하는 것은 곧 하나님이 누구시며, 그의 모습이 어떠신지 발견하는 것이다. 칼뱅은 그가 쓴 『기독교강요』 1559년판의 첫 문장에서 두드러질 정도로 선명하게 이 원리를 밝힌다.

우리가 갖고 있는 거의 모든 지혜 곧 참되고 건전한 지혜는, 두 부분으로 이루어져 있다. 즉 하나님을 아는 지식과 우리 자신을 아는 지식이다. 그 둘이 밀접하게 연결되어 있음에도 불구하고, 어느 것이 첫 번째인지 말하기가 어렵다. … 우리 자신을 아는 지식은 우리가 하나님을 찾도록 자극할 뿐 아니라, 나아가 우리를 당신의 손으로 인도하사 그를 발견하게 하신다. … 우리는 먼저 하나님의 얼굴을 바라보고 난 다음에 비로소 우리 자신을 아는 명료한 지식을 얻게 되며, 그런 뒤에 하나님을 천천히 바라보는 곳으로부터 우리 자신을 꼼꼼히 살펴보는 곳으로 내려가게 된다.

영성이 고양된 종교 체험을 목적 그 자체로 추구한다는 개념은 종교개혁자들의 눈에는 완전히 이질적인 것이었다. 마찬가지로 하나님으로부터 따로 떨어져 또는 그저 덤덤하게 그분을 안다는 것도 가능하지 않다. 하나님을 안다는 것은 곧 하나님으로 말미암아 바뀌는 것을 말한다.

그리하여 종교개혁 영성에는 풍성한 교리의 토대가 존재한다. 그럼에도 불구하고, 교리에 대한 관심이 영성에 대한 관심과 같은 말은 아니다. 예를 들면, 루터와 칼뱅은 스콜라 철학의 냄새가 짙게 풍기는 신학을 강력하게 비판했는데, 이는 그 신학이 신학 차원의 성찰과 영성, 머리(이성)와 마음(감성) 사이에 쐐기를 박아 둘 사이를 엄정하게 구별하려고 했기 때문이며, 다른 한편으로는 그 신학이 인간의 실존 속에서 나타나는 여러 모습들과 연계성을 갖지 못했기 때문이다. 믿음을 두뇌의 작용으로 만들 수는 없는 노릇이다. 칼뱅은 『기독교강요』 1539년판에서 이 점에 대하여 이렇게 말했다.

교리는 혀, 곧 말의 문제가 아니라 삶의 문제이다. 다른 학문 분야들처럼, 단지 지식과 기억만으로 교리의 의미가 이해되는 것은 아니다. 그 교리가 영혼 전체를 소유할 때에야 비로소 그것을 받아들이게 된다. … 우리가 교리에 우선순위를 부여하는 것은, 우리의 종교가 그 교리 안에 들어있기 때문이요, 우리의 구원이 그 교리로 말미암아 시작되기 때문이다. 하지만 그 교리는 우리의 마음에 스며들어 우리의 행동으로 옮겨져야 하며, 그를 통해 우리를 변모시켜야 한다. … 복음이야말로 인간의 마음속 가장 깊은 곳에 자리잡은 감정들까지 파고 들어가, 그 영혼 안에 자신의 자리를 고정시키면서, 냉랭하기 이를 데 없는 철학자들의 저술보다도 백 배나 더 풍성하게 인격 전체를 가득 채워줄 것임에 틀림없다.

칼뱅이 하나님을 아는 지식이 가진 체험적인 측면들을 강조한 것은 종교개혁이 공유하고 있던 믿음, 곧 하나님을 아는 것은 하나님의 능력을 체험하는 것이라는 믿음을 반영하고 있다. 하나님을 아는 것은 하나님으로 말미암아 변화를 체험하는 것이다. (한마디 덧붙이자면, 칼뱅을 신령한 체험에 둔감했던 인물 또는 목석 같은 지성주의자로 고집스럽게 그려내는 사람들에게 이런 칼뱅의 면모는 상당히 당황스러운 일일 것이다.) '우리 안에서 그것이 자라가도록 우리를 부르시는 하나님에 대한 지식은, 단지 우리 머리 속에서 덜컹거리며 맴도는 공허한 사변에 만족하는 것이 아니라 우리 마음속에서 견실한 열매를 맺어감을 스스로 증명하는 지식이다.'

루터도 『그리스도인의 자유에 대한 논설』(*Liberty of a Christian*, 1520, 도서출판 길 역간)에서 비슷한 주장을 펼치고 있다. 그는 하나님이 약속하신 것들을 신자들이 공유하게 되고 그로 말미암아 자신의 모습이 바뀌는 방식을 강조한다. 루터는 하나님을 알게 됨으로써 우리를 바꾸는 방식이 얼마나 생명력이 넘치는지 표현하려고 노력했다. '우리가 하나님이 주신 약속들과 연합하면 우리는 그 약속들에 흡수되고, 끝내 우리는 그 약속에 흠뻑 젖어 그 속에 빠져 버린다.'

하나님께서 주신 이 약속들은 거룩, 진리, 의, 자유 그리고 평강이 넘치는 말씀이요, 선으로 충만한 것이기에, 견고한 믿음으로 그 약속들을 붙드는 영혼은 친밀하게 그것들과 연합할 것이며 그 영혼 전체가 이 약속들에 흡수될 것이기에, 결국 그 영혼은 그것들이 가진 모든 능력을 공유할 뿐 아니라, 거기에 흠뻑 젖어 그 속에 빠져들고 말 것이다. 그리스도께서 손만 대셔도 병자가 나았다면, 이처럼 가장 부드러운 손길로 성령이 어루만지시는 경우 곧 하나님의 말씀이 이렇게 빨아들이시는 경우에는, 하나님의 말씀에 속한 모든 것들이 더욱 많이 영혼에 주어질 것이다.

그렇기에 하나님을 아는 것은 마치 하나의 생명력과 같아서 그것을 소유하고 그것에 사로잡힌 사람들을 변화시킨다. 하나님에 대한 참 지식은 우리를 예배, 순종 그리고 영생을 향한 소망으로 인도한다. 칼뱅은 하나님을 믿고 그분께 예배함이 없는 곳에는 하나님을 아는 것이 하나도 존재하지 않는다는 점을 강조했다. 우리 자신을 알게 되는 때는 바로 우리가 하나님을 아는 바로 그때이다. 그럼에도 불구하고, 칼뱅이 똑같이 힘주어 말했던 것처럼 우리 자신을 완전히 알게 됨으로써 비로소 우리는 하나님을 완전히 알게 된다. 우리 자신을 아는 것과 하나님을 아는 것이 함께 주어지며, 그렇지 않은 경우에는 그 둘 모두 주어지지 않는다.

이처럼 강력한 주장이 전개되면서, 칼뱅이 지적하는 것처럼 중요한 결과들이 초래되었다. 우선 이런 주장으로 말미암아 위에서 언급한 대로 종교개혁 영성에서 중심을 차지하던 성경의 자리가 더욱 공고하게 되었다. 하나님을 아는 것으로서 신뢰할 만하며 권위 있는 지식은 오직 이 원천, 곧 성경으로부터 얻을 수 있다. 두 번째로, 그것은 기독론의 중요성을 가리키고 있다. 예수 그리스도 안에서, 신성과 인성, 하나님과 사람이 단일하면서도 불가분인 통일체로 결합되어 우리에게 제시되고 있다. 바로 여기에서 그리스도인이 하나님을 아는 것과 인간의 본질을 아는 것이 독특한 모습으로 수렴되어 하나의 초점에 이르게 된다. 그리스도는 '성경에서 말하는 수학의 중심'이다(루터). 종교개혁 전통 안에서 영성을 다루고 있는 많은 저술들이 예수 그리스도라는 본보기를 고찰하는 데 중점을 두고 있다는 것은 곧 이 신학의 기본 주장을 반영하는 것이다. '우리를 하나님으로부터 사랑을 받는 자리로 회복시킨 그리스도는 우리 앞에 하나의 본보기로 놓여 있다'(칼뱅).[6]

---

6 루터가 구약 역시 기독론의 눈으로 해석해야 한다는 점을 강조하면서 원이라는 도형을 빌어 주장한 내용은 그의 요한복음 주석에서 등장하고 있다. 하지만 이것보다도 그가 기독론 중심의 성경 해석론을 지향하고 있음을 확실히 보여주는 루터 자신의 말이 바로 여기에 있다. '다른 사람들은 그리스도 앞에서 일부러 도망치려고 할 때 우회로를 만들며, 이런 방식으로 본문을 통해 그분께 이르는 길을 단념한다. 그럼에도 불구하고 나는 마치 호두와 같은 하나의 본문을 만날 때마다, 비록 그 껍질이 내게는 너무 단단하다 할지라도, 즉시 그것을 돌(그리스도)에 던져 깨뜨린 다음, 가장 달콤한 알맹이를 발견한다.' 칼뱅 역시, '구약을 볼 때에도 그 안에서 그리스도를 발견하겠다는 의도를 갖고 읽어야 한다'고 강조함으로써 기독론을 해석의 중심 원리로 삼았다. 하지만 칼뱅은 루터와 달리, 기독론을 지향하는 해석이 알레고리로 흘러가는 것에 강력히 반대하면서, 구약 성경을 오직 그리스도만을 이야기하고 있는 책들로 만들어 버리는 과정에 정당한 시비를 걸 수 있는 단서를 유대인들에게 제공하지 말도록 경고하고 있다. 이 역주에 적은 원문은 Hans-Joachim Kraus, *Geschichte der historisch-kritischen Erforschung des Alten*

만일 이런 통찰들이 현대에 적용된다면 현대적인 영성의 많은 영역이 세속 학문인 심리학과 정신분석학에 광범위한 호소를 하고 있다는 점은 명백히 비판받아야 한다. 그런 세속의 학문 체계들 안에서 발견되는 '인간의 완성(성취)'이라는 관념들은 심각하게 비기독교성을 띠고 있으며, 그 체계에 도움을 요청하는 사람들에게는 비판을 통한 검증이 필요하다. 곧 심리학은 신학이 아니다. 인간의 상태에 관한 통찰들을 끌어다 쓰는 것은 기독교 영성의 반쪽짜리 이야기일 뿐이다. 단지 절반만 말한 것이라면, 그것은 결국 이야기 전체를 적절하고 진실하게 얘기하지 않았다는 말이다.

종교개혁의 전통에 따르면 하나님을 아는 것과 우리 자신을 아는 것이 순전하고 신뢰할 만한 영성을 구성하는 필수 요소들이다. 오로지 세속의 심리학과 심리요법이 제시한 통찰들에 어떤 영성의 기초를 두는 것은 기독교인이 그리스도 안에서 하나님을 아는 지식이 남기는 통찰들을 사용하지 않겠다며 포기 선언을 하는 것이다. 심리학만으로는 기독교 영성의 기본 자원이 될 수도 없고, 그렇게 허용해서도 안 된다. 만일 종교개혁이 지금 세대에 뭔가 할 말이 있다면 바로 이것이리라. 결코 하나님을 잊지 말라. 대중의 인기를 끄는 심리학이 만들어내는 신학은 깊이와 성실함을 잃어버린 채 흐늘흐늘 늘어진 기독교를 향해 달려가는 신학일 뿐이다. 진정한 신학이라는 강력한

Testaments (Neukirchen -Vluyn : Neukirchener Verlag, 1988), § 4(19면)에서 인용한 것이며, 그 책 안에 원래 출처가 미주로 표기되어 있다.

약이 믿음에 지성적인 토대와 활력을 제공하고 있다. 갈피를 못 잡은 채 뒤죽박죽이 된 20세기 후반의 세계에서, 믿음은 그런 보강재를 필요로 하고 있다[이 책은 1992년에 초판이 출판되었다 — 역주].

　3. 종교개혁 영성은 모든 기독교 신자들이 성직을 가졌으며 하나님으로부터 부르심 받은 사람들이라는 점을 분명하게 인정한다. 바로 이 같은 사실 때문에 근세 초기 유럽의 새로운 사회 상황이라는 현실에 확실하게 적응할 수 있는 것이다. 이렇게 하면서도 종교개혁자들은 그것이 결코 기독교의 정수를 손상하는 것이 아니라고 믿었다. 대신 그들은 '평신도들이 곧 하나님의 백성'(헬라어의 laos)이라는 관념을 되찾고 있었다. 영성은 교회 지체들 중 어떤 특정 부류(이를테면 교회의 성직자들)의 뜻에 따라 좌지우지되는 것이라기보다 교회 전체의 뜻에 달린 자원이었다. 실제적으로 보더라도 종교개혁 전통 안에 있는 저술가들은 먼저 성직자들이 아닌 평범한 청중에게 말을 건넨다. 평범한 청중이 지체로 모인 공동체의 영적 깊이를 개발하는 데 있어 성직자와 교회 지도자들이 중요하다는 점을 인정하면서도, 종교개혁 전통을 따랐던 사람들은 그들의 지위보다는 교육자로서 갖는 직무가 그 역할에 적합함을 인정했다. 원리에서 그리고 실천적으로, 종교개혁자들은 평신도들을 영적으로 지도하고 거기에 가치를 부여했다.

　종교개혁 영성의 중심은 평신도가 하나님의 백성이라는 관점을 회복하는 것이다. 로테르담 출신의 에라스무스가 쓴 『그리스도의 군사에게 주는 안내서』(*Handbook of the Christian Soldier*, 1503)는 성직자들을 다른 신자들과 완전히 다른 반열 — 그것이 존재론의 차원이든 직무의 차원이든, 이론의 차원이든 혹은 실천의 차원이든 관계없이 — 에 올려놓았던 그 모든 관점에 대한 신뢰성을 허물어버린 책이다. 에라스무스가 보기에 성직자는 오직 하나의 직무 곧 자신들이 기독교 신앙을 알고 이해하는 수준만큼 평신도들도 그와 같은 수준의 지식과 이해에 이르게 하는 직무만을 가질 뿐이었다. 성직자들은 교육자들이며 자신과 평신도 사이에 가로놓인 교육의 격차를 제거하는 과제를 걸머지고 있었다.

중세 초기에 배움은 말 그대로 성직자들의 독점 분야였다. 그러나 유럽의 르네상스를 통하여 읽고 쓰는 것과 교육이 널리 이루어지면서 성직자와 평신도 사이에 있던 배움의 격차는 빠른 속도로 줄어들었다. 에라스무스가 보기에 종교는, 그 안에서 신자 각 사람이 성경을 읽음으로써 더 깊이 하나님을 알아가려고 노력하는 신령한 내면의 일이었다. 그런 연고로 교육받은 평신도는 이제까지 맛보지 못했던 일정 수준의 신앙 이해에 도달하게 되었다. 평신도들은 점점 더 자신의 힘으로 성경을 읽을 수 있고, 나아가 한 사람의 평신도로서 경건을 함양시켜 갈 수 있는 자신의 능력에 확신을 얻게 되었다. 새로 떠오르던 전문 직업 계층들이 도시에서 세력을 얻기 시작하면서 이들은 차츰 옛 문벌 귀족들로부터 지배권을 빼앗았으며, 아울러 기독교 신앙을 실천하고 그 신앙을 해석하는 일에 자신들이 세속의 직업 활동에서 활용하던 것과 같은 예리한 통찰과 전문 직업 정신을 비판의 시선을 담아 적용했다. 이런 발전으로 성직자들의 능력을 비판적으로 평가할 수 있는 평신도들이 점점 많아지게 되었으며 종교 문제에서 자신감이 자라게 되었다.

여기서 중요한 것은 여성들 사이에서 기독교 신앙을 자신의 힘으로 이해하고 해석할 수 있다는 새로운 자신감이 뚜렷하게 나타났다는 점인데 이런 모습은 특히 프랑스, 이탈리아, 독일 그리고 잉글랜드의 귀족 집안 내에서 두드러졌다. 당시의 많은 사람들은 평신도의 등장을 두려운 눈으로 바라보았다. 루터파의 등장으로 독일에서 빚어진 위기에 대해 수습할 책임을 지게 되었던 카예탄 추기경은, 여성들도 신학자로 받아들여지는 것이야말로 새로운 개혁 운동이 필연적으로 가져올 (그리고 충격 그 자체일) 결과라고 믿었다. 프랑스의 종교개혁자였던 에티엔 르 쿠흐는 여성들이 복음을 선포하게 될 것을 가르쳤다는 이유로 노르망디의 루앙에서 산 채로 화형당했다. 쟈끄 르페브르 데타플르[7]는 자신이 프랑스어로 번역한 신약 성경을 '그리스도를 믿는 모든 남성과 여성에게' 헌정했는데, 그는 그 성경을 읽을 독자들 가운데 하나님의 백성이면서도 그때까지 변두리로 밀려나 있던 이 구성 부분(여성)이 포함될 것 — 나아가 포함되어야 한다는 것 — 을 추호도 의심하지 않았다. 롤랜드 베인튼은, 자신이 쓴 『종교

---

7 쟈크 르페브르 데타플르(Jacques Lefevre d'Etaples)는 1450년 에타플르에서 태어나 1536년 네락에서 세상을 떠난 프랑스의 인문주의자요 신학자이다. 그의 성경 번역과 성경 주석은 종교개혁의 이념을 확산시키는 데 기여했다는 평가를 받고 있다.

개혁 시기의 여성들』(*Women of the Reformation*)에서 이 중요한 발전에 담긴 여러 양상들을 뛰어난 필치로 설명했는데, 그는 그 양상들을 16세기에 지도자의 위치에 있던 여성들의 삶이라는 프리즘을 통하여 조망했다.

사실 종교개혁은 사회적 차원에서 볼 때 여성의 역할에 대하여 보수적 성향의 접근을 택하는 경향이 있었는데, 이는 아마도 종교개혁자들이 꺼려했던 사회 현실주의 때문이었을 것이다. 비록 이 발전 양상의 신학적 기초가 확실하고 돌이킬 수 없도록 이미 수립되었었다 할지라도, 당시의 사회는 어쩌면 과격하고 새로운 이 양상을 미처 받아들일 채비를 갖추지 못했을 것이다.

근세 초기에 종교개혁 영성이 호소했던 대상은, 남녀를 불문하고 교육받은 평신도 독자들이었다. 종교개혁의 청중은 평신도였지 성직자들이 아니었다. 종교개혁이 끌어다 쓴 자원 역시 성경에 있는 것들이었지, 스콜라 신학이나 교회의 이론이 만들어 낸 교과서들이 아니었다. 이런 발전은 그 시대 평신도들의 장서 목록을 살펴봄으로써 알 수 있다. 15세기 이탈리아 피렌체의 대부분의 상류 가문들은 신약 성경의 개인 사본들을 갖고 있었다. 16세기 프랑스 중류 가문의 개인 장서들을 살펴보면, 마찬가지로 성경에 그 바탕을 둔 자원이 종교개혁 시대에 얼마나 널리 활용되었는지 잘 나타난다. 르페브르가 프랑스어로 번역한 신약 성경(1523)과 시편(1524)은 프랑스 전역에서 널리 읽혔으며, 심지어 복음주의 정서가 자리잡고 있던 모(Meaux) 교구에서는 공짜로 배부되었다. 이 책들의 사본들은 에라스무스, 멜란히톤 그리고 르페브르 자신의 신약 주석과 더불어, 프랑스 가정의 서가에서 자주 눈에 띄었으며 머지않아 각 사람이 스스로 신학과 영성을 탐구하는 데 가장 중요한 자료 가운데 하나가 되었다. 성경을 지향하던 평신도들의 목마름을 채워준 생생한 자원들을 만들어 내어 평신도들이 그것을 선용할 수 있도록 한 사람들은 불링거[8], 루터, 멜란히톤 그리고 츠빙글리 네 사람이었다. 하지만 이런 독자들에게 호소력을 발휘한 가장 중요한 작품은 특정 성경 구절보다는 성경에 담긴 총체적인 내용을 주석한 것이었다.

16세기에 쓰인 가장 중요한 저작들 가운데 하나인 칼뱅의 『기독교강요』는, 성경 전체가 담고 있는 신학과 영성의 풍성함으로 인도하는 하나의 길잡이다. 칼뱅은 이 책을 쓰는 목적으로, 독자들이 하나님의 말씀으로 쉽게 다가갈 수 있도록 하고 그 말씀 안에서 비틀거림 없이 앞으로 나아가도록 하는 것이라고 밝혔다. 이 작품이 완전한 내용을 수록한 상태나 다양한 축약본의 형태로 판을 거듭하면서 동시에 수많은 각국 언어로 번역되었다는 사실은, 그 책이 염두에 두고 있던 청중—기독교 신앙의 풍성한 자원들과 씨름하려는 순수한 갈망을 품고 있던 학식 있는 평신도들—이 얼마나 중요한지

---

8 츠빙글리의 후계자인 하인리히 불링거(Heinrich Bullinger, 1504-1575)는, 원래 가톨릭 사제의 아들이었지만, 쾰른 대학에서 에라스무스와 루터의 글을 만난 뒤, 종교개혁자의 대열에 동참한 인물이다. 츠빙글리의 뒤를 이으면서 교리 정립에 힘을 써서, '제2차 스위스 신앙고백서'를 만드는 데 기여했다. 칼뱅이 주장한 예정론을 따르기보다 칼뱅과 루터의 조화를 모색했으며 재세례파를 교회와 국가에 위협이 되는 존재로 파악했다.

를 생생하게 증언하고 있다.

그와 똑같은 독자들이 오늘날도 뚜렷하게 눈앞에 있다. 성경을 자신들의 신앙 원천이요 기초로 간주하는 평범한 신자들 사이에, 경건성과 학문성을 겸비한 매일성경의 주해 및 성경 주석들은 큰 시장을 발견한다. 평신도들로 이루어진 작은 무리들이 정기적으로 성경 공부 모임을 갖고 있다. 교회 성장에 기여했던 문헌들이 우리에게 알려 주는 것처럼, 그런 무리들이 확장과 발전에 있어 중추적인 역할을 한다. 개신교가 자생 운동의 모습으로, 나아가 그 구성원들이 스스로 신중하게 결성한 조직체로 말미암아, 특히 16세기 프랑스에서는 정확히 그런 성경 연구 모임들로 말미암아 확산되어 갔다는 것은 결코 우연이 아니다. 자신의 조국 프랑스에 복음을 전파하려던 칼뱅의 시도에 원동력을 부여했던 발전소는 기도와 성경 연구를 위해 정기 모임을 갖고 있던 앞서가는 작은 무리들이었다.

오늘날도 그와 비슷한 갈급함, 그와 비슷한 청중 그리고 그와 비슷한 성장과 통합의 가능성이 존재한다. 종교개혁 영성은 정확히 바로 그런 청중을 지향한다. 그 영성은 오늘날도 그때와 같은 효력을 갖고 있는가? 오늘날의 기독교 세계는 이 가능성을 검증하는 실험실이다.

4. 종교개혁 영성은 일상 세계에서 이루어지는 삶에 그 뿌리를 내리면서 아울러 그 삶을 지향한다. 이는 그리스도인들이 견고하면서도 충실하게 세속 세계의 질서가 규율하는 삶에 열중하게 하면서도,

동시에 새로운 의미와 깊이를 그 삶에 제공하고 있다. 근세 초기의 사회 현실에 적응하면서도 복음의 본질과 관련하여 어떤 손상도 가져오지 않았던 영성의 모습을 인식할 수 있을 것이다. '현세를 경멸한다'(토마스 아 켐피스)는 수도원 영성의 관념은, 적어도 일상의 세계에서 이루어지는 삶에 그 영성이 끼친 영향과 관련하여, 단호하게 거부되었다.

현세를 향하여 적극성을 보였던 종교개혁자들이 제일 먼저 초점을 맞춘 곳은 국가와 사회라는 거대한 제도들이었다. 바로 이 국가와 사회 속에서 기독교 신앙이 행동으로 옮겨져야만 했다. 그러나 기독교 영성이 적용되면서, 동시에 그 영성이 초점을 맞추어야 할 활동의 장으로 가정이 수도원의 자리를 대신하게 되었다. 확대된 가족은 하나의 축소된 사회였으며 그 안에서 기독교 신앙이 삶으로 표출되어야만 했다. 전체 사회와 마찬가지로 가정도 신앙이 실천되는 하나의 공간이었다. 종교개혁 영성의 핵심 요소들 ― 가장 두드러진 것은, 이신칭의와 윤리의 실천이라는 교리이지만 ― 은 심지어 집안 살림을 챙기는 것과 같은 가장 평범한 일상생활에도 새로운 차원의 의미와 중요성을 부여했다.

현세의 실존에 새로운 생명력을 부여하려고 했던 종교개혁의 흐름은, 근세 초기 유럽에서 떠오르고 있던 전문 직업 계층들에게는 상당한 잠재력으로 다가왔다. 현대의 서양 세계는 바로 이런 발전을 이어 받은 상속자이며, 나아가 현세를 긍정하는 모습과 노동을 긍정하는 모습을 하나로 단단히 묶었던 영성 자원들의 상속자라고 할 수 있다. 그리스도인의 삶과 신학이 통합됨으로써 현세에 열중하고 투자하는 것만 아니라, 기독교 신앙의 풍부한 자원들을 연구하는 것에도 새로운 중요성이 부여되었다. 어쩌면 너무나 쉽게 각기 다른 길을 갈 수도 있었던 이 두 가지 행동 양식들이 종교개혁 영성이 갖고 있던 활력으로 말미암아 내면에서 하나의 통일체로 결합되었는데, 이에 관해서는 이 책의 6장과 7장에서 더 다룰 것이다.

무엇보다도 종교개혁은 우리로 하여금 매일의 현실 세계에 온 힘을 기울이면서 그 안에서 살아가야 한다는 사실을 되새기게 한다. 마치 종교개혁자들이 수도원으로 도피하는 것을 한사코 거부했던 것처럼 그들의 유업을 이은 현대의 상속자들 역시 좁은 울타리 안으로 움츠러든 기독교 하위문화 속으로 도피하는 것을 단호히 거부해야 한다. 가장 최악이 된 이 세상은 최상의 그리스도인들을 바라고 있다. 나아가 종교개혁 영성을 연구하는 것은 삶의 가장 고된 행로 속에서 시도해 보고 검증된 자원들을 신자들의 손 안에 올려놓으려는 것이다. 그리스도인들은 교회 안의 신앙 속에서 양육 받으며 힘을 얻는 것과 마찬가지로, 현세에서 살아가면서 일해야 한다. 교회는 신자들이 이 세상으로 나아가 하나님께 영광을 돌리고 그분을 섬기며 나아가 그분을 선포하도록 신자들을 길러낸다. 현세로부터 도피하는 것은 당신을 통하여 이 세상에서 하나님이 일하실 수 있는 기회를 그분께 드리기를 거부하는 것이다. 만일 당신이 담대하게 이 세상 안으로 뛰어들지 않는다면, 결코 세상의 소금과 빛이 될 수 없다! 앞으로 살펴보겠지만, 종교개혁은 그리스도인들이 현세의 일들에 깊이 몰두하면서도 다른 한편으로 그들이 가진 신실함과 신앙을 그대로 보존할 수 있도록 정교하면서도 신뢰할 수 있는 방식들을 발전시켰다.

종교개혁의 영성을 단단하게 묶어준 원리들이 어떤 모습이었는지 대략 살펴보았으니, 이제 우리는 더 상세하게 종교개혁 영성을 탐구할 수 있을 것이다. 종교개혁자들은 어떤 새로운 종교를 만들지 않았다. 오히려 그들은 이미 존재하던 종교를 순결하고 새롭게 했다. 어떻게 이런 일이 가능했을까? 신앙의 뿌리로 되돌아가 거기로부터 신선한 공기를 들이마시고, 자양분을 공급받으며 나아가 도전받음으로써 이 일이 이루어질 수 있었다. 이것이 바로 우리가 다음 장에서 다룰 주제이다.

3장

기독교의 뿌리를 재발견하다: 그 영성과 정체성

기독교의 정체성과 목적의식을 되찾아야 한다는 자각은 개혁자들이 쓴 글 안에 가득 차 있다. 기독교가 거듭나고 새 모습으로 다시 빚어져야만 한다는 느낌이 있었다. 단순히 중세의 기독교 양식들이 새로운 시대와 한정된 영역에만 관련성이 있음을 발견하는 데 그치지 않고, 그런 양식들이 곧 진짜 기독교를 왜곡한 것임을 깨달은 것이다. 시간이 흐를수록 종교개혁자들의 저술 속에서는 다음의 주제가 뚜렷하게 부각되고 있다. 곧, 신앙의 뿌리로 되돌아가야 하며 기독교 복음의 순전한 양식을 다시 소유해야 한다는 절박한 필요성 말이다. 순전성은 관련성을 드러내는 시금석인즉, 순전한 복음이라면 상황과 관련을 맺고 있으면서도 견고한 영속성을 잃지 않고 있음이 드러날 것이다.

뿌리로 되돌아간다는 생각에 대해서는 세심한 검토가 필요하다. 우리는 이 주제가 이탈리아 르네상스—파오로 지오비오의 말을 빌리자면, 유럽 역사에서 문화가 '다시 태어난' 위대한 시대—에서 차지했던 중요성을 살펴봄으로써, 그 생각이 시대 상황과 맺고 있던 관련성을 깨닫고자 한다.

사례 연구: 이탈리아 르네상스를 낳은 문화의 뿌리들

이탈리아 르네상스를 유럽 문화에서 가장 중요하면서도 창조성이 충만했던 시대 중 하나로 간주하는 것은 타당하다. 전 세계에 있는 미술관과 박물관은 1350년부터 1550년의 기간 동안 이탈리아 북부를 사로잡은 새로운 문화의 탁월한 독창성과 상상력을 유감없이 보여주는 전시물로 가득 채워져 있다. 16세기가 막바지에 이르렀을 무렵에는 사실상 서유럽의 모든 지역이 이 놀라운 열정과 이상으로부터 감화를 받기에 이르렀다. 그런데 당시에 이런 에너지, 곧 믿을 수 없을 정도로 예술을 향해 치닫던 흥분이 장엄한 폭발을 일으킨 뒷면에는 과연 무엇이 자리하고 있었을까?

이 질문에 대한 답은 복잡다단하다. 하지만 실질적인 부분을 단 두 개의 라틴어 단어로 얘기한다면 이렇게 표현할 수 있다. 'AD FONTES'(원천으로). 이탈리아 문화는 오랫동안 명맥이 끊어졌던 로마의 고전 문화를 이어받은 근대의 상속자이자 옹호자로 자신을 간주함으로써, 새로운 목적과 존엄에 대한 자각을 갖게 되었다. 즉 이탈리아의 르네상스는 고대 로마 문화를 근세에 되살린 것으로 말할 수 있다. 예술가, 건축가, 시인, 문필가 그리고 신학자들은 바로 이런 이상, 곧 고대 로마를 되살린다는 이상에 사로잡혀 있었다. 지나간 때의 영광과, 문화의 자취라곤 찾을 수 없는 황량한 14세기 이탈리아가 서로 교감했다는 사실을 상상해 보라! 이로써 이탈리아는 유럽에서 새로운 문명의 요람이라는 평을 얻게 되었다.

이탈리아가 르네상스의 탄생지요 요람이 된 것은 우연이 아니다. 당시 이탈리아 작가들은 자신들을 문화의 뿌리, 곧 고전 시대의 로마 세계로 돌아가는 사람들로 여겼다. 흐르는 물은 무릇 근원이 순수한 법이라고 말하면서, 그들은 진흙투성이인데다가 고여서 썩은 냄새가 진동하는 물과 같은 당대의 문화에 만족하지 않고, 가장 순수한 근원으로 돌아가지 않을 이유가 없다고 항변했다. 문화의 역사가 갖고 있던 뿌리들을 현재라는 토양에 옮겨 심어, 그 현재에 시사점을 제공하고 자극하며 나아가 그 모습을 바꿀 수 있도록 허용함으로써, 비로소 이탈리아 르네상스는 그 싹이 돋아나게 되었다. 창조성의 분출로 인해, 문화의 뿌리들로 돌아감으로써 갖는 잠재 효과들을 생생하고 강력하게 목격했으며, 나아가 그것은 현재에 영향을 미치게 되었다. 르네상스가 과거를 재발견함으로써 가져온 열광은, 그러나, 고전 문화의 가장 작은 부분만이 회복되었을 뿐이라는 깨달음으로 인해 진정되었다. 그 거대했던 부분은 이제 영원히 사라져 버렸다는 것을 사람들은 깨달았다. 남아 있던 그 가장 작은 부분이 르네상스에 그토록 엄청난 영향을 미친 것이다.

로베르토 와이스는 『르네상스가 발견한 고전 유물』(*Renaissance Discovery of Classical Antiquity*)에서, 고대 유물에 대한 흥미와 존경의 마음을 불러일으키는 데 이탈리아의 고대 유적들이 중요한 기여를 했음을 지적한 바 있다. 중세의 저술가들은 고대 유적들을, 여행자들이 유명한 교회나 성물이 있는 곳을 찾아갈 때 길잡이가 되는 편리한 이정표로, 아니면 고품질의 건축 재료를 값싸게 제공하는 장소 정도로 치부했다. 이 장려한 고대 유적들이 과거와 결부되어 있다는 사실에 관심을 기울이는 경우는 전혀 없었다. 그 유적들은 그것이 지금 얼마나 쓸모가 있는가에 가치가 달려 있었다. 그러나 르네상스 시기에는 과거로부터 이어온 역사에 자신의 감정을 이입하는 감각이 발달하게 된다. 고대 유적들은 고전 문명 및 문화와 만나는 장소를 제공했다. 폐허가 된 로마의 유적을 이리저리 걸어보고 로마의 문학 작품들을 읽으며 그 시대의 언어를 통달함으로써, 로마의 정신을 다시 이해하게 되었다. 고대 유적과 기록물에 담긴 역사를 탐구하는 일에 관심이 고조되고 역사를 재구성하는 데 증거가 중요하다는 점을 깨닫게 되면서, 과거의 연구를 향한 흥미가 고양되었으니, 이미 그 안에 현대 고고학의 씨앗들이 자라고 있었다. 카이사르(Iulius Caesar, 주전 100-144)가 건넜던 루비콘 강이 15-16세기 이탈리아에서 어느 강에 해당하는가 ― 피우미치노, 피쉬아텔로 그리고 우쏘가 루비콘일 가능성이 가장 높다 ― 를 놓고 당시에 벌어졌던 토론은 이를 잘 보여준다. 과거는 로마 유적의 모습으로, 아니면 건축자, 도굴꾼 그리고 고고학자들이 발굴해 낸 고대 유물들의 실제 형상으로 현존하고 있었다. (1485년 4월 19일, 석관 속에서 실제로 전혀 손상되지 않은 채 발견된 한 로마 소녀의 시신이 그 본보기이다.)

르네상스 시대의 시인 페트라르카[9]는, 1337년 봄 처음으로 로마를 방문하면서, 최고의 안내서들로 무장한 여행 동료 지오반니 콜로나와 함께, 그 고대 도시의 유적 사이로 이리저리 돌아다녀 볼 기회가 있었다. 몇 주 뒤 콜로나에게 보낸 편지에서, 페트라르카는 고대 도시 로마에 있을 때 느꼈던 놀라움과 두려움, 나아가 베르길리우스와 리비우스를 회상하면서 그의 마음속에서 꿈틀대던 상상력을 되살려 내고 있다. 페트라르카가 고대 로마의 역사와 문화에 자신의 감정을 옮겨 실으면서 가진 느낌은, 당시 파두아 파의 여러 그림에서 볼 수 있는 것처럼, 14세기를 살던 많은 사람들의 상상력을 사로잡았다.

르네상스는 그 자신을 고전 시대의 풍부한 유산을 물려받은 상속자로 간주했다. 르네상스는 자신이 고전 시대의 유물에 담긴 영광스러운 문화를 통해 당대의 빈곤한 문화를 바꿀 책임을 엄숙하게 부여받았다고 생각했다. 고전 문화는 죽지 않았다. 그것은 현재 살아 있는 하나의 가능성이었다. 정말로 필요한 것은 이 고전 시대의 패러다임에 현재를 바꿀 기회를 기꺼이 허락하는 것이었다. 바로 이런 문화

---

9 프란체스코 페트라르카(Francesco Petrarca, 1304-1374)는 르네상스 시대의 위대한 인문주의자요, 시인, 고고학자, 역사가였다. 그의 명성은 무엇보다도 이탈리아 토스카나 스타일로 썼던 시, 특히 '시와 승리'라는 제목의 소네트에서 연유했다.

프로그램이 '원천으로'(ad fontes)라는 구호 뒤에 자리잡고 있었던 것이다.

하지만 과거는 예술을 자극하는 원천 그 이상의 것으로 여겨졌다. 뿐만 아니라 과거는 현재를 밝혀줄 수 있는 것들로, 역사 속에서 고정된 유형들로 간주되었다. 콜루치오 살루타티는 이 점을 분명하게 말하고 있다. '만일 어떤 사람이 전체 역사를 꼼꼼히 살펴본다면, 그는 같은 유형으로 되풀이되는 인간사의 전형들을 쉽게 발견할 것이며, 바로 그 인간사 속에서 비록 그 어떤 일도 정확하게 똑같은 모습으로 되풀이되지는 않는다 할지라도, 날마다 우리는 과거 사건들을 보여주는 일종의 영상이 다시 새로워진 모습으로 나타나는 것을 보게 된다.' 따라서 고전시대 로마의 역사는 현재를 비춰 줄 잠재력을 갖춘 것으로 여겨졌다. 그 역사는 르네상스 시대에 전개된 역사의 발전 양상들과 가능성들을 해석하는 데 도움을 주었다.

피렌체와 같은 이탈리아 르네상스 시대의 위대한 도시 국가들에게, 고전 로마의 이야기는 자신들이 겪고 있는 상황을 조명해 줄 하나의 본보기였다. 고전 시대를 이어받은 이탈리아의 상속인들은 그 고전 시대 역사의 메아리가 자신이 사는 시대 속에서 발견되리라 기대했다. '거기 그리고 그때'가 현재의 '여기 그리고 지금'을 쉽게 밝혀 줄 수 있었다. 고전 시대와 한 몸으로 단단히 묶여 있다는 이런 자각은 자신들의 통제 밖에 있던 정치 세력과 군사력으로부터 위협을 받던 16세기의 많은 공동체들에게 너무나 중요한 것이었다. 특별히 중요한 한 사례를 언급할 수 있다. 1494년, 프랑스 왕이었던 샤를 7세가 이탈리아 북부를 침공했다. 충격파는 그 지역 전체를 뒤흔들었다. 이탈리아에서 르네상스가 한창 만발하던 때에 피렌체 같은 도시들의 정교한 문화가 소멸될 위협을 받았다. 한때 프랑스 왕궁에서 피렌체를 대표했던 마키아벨리는 음울한 어조로, 난폭한 힘에 대한 방어책으로 문화는 나약하기 이를 데 없어 보인다고 말했다.

어떤 공동체가 위협을 받으면, 그 공동체는 내부의 결속을 다지면서 정체성을 재발견하려는 경향을 강하게 보인다. 이것이 정확히 그 시대에 일어났다. 피렌체는 고대 로마와의 관계를 더욱 강조하면서 프랑스에 대한 저항의지가 굳건해질 것이라고 믿었다. 피렌체도 야만인들로부터 약탈당하던 고대 로마와 그 운명을 같이 할 것인가? 고대 로마와 이어진 연결 고리들이 공동체의 연대를 견고하게 만들었다.

이와 비슷한 상황이 16세기 초, 특별히 마리그나노에서 스위스인들이 참담한 패배를 경험하면서 일어났다(1515). 이 사건으로 말미암아 스위스인들은 그 이후에 일어난 모든 국제 분쟁에서 중립을 지키기로 결정했다. 스위스 연방은 약하디 약한 정치와 문화의 결합체였는데, 심지어 전성기 때에도 외부로부터 존재를 위협 받았으며, 문화 프로그램을 왕성하게 발전시켜 부족한 군사력을 보충했다. 스위스의 인문주의자들(민족의 정체성과 언어를 시대에 뒤떨어진 낡은 개념으로 치부했던 에라스무스와 두드러지게 다른 모습을 보여주었던 이들)은 민족주의자로서 갖고 있는 이상에 헌신했으며, 그를 통해 스위스의 정체성이 문단에 몸담고 있던 사람들에 의해 확인되었다. 국가의 정체성을 확인하는 가장 중요한 방법 중 하나는 당시의 이야기들을 말해 주는 것이었다. 연방 형성기의 이야기를 다룬 서사들 가운데 지금까지 알려진 가장 유명한 것은 1512년에 확실한 형태를 갖추게 된 빌헬름 텔의 신화이다. 이 이야기는 스위스 연방의 핵심 가치들이 무엇인지와 그것들이 과거에 어떤 영웅들의 헌신을 통해 지켜졌는지 말해 주었다. 나아가 그 가치들은 현대에도 지킬 만한 것들임을 이야기는 암시하고 있다. 스위스가 간직한 가치들의 뿌리를 되새겨 봄으로써, 현대의 빌헬름 텔의 후계자들은 그 가치들을 갱신하고 재확인하며 수호하는 대열에 초대받는다. 이런 모습은 비단 이탈리아 르네상스 또는 유럽의 종교개혁이라는 세계에 한정된 것이 아니었다. 그것은 현대 세계에도 너무나 큰 중요성을 갖고 있다. 우리는 그것이 현대 서구 문화에서 갖고 있는 중요성을 살펴봄으로써 이를 잘 보여줄 수 있다. 그 특별한 예로 현대 미국의 사례를 들겠다.

현대 문화에 나타나고 있는 뿌리 되찾기: 미국

미국의 역사는 종교개혁 영성에 큰 중요성을 갖고 있는 한 가지 현상을 뚜렷하게 보여준다. 자신의 고향을 떠나 유랑민이 된 사람들에겐 뿌리야말로 중요한 문제다. 자신보다 덩치가 더 크고 뚜렷하지 못한 문화에 정복당할 위험에 직면한 민족들은 이에 저항하려고 한다. 어떤 방식으로 저항하는가? 자신들만이 가진 독특성을 강조함으로써 저항을 표출하는 것이다. 한 민족이 자신의 독특함을 잃어버린다는 것은 그 민족의 정체성을 부여하는 그 무엇을 잃어버리는 것이며, 이는 곧 세상에서 그 민족의 자리와 목적을 상실한다는 것이다.

미국의 저명한 문학비평가인 루이스 심슨은 『남부가 되찾을 기억과 역사』(*The Southern Recovery of Memory and History*)라는 자신의 수필에서, 점점 더 많은 공장 굴뚝이 미국 남부를 뒤덮어 가면서 소외의 고통을 맛보던 많은 현대 남부인들에게, 전원의 정취로 그득했던 옛적 남부의 환상이 큰 호소력을 발휘하고 있음을 지적한 바 있다. 심슨이 지적하듯이, 에덴으로부터 쫓겨나 자신들에게 정체성을 부여하던 (과거와 이어진) 생명의 끈을 잃어버렸다는 느낌이, 윌리엄 포크너의 소설들 속에서처럼, 남부인들이 쏟아낸 많은 문학 작품들을 뒤덮고 있다. 메마르고 무언가 만들어낼 힘을 잃어버린 사회 속에서 문화라는 오아시스를 되찾기 위해, 소외라는 느낌은 결국 자신의 뿌리를 찾는 데 새로운 관심을 쏟게 만들었다. 문화의 뿌리를 회복함으로써 과거는 현재에도 살아 움직일 수 있었다. 포크너가 강조했던 원리처럼, '과거는 바로 지금 여기에 있기에, 진실로 과거의 것이란 결코 존재하지 않는다.'

현대의 미국을 보면 이런 현상을 널리 추적할 수 있다. 자신들의 문화가 가진 정체성을 보존하는 데 열심인 아일랜드계 미국인들은 커다란 헌신과 열정을 쏟으면서, 자신들의 뿌리가 아일랜드에 있음을 기억하는 축제를 연다. 성 패트릭의 날은 아일랜드 공화국의 수도인 더블린보다 오히려 뉴욕에서 더 열렬하게 지켜진다. 왜 그런가? 그렇게 하지 않으면 자신의 독특함을 잃어버릴 수도 있기 때문이다.[10] 미국의 유대인 공동체의 경우에도 똑같은 진리가 적용되는데, 그 공동체에서는 유월절을 지키는 것으로 자신의 정체성에 집중한다. 알렉스 헤일리가 1970년대에 발표한 소설 『뿌리』(Roots, 열린책들 역간)는 이와 같이 과거에 뿌리를 두었음을 깨닫는 의식을 향하여 심오하면서도 감성을 파고드는 호소력을 발휘했다. 과거의 뿌리를 되짚어보는 것은 현재의 정체성을 보존하는 데 도움을 준다. 지금 여기 있는 당신이 누구인가는, 비록 일부분일지라도, 당신이 유래한 곳이 있었기에 그 모습이 된 것이다.

루이스 심슨은 현대 미국을 가리켜, 뿌리도 없이 고립되어 버린 의식의 세계 속에서 '존재하는 자기만을 추구하느라 정작 기억과 역사와 맺은 언약은 폐지된 곳'으로 묘사했다. 개리슨 케일러가 꾸며낸 작은 도시 레이크 와비곤이 현대의 많은 미국인들에게 그토록 커다란 호소력을 발휘한 이유가 어쩌면 바로 이런 까닭일 것이다. 케일러는 1980년대에 그가 진행하던 라디오 쇼에서, 뭔가에 소속되어 있

---

10 에이레(아일랜드) 사람들이 미국으로 이주하게 된 큰 계기는 1845년에 에이레를 강타했던 감자 흉년 때문이었다. 에이레의 주식이었던 감자에 역병이 돌면서 이후 5-6년에 걸쳐 감자 수확이 엄청나게 줄게 되고, 이에 따라 전 인구의 3분의 1인 약 250만의 사람들이 굶어 죽었으며, 100만이 넘는 사람들이 미국으로 건너가게 된다. 한편, 성 패트릭의 날은 웨일즈 출신으로 에이레에 기독교를 전파했던 패트릭이 눈을 감은 3월 17일을 기념하여 만든 날이다. 초록의 날이라고 부를 수 있을 만큼, 이 날은 사람부터 시작해 심지어 강과 길에 이르기까지 초록으로 뒤덮는 장관을 연출한다. 초록색은 에이레를 상징하는 색깔인데, 패트릭이 선교 과정에서 선명한 초록색을 가진 세잎 클로버 류의 식물을 사용한 것을 기념하는 것이다. 에이레가 초록빛을 띤 에메랄드의 섬으로 불리게 된 것도 이 때문이다. 또 하나, 최근 40여 년 동안 에이레에 그 혈통의 기원을 둔 미국 대통령이 몇명 등장했는데 케네디, 레이건, 클린턴 등이다.

고 사람들과 긴밀한 관계를 맺으며, 추억을 공유하고, 남들과 더불어 살아가는 삶을 갈망하는 미국인들의 의식 세계를 깊이 다룬 바 있다. 레이크 와비곤은 사람들이 그곳에 뿌리를 내린 채, 그곳에 소속되어 있음을 느끼는 곳이다. 사회학자들은 이런 모습이 결코 현대 미국의 모습을 정확히 보여주지 않는다고 하지만 문화 분석가들은 정작 이것이야말로 현대를 사는 많은 미국인들이 바라는 것이라고 말한다.

사회의 안녕과 영성의 안정을 얻으려면, 개인이든 사회든 뿌리를 내려야만 한다. 사람들은 무언가에 소속되고자 목말라 한다. 청소년들이 폭력배들과 어울리게 되는 것은 결국 그것을 통해 소속되었다는 의식이 주어지기 때문이다. 그들에겐 가정 문제, 학업 문제 등이 있고, 자신들은 사회로부터 버림받았다고 생각한다. 하지만 자신들의 조직에서만큼은 아니다.

이 점을 약간 다른 방향으로 더 살펴보도록 하겠다. 만일 어떤 무리가 자신들이 위협을 받고 있다고 느낄 경우, 그들은 자신의 문화적인 개성을 지키려고 온 힘을 쏟는다. 그런 위험은 몇 가지 형태를 띠게 된다. 마치 가족들이 경영하는 작은 회사가 거대한 기업에 넘어가 정체성을 잃어버리는 경우처럼, 자신이 더 큰 전체 속으로 흡수되어 버릴 것이라고 느끼는 것이다. 북미에 사는 에이레 출신들에게는 이 말이 확실히 들어맞는다. 아니면 마치 1930-1940년대에 유대인들이 유럽에서 그랬던 경우처럼, 그들을 제거하는 데 뿌리 깊은 이해관계를 가지는 사람들로부터 거센 탄압을 받을 수 있다. 그 위협이 실제적이든 아니면 그저 상상 속의 위협에 불과하든, 그 결과는 똑같다. 그 무리는 자신의 독특한 모습을 보존하려고 내부 결속을 다지게 되는 것이다. 이 일에 실패하면 다른 문화 속으로 흡수되는 위험을 맞게 되고, 이제까지 그들을 지탱하던 전통을 망각하는 것이 된다.

1960년대에 미국의 많은 정치 사회 분야 저술가들은 여러 가지 문화가 뒤섞여 있는 다문화 사회가 등장할 것을 말한 바 있다. 그 저술가들은, 마치 하나의 용광로처럼 사회가 그 안에 존재하는 다양한 문화 요소들을 융합하여, 하나의 통일체로 같은 모습을 가진 결과물을 내놓을 것을 말하려 한 것 같다. 그렇지만 이제 그 이미지는 바뀌었다. 뒤섞인 샐러드는 현대 문화의 감수성을 반영하는 식으로 변화되었다. 자신들의 문화와 전통은 자랑스러워하면서도, 아무런 특성도 없이 획일성을 띠는 지구촌 문화 속에 잠긴다는 생각에는 거의 관심을 보이지 않게 된 것이다.

그 '용광로'라는 이미지가 지속된다면, 문화의 뿌리를 찾아가는 일은 관심 밖의 일이 될 것이며, 더 심하면 진실로 통합된 다문화 사회를 만들어내는 데 걸림돌만 될 것이다. 하지만 유토피아 같은 모습을 지혜롭게 포기함으로써, 더 현실성 있고 기꺼이 받아들일 만한 접근법이 등장하게 되었다. 각각의 문화는 자신이 들어가 있는 더 큰 문화에 나름의 개성을 살리면서도 자신의 독특함을 잃지 않고 있다. 이 모델은 그런 하나하나의 문화들이 가진 개성과 정체성이 유지될 수 있도록, 그 뿌리를 주의 깊고 신중하게 기억 속으로 되살려 내는 것을 포함한다.

이것은 르네상스와 미국의 현대 문화에서 '뿌리를 찾는다'는 주제가 갖는 중요성을 잘 보여주고 있다. 뿌리를 발견한다는 것은 곧, 우리가 어디로부터 유래했는지 그 연원을 알 수 있는 통찰을 얻는 것이다. 그것은 우리의 현재 상황이 어떠한지 이해하는 것이기도 하다. 그것은 과거 문화의 풍성함을 빈곤함이 뒤덮고 있는 현재에 수용할 수 있는 형태로 가져오는 것이다. 나아가 그것은 미래의 목표들을 얼핏 살펴보는 것이기도 하다. 이들 지평들을 융합시키는 것이 역사가들의 과업이며, 이를 통해 과거가 현재와 연관되어 있음을 발견할 수 있다. 어떤 이의 뿌리를 발견한다는 것은 연속성을 깨닫고, 무언가에 소속되어 있음을 느끼면서 아울러 자신의 정체성을 자각하는 것이다. 그 뿌리를 발견한다는 것은 견고하게 역사 속에 자리를 잡는 것이다. 나아가 그것은 같은 뿌리를 공유하고 있는 다른 이들로부터 도움을 받으면서 그들과 연대할 수 있는 가능성을 발견하는 것이다.

나는 현대 미국과 이탈리아 르네상스의 사례 연구를 통해, 과거가 정체성을 부여하고 높이는 일에 얼마나 큰 잠재력을 갖고 있는지 살펴보는 데 잠시 시간을 할애했다. 나는 이제 종교개혁 영성이 갖고 있는 이 중요한 측면 — 곧, 과거로부터 신선한 공기를 흡입하고 그 과거로부터 도전받아야 할 필요가 있다는 것 — 을 이해할 수 있는 토대를 놓았다고 생각한다.

정확히 뿌리를 찾아가는 작업이 종교개혁 영성의 핵심이다. 때문에 종교개혁을 '신앙의 순전한 뿌리를 찾아가는 것'으로 정의할 수 있을 것이다. 종교개혁자들은 교회가 자신의 근원을 기억할 때에야 — 여기서 '기억한다'는 말은 말 그대로 '다시 생각해 낸다'는 의미와 '다시 회복한다'는 의미를 함께 갖고 있다 — 비로소 자신의 목적과 소명에 충실할 수 있다고 보았다.

신앙의 뿌리로 되돌아가다

종교개혁 영성의 중심 테마 가운데 하나는 중세 시대가 흘러가는 동안 교회가 갈 길을 잃어버렸다는 것이다. 중세라는 시대는 세속의 질서 안에 교회가 휩쓸려 들어가면서 교회에서 대대로 내려오던 관심사들이 그 질서에 압도당한 때였다. 우리가 사는 이 시대는, 오히려 그처럼 세속 질서 안으로 쓸려 들어가는 것이야말로 아주 바람직한 일이라고 여겨지고 있다. 그러나 중세 교회의 역사는 속세의 일에 교회의 재력을 과용하고 개인이 지나치게 세상사에 관여함으로써 무슨 일이 생길지 알려주고 있다. 어쩌면 하나의 경고처럼 들릴 수 있는 것이다. 중세 시대에 교황권은 세속 권력의 정점에 이르렀다. 교회의 은행업 체계는 차라리 현대의 다국적 기업을 중세에 그대로 옮겨 놓은 모습에 가까울 정도였다. 실제로 1520년에 마르틴 루터를 이단으로 정죄했던 교황[11]은 피렌체 메디치 가문 출신의 유

---

11 교황 레오 10세를 말한다. 그는 1520년에 모두 41개조의 사유를 기록하여 루터를 이단으로 정죄한 '주여, 일어나소서'(Exsurge Domine)라는 칙서를 발표한다. 이 칙서의

명 인사였으며, 자신보다 더 탁월한 많은 경쟁자들을 공공연히 매수하여 교황 자리에 오른 인물이었다.

그러나 이와 같이 정치와 돈의 힘이 펼쳐지는 중심에는 부패의 징조들이 자리했다. 교회가 세속의 일에 지나치게 휩쓸려 들어가면서 동맥 경화에 걸린 것이다. 겉보기에는 성공한 것처럼 보였던 이런 모습이 대가를 치르게 된다. '르네상스 시대에 나타난 교황권의 찬란함이 비천한 모습으로 오신 나사렛 예수와 도대체 무슨 상관이 있는가'라는 의문이 점점 더 강력하게 제기되었다. 교회가 지향하는 목표와 열망할 목적을 다시 정해야 한다는 인식이 교회 안에서, 심지어 고위 성직자들 사이에서도 표출될 정도로 광범위하게 존재했다. 어떤 새 모델이 요구되고 있었다. 그리고 그 모델은 신약 성경 속의 초대 교회에 있는 것으로 보였다.

교회의 근원에 비추어 근대 교회를 심판하는 것이 필요했다. 나아가 르네상스 시대의 작가들이 고전 시대의 지평과 15세기의 지평을 융합하려고 시도했던 것처럼, 종교개혁자들도 신약 성경과 16세기의 지평을 융합하려고 시도했다. 기독 교회의 토대가 되는 사건들로 돌아감으로써, 기독교 신앙의 순전한 뿌리들을 되찾는 것이 가능하다고 개혁자들은 논증했다. 진흙투성인데다 고인 채 썩어 있던 중세

중심 내용은 루터에 맞서 로마 가톨릭교회를 옹호했던 카예탄, 엑크(J. Eck) 등이 작성했다. 이 칙서가 비텐베르크에 도착했을 때 루터는 이를 불 속에 던진 다음, 자신의 동료들과 함께 축제를 벌였다고 전해진다.

후기 교회라는 물은 꿀꺽꿀꺽 마실 수 없었지만, 기독교가 싱싱한 젊음을 간직하던 시절의 순수하고 시원한 샘물은 한 모금씩 마실 수 있었다.

원천에서 나오는 싱싱한 샘물을 한 모금 마신다는 것은 강력한 이상이었다. 하지만 그것이 그때서야 비로소 나타난 새로운 이상은 아니었다. 수도원에 몸담고 있던 12세기 프랑스의 저술가들도, 장차 빅토리아 시대 영국에서 일어났던 옥스퍼드 운동에 가담한 저술가들이 그랬던 것처럼, 이미 그런 이상을 공유하고 있었다. 하지만 중세 후기 교회가 내세웠던 의심스러운 방법과 목표들에 신뢰할 수 있는 대안으로 그러한 이상들이 활용될 수 있었다. 르네상스는 이미 문명의 원천으로 돌아간다는 사상을 발전시켰으며, 그 뒤를 잇는 사람들이 그 방법을 배울 수 있도록, 지성과 문화적인 면으로 그 사상에 신뢰성을 제공했다.

그리하여 사람들은 어떤 새로운 기대감을 갖고, 일어날 일을 한껏 고대하면서 성경을 읽었다. 본문 뒤에 하나의 경험이 존재하고 있었다. 그 경험은 부활하신 그리스도를 만남으로써 사람이 뒤바뀌는 경험이요, 교회가 공동으로 기억 속에 갖고 있던 경험이었다. 츠빙글리와 그를 따르는 무리들은 신앙의 뿌리로 되돌아감으로써 철저하게 거듭난 기독교에 대하여 선지자적인 태도로 글을 쓴 적이 있다. 이를 위해 과거에 대한 기억과 역사의 회복이 필요했다. 또 하나의 구성 부분은 너무나 다른 모습의 교회에 대한 기억 때문에 현재의 교회에 맞서 싸우기로 한 굳은 결심이었다. 마치 한 연인이 자신이 사랑하는 사람과의 시들해진 관계를 되살리기 위해 연애하던 시절의 연서들을 상대에게 증거로 들이밀 수 있듯이, 종교개혁자들도 그 기억이 이제는 꺼져가는 잔불에 새로운 생명을 가져다주면서 새 불씨가 될 것을 소망했다. 성경으로 돌아간다는 것은, 이제는 비록 깨져 버렸지만 과거의 기억 및 전통과 맺었던 계약을 되살리는 것이었으며, 그를 통해 종교가 만들어내는 영역을 인정하는 것이었다. 재생과 갱신을 위한 새로운 가능성들을 제시하기에 앞서 먼저 현재를 심판하고 비판할 수 있는 권리가 있어야만 했다.

사실 종교개혁자들은 각자 매우 다른 기대를 갖고 성경에 있는 그들의 뿌리로 되돌아갔다. 루터는 성경을 통해서만 알려지는, 십자가에 못 박히신 그리스도를 통해 중세 교회의 신학과 영성에 이의를 제기하는 데 관심을 기울였다. 츠빙글리는 초기 신앙 공동체와 윤리 및 종교 차원의 연대를 형성한다는 생각에 몰두했다. 그런가 하면 칼뱅은 자신이 살던 바로 그 시대에 사도 시대의 교회 구조를 재창출해 내는 것이 가능하다고 생각한 것처럼 보인다. 누군가가 자신의 뿌리로 되돌아간다는 것은 자신의 장자권을 기억하는 것이다. 그것은 신앙이라는 권리 증서를 되찾는 것이고 가능성이라는 환상을 새롭게 바라보는 것이다. 그것은 사도들의 대화를 엿듣는 것이다. 그것은 피곤하여 기운이 빠져버린 신앙으로 하여금 활력을 되찾게 하는 것이다. 그것은 광야로 나아가는 순례의 여정이 시작되었던 그 오아시스로 다시 돌아오는 것이다. 나아가 그것은 편안한 듯 하지만 고인 채 썩어 있는 확실함 속에 안주하던 중세 후기 종교에 화약통을 갖다 놓고 불을 붙이는 것이었다.

그렇다면 그것을 추구한 방식은 어떠했는가? 그리고 얻은 것은 무엇이었는가? 한 개혁자가 그리스도께서 못 박혀 죽으신 사건을 자신이 살던 시대를 향하여 어떤 방식으로 새롭게 제시했는지를 살펴봄으로써, 그 질문에 대한 답을 얻는 데 도움을 받을 수 있다.

기독교 공동체의 뿌리를 다시 생각해 내다: 성찬

앞부분에서, 나는 피렌체의 르네상스와 초기 스위스 연방의 경우를 들어 과거의 이야기에 호소하는 것이 큰 중요성을 갖는다고 지적했었다. 츠빙글리가 주님의 만찬, 곧 성찬에 대하여 설파한 이론은 바로 이런 배경에 비추어 평가해야 한다. (나는 성찬을 성례를 가리키는 데 사용할 것이다. 츠빙글리 자신은 '기억', '기념', 또는 '만찬' 같은 용어들을 즐겨 사용했다.) 츠빙글리는 성찬이 기독교 공동체의 토대가 되는 사건을 이야기한다고 확언한다. 성찬을 행함으로써 기독교 공동체에 있는 가치와 열망들에 실체를 부여하고, 공동체가 한 몸이라는 자각과 공동체의 목적의식을 높이게 된다고 그는 주장한다.

츠빙글리는 예수 그리스도의 죽음과 부활을 스위스 연방의 형성에 토대가 되었던 사건들과 비교하고 있다. 사람들은 보통, 1388년 네펠스 전투에서 누구보다도 연방을 심하게 억압하던 사람들(오스트리아인들)을 확실하게 물리침으로써 비로소 스위스 연방이 계속 존재하게 되었다고 여긴다. 이 전투에서 스위스 연방의 첫 구성원이었던 세 개의 칸톤[12] 출신 병사들은 공동체를 향한 자신들의 충성을 확실하게 보여주고자 입은 겉옷 소매에 하얀 십자가들을 그려 넣었다. 그리고 이 모양은 오늘날 스위스 국기에 그대로 살아 있다. 그들은 서로 너무나 다른 지역에서 온 병사들이었기에, 자칫 자신들의 명분을 인식하지 못할 수도 있었다. 하지만 하얀 십자가는 그들이 같은 편임을 인식하게 했다.

이 승리는 너무나 중요한 것이었기에 해마다 전장을 순례하며 승리를 기념했다. 이것은 국가의 정체성을 자각시키는 데 중요한 계기가 되었다. 스위스의 칸톤들(츠빙글리 당시에는 12개였다)은 사실상 독립국이었고 스위스에 대한 충성을 망각할 수도 있었다. 따라서 이러한 순례 여정은, 각 칸톤에서 온 대표자들이 함께 모여 과거에 연대를 통해 어떻게 자유가 보장되었는가와 나아가 미래에 누릴 자유 역시 그들의 단결에 달려 있음을 확인하면서, 한 몸을 이룬 스위스에 대한 충성심을 새롭게 하는 연례 행사였다. 이것을 유추하여, 츠빙글리는 이렇게 쓰고 있다.

만일 어떤 사람이 자신의 옷에 하얀 십자가를 꿰매어 단다면, 그는

---

12 스위스 연방의 첫 구성체였던 세 개의 칸톤(스위스 연방을 이루는 자치 정부 단위로서 오늘날은 23개)은 슈비츠, 우리 그리고 운터발덴이었다. 이들은 합스부르크 왕가의 침략 기도에 맞서 1291년 하나의 연방체를 결성하게 되는데, 이것이 스위스 연방의 효시였다. 스위스가 그 독립을 확실히 인정받게 된 것은 30년 전쟁(1618-1648)의 결과로 체결된 베스트팔렌 조약(1648) 덕택이었다.

자신이 연방의 한 구성원이 되겠다는 소망을 공표하는 것이다. 또 만일 그가 네펠스를 순례하며 조상들에게 주어진 승리로 말미암아 하나님께 찬양과 감사를 드린다면, 그는 자신이 진실로 연방의 한 지체임을 스스로 증언하는 것이다. 이와 비슷하게 세례의 표지를 받은 사람은 하나님께서 자신에게 말씀하는 것을 경청하고 하나님의 가르침을 배우며, 나아가 그 가르침을 따라 삶을 살아가기로 단호하게 결심한 사람이다. 또 주를 기리는 만찬에서 하나님께 감사하는 사람은, 회중 앞에서 그가 중심으로부터 그리스도의 죽으심을 기뻐하고 나아가 그 죽으심 때문에 그분께 감사한다는 사실을 증언하는 것이다.

츠빙글리는 두 가지를 주장했다. 첫째, 스위스 군은 충성의 표지로 하얀 십자가가 새겨진 옷을 입었는데 이는 스위스 연방과 연방이 상징하는 모든 것에 충성한다는 점을 만인 앞에 알리는 것이었다. 그것은 네펠스에서 벌어진 사건들로 인해 존재하게 된 공동체—그 공동체의 가치와 열망들까지 포함하여—와 하나로 묶여 있음을 확인하는 것이다. 이와 비슷하게 그리스도인은 성찬에 참여함으로써 교회에 대한 충성을 만인 앞에 드러낸다. 그것은 하나의 확인 행위이며 그를 통해 신자들은 신앙 공동체, 나아가 그 공동체의 가치 및 열망과 맺은 연대를 확인한다.

둘째, 스위스 연방을 존재하게 하면서 역사에 한 획을 그은 이 사건(네펠스 전투)은 충성의 표지로 되새겨지고 있다. 네펠스 이야기가 거듭되면서 그것이 이 시대에 갖는 중요성이 확인되고 있다. 그 이야기는 그 결과로 태어난 공동체가 계속 이어가길 원하는 가치들이 무엇인지 충분히 보여준다. 이 이야기야말로 공동체를 함께 묶어주고 공동체가 공유하는 목표를 설정한다. (현대 경영학의 여러 연구 결과는 한 기업체의 응집력을 확보하는 데 목표에 대한 일치가 중요하다는 점을 강조한다.) 이와 비슷하게, 그리스도인은 기독 교회를 있게 하고 그 교회의 가치와 신앙 체계를 형성한 역사의 한 사건을 교회를 향한 헌신의 표지로 기념하고 있다. 그런 점에서 성찬은 기독 교회가 세워지는 결과를 가져온 역사적인 사건을 기념하는 것이며, 그 교회와 거기 속한 지체들 그리고 교회의 가치들을 향한 신자의 충성을 공중 앞에 표하는 것이다.

그리스도의 죽음을 되새기는 것은 그리스도인들을 하나로 묶어준다. 그것은 츠빙글리가 성찬의 목적으로 이해했던 핵심적인 특징 가운데 하나이다. 그것은 신자들 상호간에 헌신하고 있음을 만인 앞에서 드러내는 것이다. 그것은 그들을 함께 묶어주는─한편으로는 지체와 지체끼리, 다른 한편으로는 그 지체들과 예수 그리스도의 죽음을─끈을 확인하는 것이다. 외콜람파디우스[13] 역시 그가 쓴 『참된 말씀의 해설』(*Exposition of the True Words*, 1525)에서 비슷한 주장을 하고 있다. 포도주가 든 잔, 곧 '그리스도의 죽음을 기억하여 감

---

13 요하네스 외콜람파디우스(Johannes Oecolampadius, 1482-1531)는 스위스의 종교개혁자이다. 바젤 대학 교수를 역임했으며, 종교개혁의 원리를 따라 개혁 교회를 설립했다.

사함으로 마시는 잔'은 우리로 하여금 그리스도의 피 흘리심을 되새기게 하며 그로 말미암아 '우리가 그 피로 말미암아 구원받았음을 믿는 우리 모두를 한 몸으로 묶는 데 중요한 기능을 한다.' (중요한 것은 외콜람파디우스가 라틴어에서 나온 용어인 'confederans'[14]를 이 '하나로 묶는' 과정을 가리키는 데 사용하고 있다는 점이다. 정확히 이와 똑같은 용어가 스위스 연방의 결합을 나타내는 말로 사용되었다.)

이렇게 성찬은 기독교의 뿌리로 되돌아감 ― 곧 신자의 삶과 교회의 생명에 대해 예수 그리스도의 죽음이 갖는 중요성을 되새기고 나아가 되찾아오는 것 ― 을 대변하는 말이 되었다. 확언하건대 여기에 교회의 원천이 있다. 바로 여기에 기독교의 정체성과 그 선교의 근원이 있다. 교회는 바로 여기로 되돌아가야 하며 처음 이 세상에 교회가 존재하게 된 이유가 무엇인지 기억해야 한다. 그 구속의 대가를 되새겨 봄으로써 교회는 그것이 없다면 잃어버릴 수도 있는 것이 무엇인지 깨닫게 된다. 십자가가 없는 기독교는 그 이름값을 하지 못한다. 그리스도인들을 함께 묶어주고, 나아가 그들을 견고한 한 몸으로 남아 있게 하는 것은 바로 그리스도의 죽음이다. 그리스도의 죽음 대신에 공동체의 충성을 담보하는 다른 끈을 사용하는 것은 교회의 존재 이유 ― 곧 그가 다시 오실 때까지 그리스도를 분명히 선

---

14 라틴어에서 '~ns'는 현재 능동 분사 어미이다. F. M. Wheelock이 쓴 *Latin : An Introductory Course based on Ancient Authors* (New York: Barnes&Noble, 1971), 106ff.을 보라.

포해야 한다는 것 — 를 망각한 것이다. 츠빙글리에게, 기독교의 뿌리로 되돌아간다는 것은 기독교의 정체성을 되찾는 데 반드시 필요한 선행 조건이었다.

잠시 이탈리아 르네상스로 돌아가 보자. 앞에서 지적했듯이 고대 로마의 건축 유적들이 당대에 현존한다는 사실은 르네상스 시대를 살던 사상가들에게 강력한 자극을 주었다. 여기에 과거 — 여전히 현재를 빚어낼 수 있는 어떤 과거 — 를 되새기게 하는 것이 눈으로 볼 수 있고 손으로 만질 수 있는 모습으로 존재하고 있었다. 츠빙글리는 그 유적과 너무나 같은 방식으로 성찬을 다루었다. 성찬은 기억을 일깨운다. 그것은 과거의 뿌리들을 되새기게 하며, 눈으로 볼 수 있고 손으로 만질 수 있는 것이다. 동시에 바로 그런 점 때문에 그 뿌리들을 다시 얻으려고 도전하게 된다. 그것은 기독교 신앙에 관한 이야기가 신자에게 의미하는 것이 무엇인지 재차 발견하는 것이다. 구약 성경이 끊임없이 이스라엘로 하여금 그의 역사 — 하나님께서 어떻게 그들을 한 백성으로 만드시고, 부르셨으며 존속하게 하셨는지 — 를 되새기게 하는 것처럼, 그리스도인들은 그들이 어떻게 존재하는지 그 이유를 담은 이야기를 배워야 하는 것이다.

언젠가 나는 한 문학 교수가 한 사람의 삶에 얽힌 이야기를 찾아내는 것이 중요하다고 설명하는 것을 들었다. 미국 남가주의 한 유력한 대학에서 가르치고 있던 이 교수는 오클라호마 지역의 아메리카 원주민인 카이오와 인디언 출신이었다. 그는 우리에게 소년 시절에 자기 부족에 얽힌 이야기를 스스로 어떻게 배웠는지 말해 주었다.

어느 날 동튼 직후, 그의 아버지는 그를 깨워 한 노파의 집으로 데리고 갔다. 아버지는 그를 거기에 놓아둔 다음, 그날 오후에 데리러 오겠다고 약속하고 떠났다.

그 하루가 다가도록 노파는 소년에게 카이오와 부족에 얽힌 이야기를 들려주었다. 노파는 옐로우스톤 강 옆에서 시작된 부족의 기원과, 그 뒤 어떻게 남쪽으로 옮겨 왔는지 이야기해 주었다. 노파는 소년에게 자신들이 직면했던 많은 역경들 ― 다른 부족과 벌인 숱한 전쟁과 겨울에 평원을 휩쓸던 엄청난 눈보라들 ― 을 말했다. 또 노파는 카이오와 부족이 살아오면서 누리던 영광 ― 커다란 들소를 사냥한 이야기, 야생마들을 길들인 이야기 그리고 그 말들을 타던 용감한 사람들의 기예 ― 을 설명해 주었다. 마지막으로 노파는 백인들이 자신들의 땅에 들어온 이야기도 들려주었다. 노파는 소년에게, 한 때는 자랑스러웠던 자기 부족이 백인 군인들의 손에 강제 이주를 당해 그곳에서 굶주림과 궁핍함에 시달리던 굴욕에 대해서도 얘기했다. 노파의 이야기는 자신들이 마침내 오클라호마의 한 거주 지역에 치욕스럽게 갇힌 처지가 된 사연을 들려줌으로써 끝을 맺었다.

어둠이 깃들기 직전, 소년의 아버지가 그를 데리러 왔다. 노파의 집을 떠나면서 그가 말한 그때의 자신의 심정은 내 마음속 깊이 뿌리내렸다. '내가 그 노파의 집을 떠날 때 나는 한 사람의 카이오와였다.' 그는 자신의 부족에 얽힌 이야기를 배웠으며, 그가 바로 부족의 계승자였다. 그는 자신의 부족이 이미 끝났다는 것을 알고 있었다. 그 이야기를 배우기 전에, 그는 단지 이름뿐인 카이오와 부족의 한 사람이었다. 이제 그는 명실상부한 한 사람의 카이오와 부족민이 된 것이다.

츠빙글리의 접근법은 마치 그 카이오와 노파의 접근법과 같다. 그는 성찬을 그리스도인들에 대한 이야기를 말하는 것으로 간주해야 한다고 주장한다. 그는 우리에게 권면하기를, 세상에서 자신의 정체성을 확인하고 세상과 자신 사이의 연관성을 확증하고 싶다면 공동체의 토대가 되었던 이야기를 강력하면서도 새로운 마음으로 돌아보라고 말한다. 성찬은 우리에게 바로 그것을 통하여 예수의 죽음을 기록한 성경의 서사를 읽게 하는 하나의 렌즈를 제공한다. 성찬은 기독교 공동체가 어떤 정체성을 갖고 있어야 하는지 보여준다. 그것은 곧 예수의 죽음이 자신의 이야기라는 사실이다. 그것은 우리가 예수의 죽음을 서술하는 이야기에 속한 자들임을 선포하고 있다. 그것은 세계의 역사라는 대지에 견고하게 자리잡은, 깊고 흔들리지 않는 뿌리들을 신앙 공동체와, 나아가 그 공동체에 속한 하나하나의 지체들이 소유하고 있음을 강조한다. 한 사람의 그리스도인이 된다는 것은 중요한 문제이며, 나아가 공동체의 일원이 되는 것이다. 그리스도인들 자신이 몸담고 있는 사회나 문화가 비록 불안정하다 할지라도, 그들은 자신들이 흔들리지 않음을 확신하면서 안식할 수 있다. 그들에게는 정체성이 주어졌다. 그 정체성을 재발견하고 다시 소유해야 한다.

결론

종교개혁자들이 보기에, 과거는 현재를 조명하고 해석하며 나아가 그 모습을 바꾸는 능력도 있다. 그리스도가 십자가에 달려 죽으신 사건은, 단순히 그것이 과거에 일어난 일이라기보다는 현재를 해석하고 거기에 존재의미를 부여하는 토대가 되기에 그 관련성이 있다.

다시 한 번 르네상스 시대의 이탈리아를 살펴보도록 하자. 르네상스는 어쩌면 유럽 문화에서 그 유례를 찾아볼 수 없을 정도로 창조성이 넘쳐흐르던 시대이다. 르네상스는 인간의 삶에 새로운 생명과 신선한 활력을 불어넣은 것처럼 보였다. 그러나 로베르토 바이스가 말했듯이, 그것은 과거가 남긴 자취와 그 문화가 실제로 접촉함으로써 일어난 것이었다. 과거는 정체된 채 썩은 냄새가 진동하던 중세 유럽의 대기에 신선한 공기를 불어넣었다. 이 문화유산과 씨름함으로써 탁월한 창조성과 독창성의 시대는 막을 열었다. 다른 시대의 경우에도 똑같이 적용된다. 하나의 탁월한 예를 든다면 아마도 1833년에 잉글랜드 국교회 안에서 시작된 옥스퍼드 운동을 들 수 있을 것이다.

옥스퍼드 운동은 그 영감을 사도 시대의 교회로부터 끌어왔다. 19세기 당시의 교회와 이상의 구현체로 역사 속에 투영되는 사도들의 교회를 비판자의 시각으로 비교한다는 것은 대단히 창조적인 작업임이 증명되었다. 그 작업은 잉글랜드와 그 주변의 신앙 생활에 르네상스와 같은 결과를 가져오는 자극제로 작용했다. 이는 역사 속의 뿌리로부터 현재가 도전을 받고 자양분을 공급받도록 한 데 그 원인이 있었다. 과거라는 뿌리는 현재의 성찰과 회상, 나아가 미래의 변형에 강한 추진력을 제공했다.

우리가 사는 이 시대에도 유사한 비교 관계가 존재한다. 나는 이 점을 상세하게 다루지 않겠다. 그것은 너무나 명백하기에 굳이 그렇게 할 필요가 없다. 오늘날 기독교 신학과 영성 분야에서 일어나는 가장 흥미진진한 일들에는 기독교 신앙의 중심이요 토대가 된 신앙의 자원들―예수 그리스도의 십자가와 부활―과 맞물려 있으려는 의지와 능력이 포함되어 있다. 그것은 확실히 종교개혁 영성이 우리에게 가리키는 방향이며, 그 방향은 우리에게 과거와 현재의 두 지평을 융합하라고 촉구한다.

그러면 오늘날 많은 북미―호주는 말할 것도 없고―사회의 특징으로 자리잡은 의식, 곧 자신들에게 뿌리가 없다는 자각으로 돌아가 보자. 구약 성경이 말하는 위대한 주제, 곧 '네가 떨어져 나온 반석을 바라보라'가 바로 그것을 말한다. 심지어 아직 그 역사가 얼마 되지 않아 성숙되지 않은 사회 속에서도, 기독교 신자와 공동체는 어떤 소속감과 깊은 영성의 뿌리를 소유하고 있다는 자각을 회복할 수 있다. 아니 회복해야 한다. 한 사람의 그리스도인이 된다는 것은 자신의 뿌리를 찾아 2천 년 전, 곧 첫 번째 복된 금요일과 첫 번째 부활의 날에 있었던 위대한 사건들로 거슬러 올라가는 것을 말한다. 그것은 기억 및 역사와 맺은 언약을 갱신하는 것이다. 그것은 사회에서 우리가 거하는 처소에 금이 가 있다 할지라도 역사에 속해 있다는 의식을 되찾는 것이다. 요컨대 이는 비록 삶이라는 흙이 그 깊이가 얕더라도, 그에 상관없이 그 속에 뿌리를 내리는 것이다.

뿌리는 연속성과 안정성을 얻는 데 중요하다. 그것은 성장과 성숙이 잘 이루어질 수 있는 환경을 길러낸다. 어떤 전통이 지속되면서 역사 속에 견고하게 뿌리를 내리고, 전통의 상속자들이 그것을 진지하게 수용한다면 그 공동체 안에는 틀림없이 신중함과 연속성이 자리하게 된다. 자신의 뿌리에 충실하다는 것이 곧 시대의 요구 및 기회들과 상관없이 산다는 말은 아니다. 얼핏 보면 뿌리에 존경심을 보이는 것이 창조성의 숨통을 죄는 것처럼 보일 수 있을 것이다. 그러나 이는 껍데기만 번지르르하게 남은 채 사고의 자유를 부인하는 교리지상주의와 결코 같은 말이 아니다. 또한 헌신을 동반하지 않은 어떤 전통을 향한 사고의 자유는 자칫 닻줄이 끊어진 채 이리저리 떠도는 결과를 낳을 수 있다. 20세기는 우리에게 한 사회가 전통의 억제에서 풀려났을 때 일어나는 역사적인 사례들을 풍부하게 보여주었다. 나치 독일, 스탈린주의자가 판치던 소비에트 연방 등은 전통과 단절함으로써 도저히 받아들일 수 없는 결과를 낳은 사실을 너무나 잘 보여주었다. 발터 벤야민이 썼던 『역사철학의 명제들』(*Theses on the Philosophy of History*)은 한 문명사회가 자신의 전통 가치들과 인연을 끊음으로써 등장한 전체주의 체제에서 자신이 느꼈던 절망을 보여주고 있다. 자신의 뿌리와 인연을 끊는 것은 너무나 쉬운 일이다. 그러나 최근 몇 년 동안 소비에트 연방의 문화사가 분명하게 보여주듯이, 한 번 끊어진 뿌리를 다시 되찾기란 정말 어려운 것이다.

나아가 그처럼 과격하게 전통과 인연을 끊다 보면, 한 세대도 채 넘기지 못할 정치적, 신학적인 실험들로 끝맺게 되는 경향이 있다. 프랑스 혁명은 이런 주장을 반박하는 논증으로 인용될 수도 있다. 하지만 그 혁명은 로마의 공화정 속에서 실현된 공화주의라는 고전 관념을 되찾고자 한 것이었다. 혁명이 사용한 방법들은 말 그대로 혁명적이었다. 하지만 그 혁명이 목표로 삼았던 것들은 온통 전통 안에 있는 것들이었다. 프랑스 혁명의 역설은 목표를 위해 철저하게 혁명성을 띤 수단을 동원했으면서도, 정작 그 목표는 철저하게 전통 안에 있는 것이었다는 점이다. 서양 문화사를 어느 정도 공부하고 보니, 전통이란 사상들을 계속하여 살아 숨쉬게 하는 것이라는 결론을 내리게 되었다.

마지막으로 오늘날 새로운 중요성을 갖게 하는 종교개혁 연구의 한 측면으로 화제를 바꾸어 보자. 근세는 기독교의 통일성에 관해 전 영역에 걸쳐 새로운 관심을 보인 시대였다. 종교개혁 영성이 갖고 있던 이런 요소를 탐구해 봄으로써 우리는 대담하면서도 과격한, 그러면서도 흥분을 자아내는 발걸음을 뗄 수 있다. 곧 그렇게 함으로써 우리는 곧바로 신앙의 원천으로 되돌아가 그 활력을 다시 경험하고, 나아가 신약 성경 면면이 그토록 생동감 있게 증언하는 그 신앙을 현대에 가져올 수 있는 것이다. 우리는 분열을 조장하는 불화의 시대를 헤치고 그 시대와 싸우면서, 앞으로 나아가는 섯이 아니라 십자가로 돌아가야 하며 나아가 오늘을 사는 우리와 우리 상황에 그 십자가가 갖는 의미를 심사숙고해야 한다. 우리와 신앙 사이에 놓여 있던 거름종이는 이제 제거되어야만 한다. 기독 교회는 미래를 향하여 앞으로 나아가기 위해 그가 이전에 출발했던 곳으로 돌아갈 수 있어야만 한다. 그 근본을 살펴볼 때, 기독교의 통일성을 추구한다는 것은 곧 기독교의 뿌리를 추구하는 것이다. 그것은 십자가 밑으로 돌아가 우리의 신앙을 다시 발견하는 것이다. 그것은 요한의 다락방으로 되돌아가 우리의 이상과 사명을 되찾는 것이다. 토머스 엘리엇[15]이 남긴 다음과 같은 유명한 글귀가 있다.

우리는 탐험을 멈추지 않을 것인즉,

우리의 모든 탐험이 다다를 종착점은

우리가 출발했던 그곳에 도착하여

처음으로 그곳을 알게 되는 것이리라

이 말은 어쩌면 16세기에 등장했던 기독교의 뿌리들 가운데 가장 강력한 영성일 수 있는 루터의 '십자가 신학'에 등장하고 있다.

---

15 토머스 스팀스 엘리엇(Thomas Steams Eliot, 1888-1965)은 미국에서 태어나 영국으로 귀화한 극작가이자 수필가이며 시인이다. 고대 신화에 비추어 현대 사회를 비판한 시 '황무지'(The Waste Land, 1922)는 그의 대표작으로 꼽힌다. 1948년에 노벨 문학상을 받았다.

4장

신앙에 찾아온
칠흑 같은 밤:
루터의
십자가 신학

"오직 십자가만이 우리의 신학이다"(Crux sola est nostra theologia). 마르틴 루터의 이 말을 처음 접했던 그때를 결코 잊지 못할 것이다. 옥스퍼드에서 신학 공부를 마치자마자 나는 곧바로 1978년에 케임브리지에 도착하여 종교개혁 시대의 신학 문헌들을 철저하게 파고들기 시작했다. 더 젊은 시절, 칼 바르트의 신학에 익숙했던 나는, 근대 종교 사상의 토대가 된 두 원천, 곧 루터와 칼뱅을 더 깊이 알아가기로 마음먹었다. 내가 루터의 이 말을 우연히 알게 된 것은 1979년 봄이었다. 책에서 금방이라도 뛰쳐나올 것만 같았다. '오직 십자가만이 우리의 신학이다.' 나는 쓰던 것을 멈추고 생각에 잠겼다. 힘, 가능성 그리고 도전으로 가득 차 있던 루터의 선언은 전류가 흐르는 말처럼 보였다.

그 말은 또 한편 터무니없는 말처럼 보였다. 어떻게 단지 과거에 불과한 한 사건이 현재와 그런 연관성을 가질 수 있단 말인가? 또 하필 왜 이 사건, 곧 그리스도의 십자가 사건이어야만 하는가? 무슨 논리로 그 십자가에 이처럼 집중하는 것이 정당하다고 이해시킬 수 있을까? 루터의 신학과 영성 안에서 그 초점이 어떻게 떠오르는지 잘 보여주는 것이 하나의 과제였다. 하지만 계몽주의의 통찰들이 압도하던 시대에 과연 십자가가 기독교 신학의 핵심으로 어떤 역할을 할 수 있을까? 당시 내가 비록 영국 자유주의 신학 전통의 틀 속에 있긴 했지만, 나는 결국 루터의 접근법을 시대에 뒤떨어진 진부한 것으로, 오로지 교리사가들과 종교개혁 초기의 신학을 연구하는 역사가들이나 관심을 보일 만한 것으로 여겨, 깨끗이 잊어버렸다. 루터가 선언한 그 말은 현대의 기독교 사상에서는 자리를 차지할 수 없었다. 나는 다시 필기를 계속했다.

그럼에도 불구하고 그의 말은 내 마음에 남아 있었다. 그 말은, 당시 나의 정체성을 구성하고 있던 관대한 자유주의 신학에만 존재한다고 스스로 막연히 직감하면서도, 정작 딱 부러지게 집어낼 수 없던 잘못된 무언가를 확실하게 포착하고 있는 것 같았다. 그 뒤로 내 생각이 발전해온 궤적을 뒤돌아보면 루터가 던진 짧은 한마디는 바로 나의 자유주의가 무너져 내린 반석임이 증명되었다. '십자가 신학', 바로 그것을 통하여 루터는 자신이 살던 시대에 도전장을 내밀면서 그리스도의 십자가가 중앙 무대를 차지하도록 만들었다. 또한 그 신학은 현대에도 도전장을 내밀 수 있는 것임이 증명되었다.

이 주목할 만한 신학을 역사적인 정황과 함께 이야기해 보자. 1517년과 1519년은 종교개혁에서 대단히 중요한 시기로 간주된다. 1517년, 루터는 면죄부의 잘못을 지적한 95개조의 반박문으로 신학의 세계에 맹렬한 폭풍을 일으켰다. 1519년에 이르자 그는, 라이프치히에서 벌어진 토론에서 자신의 강력한 행동으로 말미암아 일약 유명 인물이 되고 만다. 요한 엑크에 맞서 맹렬한 싸움을 벌이면서 루터는 중세 가톨릭교회가 고수하던 많은 전통 사상들에 이의를 제기했으며, 특별히 교황의 권위에 도전했다.[16] 그가 불을 붙인 그 토론은 종교개혁을 일으키는 매개 역할을 했음이 증명되었다.

이와 달리 1518년은 조용한 시기였다. 자칫하면 그 해를 지나치기 쉽다. 하지만 그 해 4월, 아우구스티누스 수도회의 전통이던 공개 토론이 하이델베르크에서 열리고, 루터는 그 토론회의 사회자로 초청받게 되었다. 거기는 자신이 속한 수도회였고 그도 수도회의 수사들 중 하나였다. 바로 이 토론이 진행되는 동안, 루터는 '십자가 신학'을 내놓게 된다. 루터가 말한 가장 중요한 대목을 인용해 본다.

---

16 1519년 7월, 라이프치히에서 벌어진 이 토론에서, 엑크는 '성 베드로의 권좌와 신앙을 가진 이는 항상 베드로의 후계자이며 그리스도의 위대한 대리자'라고 주장하면서 교황권을 옹호했다. 이에 맞서 루터는 교황이 아닌 그리스도가 교회의 반석이요 교회의 머리임을 주장하면서, 그 증거로서 그리스어 성경의 본문과 교부들의 글을 인용했다. 교황의 지상권을 『이시도리아 교령집』도 인정하고 있다고 엑크가 주장하자, 루터는 그것이 위서임을 주장하고 그 증거를 제시함으로써 엑크의 주장이 허구임을 증명했다. 토론의 달인이라는 엑크를 곤경에 빠뜨리는 루터의 모습을 보고, 사람들은 놀라지 않을 수 없었다.

눈으로 볼 수 없는 하나님의 일들을 피조물 속에서 보이는 것으로 여기는 이들은 그 누구든지 신학자라고 불릴 자격이 없다. 고난과 십자가에서처럼, 눈으로 볼 수 있는 하나님의 뒷모습을 본 사람은 그 누구든지 신학자라고 불릴 자격이 있는 사람이다.[17]

루터에게, 십자가는 기독교 신앙의 핵심이다. 우리의 뇌리를 떠나지 않는, 십자가에 못 박히신 그리스도의 모습은 하나님에 대한 우리의 모든 생각이 담금질되는 도가니이다. 루터는 '오직 십자가만이 우리의 신학이다' 그리고 '십자가는 만물의 시금석이다' 같은 말에서처럼, 간결하면서도 단호한 말로 잇달아 십자가가 곧 핵심임을 설파했다. 그는 이제는 유명해진 한 가지의 구분을 보여준다. 곧 하나님을 예수 그리스도로부터 떼어놓으려는 '영광의 신학자'와, 그리스도의 십자가 안에서와 십자가를 통하여 하나님이 자신을 드러내신다는 것을 아는 '십자가의 신학자' 사이의 구분이다.

---

17 본문의 취지를 담은 테제는 1518년 루터가 하이델베르크에서 열린 아우구스티누스 수도회의 공개 토론회에서 발표한 28개조의 테제들 가운데 20번째 것이다. 그 원문은 이러하다. '하나님의 본질(존재)에 관하여 눈으로 볼 수 있으며, 세상으로 향한 그것을 고난과 십자가 속에서 우리 눈으로 볼 수 있는 것으로 파악하는 사람이야말로 진정한 신학자라고 불릴 자격이 있다.' 루터는 여기에 제법 긴 해제를 붙이고 있는데 그 가운데 그의 논지가 분명하게 드러난 대목만을 발췌, 인용해 본다. '요컨대 사람들은 자신의 행위(공로)를 근거로 하나님에 대한 인식을 악용하려 하지만 도리어 하나님은 고난에서부터 인식된다. … 어떤 사람이 하나님을 그분이 지신 십자가의 비천함과 수욕 속에서 인식하지 않는다면, 하나님을 그분의 영광과 엄위 속에서 인식하는 것조차도 그에게는 만족스러운 일이 아니다.'

십자가와 이성 비판

그러면 어떤 방식으로 하나님은 십자가 속에서 자신을 계시하시는 가? 이 질문에 대답하면서 루터는 그리스도인의 삶에서 이성이 하는 역할에 대하여 한 가지를 비판한다. 기독교 영성과 신학은 이성이라는 자원에 의존할 수 없다. 루터가 천명한 '복음주의에 기초한 비합리주의'는 십자가야말로 인간 이성이 가진 한계를 폭로하는 것이라는 그의 옹골찬 주장으로부터 비롯된다. 그의 주장을 이해하려면 '하나님께서 십자가 속에 숨어 자신을 계시하신다'는 관념을 살펴보아야만 한다. 이것은 어려운 개념이다. 그렇지만 일단 이를 이해하게 되면, 그리스도인의 실존과 경험 속에 마치 수수께끼처럼 자리하고 있는 많은 측면을 이해하는 데 큰 도움이 된다. 그 개념에 접근하는 한 가지 길은 루터가 사용한 '눈으로 볼 수 있는 하나님의 뒷모습'이라는 관념을 채택하는 것이다. 이는 출애굽기 33장 23절에서 따왔다. 당신은 그 구절의 정황을 기억할 것이다. 모세에게는 하나님의 얼굴을 보는 것이 허락되지 않았다. 그는 다만 하나님이 지나가실 때 등 뒤로 보이는 그분의 모습을 힐끗, 그것도 직접 보지 못한 채, 바라보게 된다. 모세가 보았던 이는 실제로 하나님이다. 하지만 그에게는 하나님의 얼굴을 직접 바라보는 것이 허용되지 않았다.

그것은 우리도 마찬가지라고 루터는 주장한다. 십자가는 하나님이 자신을 모세에게 드러내신 것과 같다. 그것은 진정 하나님이 당신을 계시하신 것이다. 그렇지만 동시에 이는 하나님께서 당신을 계시한 것으로 인식될 수 없다. 그렇다 할지라도 일단 우리가 십자가를 되새겨 보면, 우리는 하나님께서 하신 일들의 경이로움을 깨닫기 시작한다. 바울의 말처럼, 바로 여기에서, 현명한 자의 지혜를 웃음거리로 만드시고 자신의 힘을 자랑하는 인간의 생각을 허망한 것으로 만드시는 하나님께서 일하고 계신다. 하나님께서는 그 자신을 지극히 어리석고 연약한 광경 속에서 드러내심으로써 인간의 지혜라는 것이 사실은 지극히 빈약한 것임을 보여주셨다. 이성은 말한다. 하나님이 이런 모습으로 자신을 드러내실 수 있다는 것은 결코 있을 수 없는 일이다! 그런 점에서 이성은 그 자신이 신학의 자원으로 얼마나 적절치 못한지를 보여준다. 이런 방식으로 자신을 계시하심으로써, 하나님 자신에 대하여 우리에게 말해 주는 상식에 자연스럽게 의존하려고 하는 우리의 경향에 하나님은 온유한 모습으로 의문을 제기하신다.

다시 말하거니와, 상식적으로 우리는 위대한 영광과 권능으로 충만한 상황 속에서 하나님께서 자신을 계시하시는 것을 기대한다. 하나님께서는 수치스럽고 연약하기 이를 데 없는 십자가 속에서 자신을 계시하시기로 하셨음을 그 십자가가 우리에게 증거하고 있다. 거듭 말하거니와 우리의 이성은 신뢰할 수 없다. 우리는 기독교 신학에서 가장 힘든 교훈 — 우리는 겸비해야 할 필요가 있다는 것, 나아가 우리가 바라는 모습대로 하나님을 받아들이는 것이 아니라, 하나님께서 자신을 계시하신 대로 그분을 받아들여야 한다는 것 — 을 배우도록 요구받고 있다. 루터는 이 점을 상당히 날카롭게 말하고 있다.

이것은 분명하다. 그리스도를 모르는 사람은 그 누구든지 고난 속에 감추어진 하나님을 알지 못하는 사람이다. 그렇기에 그는 고난보다는 업적들을, 십자가보다는 영광을, 약함보다는 강함을, 어리석음보다는 지혜를 더 좋아한다. … 이런 사람이야말로 바울이 '십자가를 대적하는 자들'이라고 부른 자들인즉, 곧 그들은 십자가를 증오하고 업적을 내세우기 좋아하며 그 업적에 따른 영광을 사랑하는 사람들이기 때문이다.[18]

따라서 '십자가 신학'의 중심 주제는, 세상이 연약하고 어리석으며 나아가 비천한 것으로 여기는 것들을 동일하게 낮게 평가하는 인간

---

18 이 본문은 루터가 1518년에 하이델베르크 토론회에서 발표한 28개조의 테제들 가운데, 21번째 테제의 일부이다. 독일어 원문을 번역하면 다음과 같다. '영광의 신학자는 악한 것을 선하다 말하고 선한 것을 악하다고 일컫는 자이다. 십자가의 신학자는 사물을 실제 있는 그대로 말한다.' 이 테제를 제시한 다음, 루터는 다음과 같이 이 논제에 대한 해설을 덧붙였다. '이것은 분명하다. 좌우간 그가 그리스도를 알지 못하기 때문에 역시 고난 속에 감추어진 하나님도 알지 못하는 것이다. 그런 연고로 그는 고난보다 (자신이 주체가 되는) 행위들(공로들)을, 십자가보다 영광을, 연약함보다 힘을, 어리석음보다 지혜로움을 나아가 나쁜 것보다 좋은 것을 선호한다. 바로 여기에 바울 사도가 그리스도의 십자가를 대적하는 자들(빌 3:18)이라고 일컫는 사람들이 존재한다. 어떤 경우에도 그들은 십자가와 고난을 증오한다. 하지만 그들은 행위들(공로들)과 그것이 가져다주는 명성을 사랑하기에, 십자가의 선함을 악하다 부르고 행위(공로)의 부끄러움을 선하다 부른다. 그러나 이미 말한 것처럼 하나님은 오로지 십자가와 고난 속에서 발견될 수 있을 뿐이다. 그렇기에 십자가의 벗들은 십자가를 선하다 하고 행위들(공로들)을 악하다고 말하는데, 이는 십자가를 통하여 행위들(공로들)이 허물이지고 행위들을 통하여 세워졌던 '옛 아담'이 오히려 십자가에 못 박히기 때문이다. 요컨대 이미 고난과 수욕을 통하여 완전히 비워지고 낮추어짐으로써 인간 자신은 아무 것도 아니요 행위들(공로들)도 우리가 아니라 하나님께 속한 것이라는 깨달음에 이르지 못한 사람이, 자신의 '선한 행위들'을 근거로 우쭐해지지 않는다는 것은 불가능하다.

내면의 경향이야말로 하나님의 뜻과 모순된다는 것이다. 왜냐하면 정확히 이런 것들을 통하여 하나님이 일하시기로 하셨기 때문이다.

그런 점에서 십자가 신학은, 그리스도인의 삶에서 이성이 담당하는 역할에 대한 루터의 비판에 하나의 기초를 제공하고 있다. 중세라는 시대에 대학 교수의 한 사람으로서 루터 역시, 비단 학문 영역뿐 아니라 사실상 그리스도인의 삶의 모든 영역에서 인간 이성의 중요성과 가치를 인정했음에도 불구하고, 그는 주장하기를, 만일 우리가 하나님을 아는 일에서도 이성에 의존한다면 잘못된 길로 나아가게 될 것이라고 말한다.[19] 하나님이 갈보리에서 자신을 계시하신 것은 순전히 이성에 의존하여 신학에 접근하는 것을 경계하신 것이다. 이성은 말하기를, 하나님은 반드시 이 세계가 위대하고 장엄하며 영광스럽고 권능이 충만한 것으로 받아들일 수 있는 많은 상황 속에서 자신을 계시하셔야 한다고 주장한다. 그러나 사실 하나님은 그와 정반대로 비극, 슬픔, 절망 그리고 연약함 그 자체인 상황 속에서 자신을 드러내는 길을 택하셨다. 그리하심으로써 하나님은 온유한 모

19　루터가 소속해 있던 아우구스티누스 수도회에 이름을 제공한 아우구스티누스만 보더라도, 계시의 인식에서 신앙을 이성보다 우위에 두었지만, 일단 인식 대상을 신앙으로 수납한 다음, 이성으로 논변할 것을 주장했다는 점에서 결코 이성을 인식의 도구에서 배제하지 않았다. 중세 스콜라 철학의 대표자였던 토마스 아퀴나스 역시, 신앙과 이성, 신학과 철학이 모순되지 않는 것으로 보았다. 도리어 이성의 역할을 너무나 강조하는 바람에 오히려 중세 인문주의가 성경을 비판의 눈으로 바라보는 단서를 제공하기도 했다. 이성이 하나님을 인식하는 도구로 일할 수 없다는 것은, 비록 불가지론의 입장이었지만 칸트의 『순수이성비판』에서도 뚜렷하게 나타나고 있다. I. Kant, *Kritik der reinen Vernunft* (Hamburg: Felix Meiner, 1956), 567ff.를 보라.

습으로 이성이 가진 한계를 지적하신다고 루터는 논증한다. 우리는 자신이 원하는 하나님의 모습을 담아 이런저런 생각을 꾸며낼 것이 아니라, 실제 모습 그대로의 하나님께 귀를 기울여야 한다.

하나님의 자기 계시에 대해 우선적으로 힘써 강조함으로써 그리스도인의 삶 속에서 십자가가 가지는 역할을 이해하는 기초를 제공한다. 하나님의 자기 계시는 신학자의 입장에서 보면 자신을 낮추도록 요구하는 것이다. 우리는 하나님께 대답할 수 있어야 한다. 나아가 하나님은, 모름지기 신이란 이래야만 한다는 우리의 말쑥한 선입견 아래에 놓여 있던 양탄자를 잡아당기시면서 우리로부터 주도권을 취해 가셨다. 어떤 부분에서 신앙이란, 하나님께서 자신을 알리기 원하는 그 모습대로 기꺼이 하나님을 이해하고 기꺼이 그 하나님께 응답하려는 마음이다. 이는 자신의 어떠한 신령한 모습들이 효과가 있음을 강조하기보다(이것들이 그 어디에서 나왔든지), 도리어 하나님께 기꺼이 복종하려는 마음에 이르게 된다는 점에서, 겸손의 한 양식이다. 참 영성은 인간의 발명품이 아니라, 도리어 하나님을 향한 응답인 것이다.

경험을 비판하는 십자가

십자가가 이성에 대한 하나의 비판을 대변하는 것이라면, 다른 한편으로 그 십자가는, 특별히 근대 서구 사상 속에서, 영성과 관련하여 종종 너무나 많은 비중을 차지했던 또 하나의 인간 중심의 자원을 강력하게 공격한다. 개인의 경험이 계시와 같은 권위를 가진 것으로 여겨졌던 것이다. '내가 경험하는 것은 옳은 것이다.' '나는 그런 방식으로 그것을 경험하지 않는다.' 루터는 신앙 문제들에 대한 지침으로 개인의 경험은 심각할 정도로 자주 신뢰할 수 없다고 했다. 우리가 무언가를 경험하는 방식은 실제로 그것이 존재하는 방식과 반드시 일치하지는 않는다.

한 예를 들겠다. (이는 루터가 사용하지 않았던 예이다.) 엄청나게 추운 어느 날 밤, 당신이 얼마 동안 집 밖에 있었다고 상상해 보라. 그러고선 한 친구의 집에 도착한다면, 친구는 이내 당신이 얼마나 추위에 떨고 있는지 알아채게 된다. 그는 당신에게, '뭔가 좀 몸을 녹일 수 있는 걸 마셔야 되겠구먼'이라 말하며 브랜디를 한 잔 건넨다. 그걸 마시고 몇 분이 흐른 뒤 당신은 몸이 좀 훈훈해지는 기분이다. 당신은 브랜디가 몸을 덥혀준다고 경험한 것이다.

그러나 사실, 브랜디는 당신이 더 한기를 느끼도록 만든다. 알코올은 혈관을 확장시켜 몸이 열을 만들어내고 있다는 느낌을 갖게 하지만 그 속내를 들여다보면, 몸은 오히려 열을 잃고 있다. 당신은 몸이 데워지고 있다고 느끼겠지만, 사실은 그 반대로 당신은 점점 식어가는 것이다. 열은 당신의 몸에서 발산되고 있을 뿐이지, 그 몸에 흡수되는 것은 아니다. 스스로가 느끼는 기분 때문에 당신은 심각한 오해에 빠져든 것이다. 지독하게 추운 어느 상황 속에서 만일 당신이 '몸 좀 녹이자'는 심산으로 알코올 음료를 마신다면, 정작 그로 말미암아 열손실이 일어나 목숨을 잃을 가능성이 높아진다. 외부에서 그 광경을 지켜본다면 실제로 벌어지는 일이 무엇인지 눈치챌 수 있겠지만, 정작 당신이 자신의 느낌만을 신뢰한다면 이런 외부의 시각을 받아들이지 않게 될 것이다.

이 예는 실제 영성과 관계가 있다. 즉 경험이야말로 해석될 필요가 있다는 점을 분명하게 말해 주는 것이다. 경험은 비판적 시각으로 검증될 필요가 있다. 당신은 자신의 몸이 데워지고 있다고 느꼈지만, 그 경험을 올바로 해석했다면, 도리어 열이 몸을 떠나 밖으로 발산되면서 손실되고 있음을 실제로 느꼈으리라. 당신은 그런 느낌들이 평가되고 판단되는 기준점으로 바깥에서 주어지는 관점이 필요하다. 루터도 이와 관련된 논증을 전개하고 있다. 즉 우리가 하나님을 경험한 것도 해석되어야 할 필요가 있다. 우리가 경험한 사물이 반드시 그 사물의 실제 모습은 아닌 것이다. 십자가는 우리가 느낀 것들을 평가하고 판단할 수 있는 어떤 기준을 외부에서 제공해 주고 있다.

여기에 제시된 루터의 접근법에서 영성의 중요성을 가장 잘 이해하는 길은 어쩌면, 예수 그리스도께서 십자가에 달려 돌아가시던 바로 그 첫 금요일에 펼쳐진 광경, 곧 아무런 도움도 얻지 못한 채 모든 희망을 잃어버렸던 그 모습을 곰곰이 되씹어 보는 것이다. 십자가 주위에 모인 사람들은 뭔가 드라마와 같은 반전이 일어나기를 학수고대하고 있었다. 예수가 진정 하나님의 아들이라면 하나님이 그 참혹한 현장에 뛰어들어 당신의 아들을 구원하실 것이라고 사람들이 기대할 만했다. 그러나 그 길고 긴 하루가 다 저물도록 하나님이 개입하시는 것을 보여주는 어떤 징조도 없었다. '나의 하나님, 나의 하나님, 어찌하여 나를 버리셨나이까?'라는 예수의 부르짖음이 십자가 위에서 울려 퍼졌고, 심지어 예수 자신조차도, 비록 잠깐이었지만, 하나님이 버리셨음을 처절하게 경험했다. 많은 사람들은 하나님이 놀라운 반전을 일으키시며 이 상황에 끼어들어 예수를 구하실 것을 기대했지만 그런 일은 전혀 일어나지 않았다. 예수는 처절한 고통을 겪다가 마침내 숨을 거두셨다. 그 상황에서 하나님이 살아 움직이신다는 것을 보여주는 것은 아무것도 없었다. 때문에 오로지 자신의 경험에 기초하여 하나님을 생각하는 이들이 내릴 수 있는 결론은 명백했다. 곧 하나님은 거기에 계시지 않았다.

하지만 그리스도의 부활은 그런 판단을 뒤엎어 버렸다. 하나님은, 바로 그 갈보리에서도 살아 계시고 일하시는 분으로, 곧 인류의 구원을 이루시며 예수 그리스도가 하나님의 아들이시요 구주이심을 확증하시는 분으로 계시되었다. 그분이 바로 거기에 계심을 사람들이 깨닫지 못했을 뿐, 사실 그분은 분명 거기에 계셨던 것이다. 인간의 경험은 바로 그 광경을 하나님이 계시지 않았기 때문으로 해석했지만, 도리어 부활은 하나님이 다만 당신을 감추셨을 뿐이지 변함없이 그 자리에 계셨음을 분명하게 보여주었다. 그리스도의 부활은 하나님이 그 참혹한 광경 뒤에서 몰래 일하고 계셨음을 드러냈다. 루터가 보기에 그리스도의 부활은 인간의 경험이 내린 판단이 실제로 얼마나 신뢰할 수 없는지 잘 보여주는 것이다. 우리는 인간의 경험이 남긴 그릇된 인상들을 신뢰하기보다, 도리어 하나님께서 약속하신 것들을 믿고 의지해야 한다. 하나님께서는 우리와 늘 함께하신다고, 심지어 인생에서 가장 어두운 시간에도 함께하신다고 약속하신다. 따라서 바로 이 자리에 계시는 그분을 경험이 발견할 수 없다면, 그 경험이 내린 판단은 믿을 수 없는 것으로 간주되어야만 한다.

루터는 우리 인간의 경험을 그 첫 번째 금요일의 경험과 비슷하게 여겨야 한다고 주장한다. 우리는 어떤 상황에서 당황하고 놀라면서, 나아가 결국 그 안에 하나님은 계시지 않거나 조용히 침묵만 지키신다고 자주 판단한다. 고난이 아주 좋은 본보기다. 종종 우리는, 인간이 그토록 고통당하는데도 어떻게 그 고통 가운데 하나님이 계실 수 있다는 것인지 의아해 한다. 그와 너무나 똑같은 생각이 예수 그리스도의 고통과 죽음을 목격했던 사람들의 심정을 꿰뚫고 지나갔을 것이다. 그러나 첫 번째 부활절은 그 상황을 바꾸었고, 나아가 스스로 만든 세계 안에서 하나님이 살아 움직이시는 방식에 대해 우리가 이해하던 것마저 뒤집었다.

그 첫 번째 금요일의 경험을 그리스도의 부활이라는 빛에 비추어 볼 때에, 비로소 하나님께서 일하셨던 그 이상하고도 수수께끼 같은 방식을 분별할 수 있다. 그 첫 번째 금요일이 제기하는 근본 의문은 이미 그 이전에 구약의 욥기에서 제기된 바 있다. 곧, 인간의 경험과 모순되는 상황 속에서도 진정 하나님이 존재하시는가? 그리스도의 부활은, 마치 한 회오리 바람으로부터 들려오는 소리처럼, 하나님이 계시지 않는 것 같은 상황 속에서도 살아 계시고 구원을 베푸시는 그분이 서 계심을 우리에게 증거하고 있다. 그리스도인의 실존은 십자가 아래 자리잡은 삶, 곧 부활의 여명이 밝아오는 것을 고대하면서 그 십자가 그림자 속에서 기다림의 시간을 보내는 삶이다. 기독교 신앙은 예수 그리스도의 죽음과 더불어 이제 확실하게 막을 내렸다고 무신론이 외쳐대던 바로 그곳에서 시작한다.

십자가를 통하여 우리에게 주어진 하나님의 모습은 버림받고 상처투성이인데다가 피 흘리며 죽어가는 하나님의 모습이지만, 바로 그 하나님이 몸소 십자가의 그림자를 걸어 지나가심으로써 인간의 고난에 새로운 의미와 영예를 부여하셨다. 하나님께서는 인간이 강할 때보다 연약할 때, 오만할 때보다 굴욕을 당하며 괴로워하는 바로 그 순간에, 이 세상으로 들어오신다. 그 어떤 순간보다 암담하면서도 결코 피할 수 없는 삶의 영역들에서조차 하나님은 결코 배제되지 않았으며 오히려 하나님 스스로 진지하게 그 영역들에 몸을 담그셨던 것이다. 신앙과 삶에 드리워진 어두운 그늘 속에서도 하나님이 계시다는 것은 루터가 했던 다음의 유명한 말 속에서 멋지게 표현됐다. '아브라함은 눈을 감은 채 신앙에 드리운 어두운 그늘 속에 자신을 숨겼지만, 바로 그 그늘 속에서 영원한 빛을 발견했다.' 하나님께서는 몸소 이 길 ― 어두운 절망 가운데 버림받은 채 죽음을 맞이해야 했던 길 ― 을 택하사, 우리를 이 마지막 대적들로부터 구원하셨다. '그 첫 번째 금요일 이후에, 인간은 소망 속에서 고난을 감내하기 시작했다(레옹 블루아).'[20] 인간이 당하는 고난과 고통이 어떠함을 아시

---

20 프랑스의 문필가이다. 1846년에 태어나 1917년에 세상을 떠났는데, 완고한 가톨릭

면서, 그 고난으로 인해 연약하고 부서지기 쉬우며 나아가 죽을 수밖에 없음을 몸소 이해하시는 하나님의 이미지는 예수 그리스도의 십자가를 통하여 정당한 것으로 인정받고 있다.

루터는 그런 통찰들을 우리 자신의 상황에 적용해야 한다고 말한다. 하나님이 살아 계셔서 일하심을 받아들이기 어려운 경우들이 모든 사람에게 존재한다. 고난이 그 적절한 예이다. 만일 우리가 이런 경우들을 그 첫 번째 금요일에 비추어 생각하려고 노력한다면, 우리는 그 같은 생각과 두려움이 그때에도 표출되었음을 알 수 있다. 그러나 그리스도의 부활은 그런 생각과 두려움을 뒤집어 버렸으며, 이런 문제들에서 인간의 경험이 얼마나 신뢰할 수 없는지 우리에게 보여주었다. 우리의 현재 경험은 그 첫 번째 금요일의 것과 같아 보인다. 하나님은 분명히 계시지도 아니하고 일하시지도 않는 분처럼 보일 수도 있다. 그러나 사실은 하나님이 모습을 감추셨을 뿐 변함없이 거기에 서 계시는 것이다.

이것은 루터가 신앙을 이해하는 데 중요한 결과를 낳았다. 신앙은 이 세상 속에, 나아가 우리 자신의 경험 속에 하나님이 존재하시며 일하고 계심을 아는 힘이다. 신앙은 겉에 나타난 모습과 경험이 낳은 그릇된 인상들의 뒷면을 바라본다. 신앙은 당신이 계시겠다고 약속

신앙의 소유자이면서도 가톨릭교회에 반기를 든 인물이다. 신랄하면서도 환상이 그득한 작품들을 썼는데 대표작으로는 『절망한 사람』(*le Desespere*, 1886), 『가난한 여인』(*la Femme pauvre*, 1897) 등이 있다.

하신 그곳에, 심지어 우리 경험에 거기 계시지 않는다고 여겨질 경우에도, 열린 마음으로 기꺼이 하나님을 발견하려는 것이다. 루터는 이 점을 분명히 표현하기 위해 '믿음의 흑암'(the darkness of faith)이라는 문구를 사용하고 있다. 이것은 루터가 의심의 본질을 이해하는 데 중요한 결과를 가져왔다.

의심은 우리가 내리는 판단의 기초를 신앙에 두기보다 오히려 경험에 두는 우리의 자연적인 성향을 보여준다. 신앙과 경험이 서로 그 발걸음을 맞추지 못하는 것처럼 보일 때, 정작 우리는 신앙보다도 경험을 신뢰하곤 한다. 그렇지만 루터가 지적하는 것처럼, 경험이 얼마나 믿고 따를 수 없는 안내자인지 드러나지 않았는가! 그 첫 번째 금요일에 경험을 신뢰했던 이들은 부활의 빛에 비추어 볼 때 너무나 어리석은 사람들로 보였다. 루터가 보기에 그리스도의 부활은 하나님께서 약속하신 것들을 믿는 것이 경험이나 이성을 압도한다는 것을 잘 보여주는 경우였다. 우리는 한정되고 적절치 못한 우리의 인식보다는, 하나님을 하나님으로 인정하고 그분의 약속들을 신뢰해야 한다.

그런 점에서 십자가는 하나님이 어떤 분이실 것이라는 우리의 확신을 무너뜨린다. 십자가는 이성과 경험을 향한 우리의 그릇된 신뢰를 산산조각 내고, 우리로 하여금 하나님이 누구시며 그분이 어떠한지 알게 한다. 십자가는 우리로 하여금 하나님이 어떠하다는 것을 미리 결정하기보다, 패배를 자인하고 우리가 하나님에 대하여 들어야 한다는 것을 인정하게 한다. 십자가의 고난, 연약함 그리고 수욕을 통해 자신을 드러내심으로써 하나님은 그분에 대하여 갖고 있던 선입견들을 포기하도록 강력히 요구하신다. 하나님은 그분에 대한 우리의 선입견들을 산산이 부수시지만, 그럼으로써 우리는 더 기꺼이 하나님을 배우게 된다. 우리가 갈보리에서 일하셨던 하나님을 알고 나아가 그 지식을 더 깊게 하려 한다면, 겸비함이야말로 꼭 필요한 덕목이다.

루터가 영성에 있어 경험의 역할을 비판적인 시선으로 바라보고 있음에도, 그는 경험이 영성과는 전혀 관련이 없다고 하지는 않는다. 사실 루터는 자신이 신학자가 되는 데 바탕이 된 경험이 있음을 말한다. 그는 이 경험을 빈번하게 인용되는(그러면서도 매우 난해한) 그의 말들 중 하나에서 짧게 묘사한다. '글을 읽고 사색하며 이해한 것이 아니라, 살고 죽고 심지어는 유죄판결을 받는 것으로 한 사람의 신학자는 만들어진다.' 이 말을 처음 읽었을 때 나는 도무지 그 뜻을 종잡을 수 없었다. 분명히 신학은 성경을 읽고 그 의미를 명쾌하게 밝히려고 노력하는 것, 뭐 그런 것이 아닌가? 루터는 대체 뭘 두고 한탄했던 것일까? 이제야 알게 되었지만 나는 루터가 옳았다고 확신한다. 한 사람의 진정한 신학자가 된다는 것은 다름 아닌 살아 계신 하나님을 붙들고 씨름하는 것 — 곧 하나님에 대한 사상이 아니라 하나님 그분과 씨름하는 것 — 이다. 그러나 어떻게 일개 죄인이 감히 하나님을 올바르게 대하기를 소망할 수 있을까?

만일 당신이 진정한 신학자가 되기를 바란다면, 당신이 죄인임을 선고받았다는 자각을 경험해야 한다고 루터는 단언한다. 당신은 틀림없이 어떤 통찰의 순간을 경험했을 것이며 바로 그 순간에 자신이 얼마나 큰 죄인인지, 나아가 하나님께서 당신을 죄인으로 선고하신 것이 얼마나 지당한지 깨닫게 된다. 그리스도가 십자가에서 죽으셨다는 것은 죄를 향한 하나님의 분노가 극한에 이르렀음을 선포하는 것이며, 당신이 죄인으로 선고받았음을 분명하게 보여주는 것이다. 오직 이 순간부터 우리는 신약 성경의 중심 주제 ― 하나님께서 어떻게 죄인들을 파멸이라는 운명으로부터 구해 내실 수 있었는가 ― 를 완전하게 인식할 수 있는 것이다. 우리의 죄를, 나아가 우리 자신과 하나님 사이에 이 죄가 깊게 파 놓은 무시무시한 틈새를 완전하게 깨닫지 못한다면 우리는 예수 그리스도를 통하여 선포된 죄의 용서가 얼마나 기쁘고 경이로운 일인지 깨달을 수가 없는 것이다. 루터는 1522년 1월 13일, 자신의 동지인 필립 멜란히톤에게 보낸 한 편지에서 당시 비텐베르크에 있는 신앙인들에게 혼란을 일으키고 있던 이른바 '선지자들'[21]에게 멜란히톤이 이런 질문을 할 것을 제안하고 있다. '그들은 영혼의 침체와 신이 주신 출생 곧 거듭남을, 또 죽음과 지옥을 경험했는가?' 영혼 속에 일어나는 몇 가지 흥분의 감정이 살아 계신 하나님을 실제로 대면할 때 동반되는 두려움을 대신할

21　당시 '츠비카우 선지자들'로 불리던 이들 가운데, 니콜라스 스토크, 토마스 드렉셀, 마르쿠스 토마스 스튀브너 등이 비텐베르크에 와서 큰 혼란을 일으켰다. 이들은 성령이 각 신자에게 주시는 계시가 성경보다 우선한다고 주장하면서 하나님이 환상과 꿈을 통해 말씀하신다고 주장했다. '오직 성경'이라는 종교개혁의 근본 원리를 부인하는 이들을 루터가 받아들일 리 없었다. 루터는 그들을 '광신자들'이라고 불렀다.

수 없다. 이러한 근대의 선지자들에게 '인자의 표적은 사라져 간다'고 루터는 쓰고 있다.

이 점을 분명하게 이해할 수 있게 하는 하나의 사례를 현대에서 찾아볼 수 있다. 랜들 니콜스는 자신이 쓴 책 『회복케 하는 말씀』(*The Restoring Word*)에서 그리스의 코르푸 섬[22]을 방문하는 동안에 경험했던 일을 기록한 바 있다. "내가 들어본 가장 아름다운 음악은 주께서 십자가에 못 박히셨던 그 금요일에 그리스 코르퓨 섬의 한 교회에서, 비쩍 마른 시골 아낙네들이 주름 가득한 얼굴을 눈물로 적시며 부르던 찬송이다. 나는 어떤 사람에게 그 아낙네들이 우는 이유를 물었다. 그러자 그는 이렇게 답했다. '그들의 그리스도가 죽었기 때문입니다.' 내가 그처럼 울 수 있을 때에야 비로소 그리스도의 부활이 무슨 의미인지 이해하게 될 것이라고 나는 종종 생각했다." 니콜스가 우리의 마음속에 너무나 뚜렷하게 새겨질 정도로 말한 그 핵심은 곧, 만일 우리가 그 첫 번째 금요일을 뒤덮었던 절망감과 무력감 속으로 던져지지 않았다면, 우리는 바로 지금 여기서 부활의 기쁨과 소망을 맛볼 수 없다는 것이다. 부활이 참이듯 죄의 용서도 참이다. 기독교 영성은 자신이 죄인으로 선고받은 자라는 자각에 기초를 두면서도 나아가 하나님의 용서로 말미암아 철저하게 자신의 모습이 바뀐 경험에 근거하고 있다. 정죄받은 고통에 눈물 흘릴 때에야 우리는 비로소 죄의 용서가 무엇을 말하는지 이해할 수 있는 것

---

22 그리스 서부에 있는 섬으로, 알바니아와 그리스의 접경 해역에 자리잡고 있다.

이다.

겨우 몇몇 사람만이 신약 성경을 읽을 수 있으며 그들만이 그 의미를 이해할 수 있다. 루터는 주장하기를 진정한 신학자는 죄로 말미암아 자신이 정죄받은 자라는 인식을 경험하는 사람이며, 아울러 신약 성경을 읽으면서 죄의 용서를 선포하는 그 말씀이 자신에게 복된 소식임을 깨닫는 사람이라고 말한다. 그런 점에서 복음은 우리에게 해방을 가져다주는 어떤 것, 우리의 상황을 바꾸어 버리는 어떤 것, 우리 자신과 연관을 맺고 있는 그 어떤 것으로 경험된다. 신약 성경을 다른 문학 작품과 다를 바가 없이 읽는 것은 쉽다. 하지만 루터는 오직 우리가 자신의 죄를, 또 그 죄가 암시하는 모든 것을 깨달을 때에야 우리에게 전율을 일으키는 그 선언, 곧 하나님께서 예수 그리스도를 통하여 우리 모든 죄를 용서하셨다는 말씀의 경이로움을 완전히 이해할 수 있음을 우리에게 되새겨주고 있다.

루터는 로마서를 강해하던 기간(1515-1516)에도 이와 비슷한 주장을 하고 있다. 비록 부지런한 신학자라 할지라도 신약 성경이 말하고 있는 핵심을 완전히 놓칠 수 있다는 것이 루터의 주장이다.

많은 책을 읽은, 나아가 많은 책을 가지고 있는 위대한 학자가 곧 최고의 그리스도인은 아니다. … 최고의 그리스도인이란, 학자들이 책 속에서 읽고 다른 이들에게 가르치는 것을 자신의 마음에서 우러나온 자유로운 생각으로 실천하는 사람이다. 그렇기에 우리는 이 시대에 많은 책을 씀으로 학자가 되면서도, 정작 한 사람의 그리스도인이 되는 것이 무엇인지 털끝만큼도 생각하지 않는 모습을 보며 염려하지 않으면 안 된다.

루터는 근대에 일어난 대학과 폭발적인 학문 연구를 미리 내다보지 못했을 테지만, 그럼에도 불구하고 무서울 정도로 정확하게 앞으로 발생할 문제를 예견했다. '신학자'는 학문 연구에 종사하는 하나의 전문 직업인을 의미하게 되었으며, 이 직업인의 자격은 그가 펴낸 책에 따라 인증받게 되었다. 하지만 루터가 보기에 신학자는 살아 계신 하나님의 은혜를 경험하고 자신이 그 은혜를 경험했음을 알고 있는 사람에게 주어질 몫이었다.

루터가 신앙과 경험 사이의 관계를 설명하는 내용은 그의 영성에서 가장 중요하고 어려운 측면들 가운데 하나이다. 그것은 이를테면 의심의 본질 그리고 이 세상에서, 나아가 우리 개개인의 삶 속에서 우리가 하나님의 현존과 역사하심을 발견하는 방식 같은 의문들을 깊이 생각하게 될 때에 커다란 도움을 준다. 이 십자가의 영성에는 또 하나의 측면이 존재하고 있다. 그것은 라틴어 용어인 'passio'라는 말—그 의미가 모호한데, '고난' 또는 '…의 영향(작용)을 받음'의 의미를 갖고 있다—에 그 중심을 두고 있다. 루터는 그리스도인의 신령한 삶 속에서 이 두 가지, 곧 신앙과 경험의 중요성을 강조했다. 먼저 루터가 인간의 고난에 부가했던 새로운 가치와 장중함에 대해 살펴보도록 하자.

고난과 영성

'우리가 그리스도와 함께 고난받지 않는다면 우리는 그리스도인이 아닐 것이다.' 그리스도인이 되는 것에는 고난 없는 편안한 삶의 행로가 포함되어 있다고 외치는 이들을 철저히 부인하면서 십자가는 우뚝 서 있다. 예수의 부활을 둘러싸고 한창 행복감에 도취되어 있던 바로 그때에 그리스도인의 신앙과 실존이 저 천국을 향해 올라가려고만 할 뿐, 이 세상에서 만나는 삶의 현실과 어떤 접촉도 갖지 않으려 했던 위험한 모습이 실제로 존재했다. 신자들은 부활하신 그리스도를 경험한 것을 내세우면서, 바로 지금 여기에 서 있는 그들을 향하여 신앙이 요구하고 있는 것들을 결코 외면해서는 안 된다. 예수를 따르라는 외침은 그와 더불어 고난을 함께 받으라는 부르짖음이기도 하다(막 8:31-38). 신자들이 자신의 실존에서 모범으로 삼아야 할 것은 바로 고난, 배척당함 그리고 죽음의 길을 지나 영생과 부활하신 그리스도의 영광이라는 최종 목적지로 여행을 떠나는 것이다. 다른 길로 우회하여 이 목적지에 도달하는 방도는 없다. 고난, 배척 그리고 죽음이야말로 그리스도인의 영성을 드러내는 순수한 증거들이다.

이런 통찰들은 십자가 신학이 각각의 신자가 경험한 것과 관련을 맺으면서, 그 신학에 무게를 더해 준다. 고난, 겸비함 그리고 배척당함이야말로 신앙의 순전함을 보증하는 증명서다. 그것들은 신자들이 참 제자임을 보여주며, 그들이 부활하신 그리스도의 영광에 참여하게 될 것을 보증한다. 그런 점에서 십자가는 인간의 고난에 새로운 의미를 부여하고 있다. 신자들이 하나님의 자녀들임을 나타내는 증표인 십자가로 세례 받는 것처럼, 모든 하나님의 자녀들의 삶은 예수 그리스도의 고난과 십자가로 말미암아 빚어지고 그것으로부터 영향을 받는다. '그리스도가 고난당하신 일이 실제로 그리고 진정으로 한 일은 우리로 하여금 그리스도를 따르게 한 것이다.' 세례는 단순히 그리스도인의 삶이 시작되었음을 보여주는 것이 아니다. 오히려 그것은 그리스도인의 삶 전체가 그리스도와 더불어 끊임없이 죽고 사는 것을 상징하는 것이다. 그리스도가 고난의 길에 '넘겨지셨던 것'처럼, 그리스도인들도 마찬가지로 그 손길에 '넘겨진' 이들이다. 신자 자신의 삶 속에서 십자가가 담고 있는 원형 — 고난을 통하여 영광으로 나아간다 — 을 깨닫게 됨으로써 그들은, 자신들이 하나님께서 약속하신 것들 안에 서 있고 부활의 신비를 공유하고 있다는 것을, 나아가 자신들이야말로 그리스도의 풍성한 유업을 이어받은 상속자들이라는 것을 알게 된다.

루터가 그리스도인의 삶에서 십자가라는 본보기를 강조하면서 심각한 오해가 나타나게 된다. 다음 글을 곰곰이 살펴보라. '십자가에 못 박힌 사람(crucianus)이 아니라면, 그 누구라도 그리스도인(Christianus)[23]이 아니다. 바꾸어 말하면 누구든지 자기 십자가를 지

---

23 그리스도의 길을 따르는 제자들이 '그리스도인'이라는 이름으로 처음 불린 곳은 안디옥이다(행 11:26). 히에로니무스가 라틴어로 번역한 성경 불가타는 그 대목을 이렇게

지 않는 사람은 결코 그리스도인이 아니니, 그 까닭은 그가 자신의 주인인 예수 그리스도를 전혀 닮지 않았기 때문이다.' 이 말은 자칫 어떤 모방의 영성, 곧 예수라는 본보기를 인간이 닮아가는 영성을 가리킨다고 받아들일 수도 있다. 사실 이런 영성은 토마스 아 켐피스의 글에서 그 견고한 기초를 찾아 볼 수 있는, 너무나 중세의 냄새가 나는 개념이라 할 수 있다.

하지만 사실 루터가 말하려 한 것은 그것과는 너무나 다른 것이었다. 그의 말의 핵심은 곧, 진정한 그리스도인이란 그리스도의 형상과 같은 모습으로 만들어진(이 말이 능동이 아니라 수동의 의미임을 유념하라) 사람이라는 뜻이었다. 신앙이란 겉으로 드러나는 방식을 통하여 그리스도를 닮으려고 발버둥치는 인간의 행위가 아니다. 오히려 신앙은 하나님께서 그것을 통하여 우리를 그리스도와 같은 모습으로 만드시는 수단일 뿐이다. 루터가 생각했던 '그리스도와 같은 모습으로 만들어진다'는 말의 뜻은 우리 안에서 하나님이 주체로서 일하심을 강조한 것이지, 인간이 스스로 자신을 떠받치며 그리스도를 닮아간다는 것을 강조한 것이 아니다. "'그리스도와 같은 모습으로 만들어진다'는 것은 우리 자신의 힘으로 우리가 얻을 수 있는 성질의 것이 아니다. 그것은 어디까지나 하나님이 우리에게 주시는 선물일 뿐이지, 우리 자신의 작품은 아닌 것이다." 루터가 강조했듯이 그리스도

옮겨 놓았다. '그렇게 해서 안디옥의 제자들이 처음으로 그리스도인이라는 공통 명칭으로 불리게 되었다.' 독일 성서공회에서 펴낸 *Biblia Sacra Vulgata*, 1718면을 보라.

인이 된다는 것은 고난을 당하려고 몸부림치는 것도 아니요 자신이 주체가 되어 그리스도의 고난을 흉내내는 것도 아니다. 그것은 도리어 하나님께서 우리를 그리스도와 같은 모양으로 빚어 가시도록 해 드리는 것이며, 그리스도의 고난에 참여하는 자가 되는 것이다.

바로 이런 이유 때문에 루터는, 어쩌면 자신과 같은 시대를 살던 사람들에겐 놀라울 수도 있지만, 고난이 영성에서 갖고 있는 긍정적인 측면을 강조하고 있다. 다른 신학자들이 하나님의 영광을 옹호하거나 이 세상을 좋은 세상으로 만드는 데 고난이 필요함을 논증하는 곳에서, 루터는 영적인 방황과 고통받는 자들의 고뇌를 직접적으로 토로한다. 다음 글은 고난당하는 자들에게 직접 건네는 말이다.

십자가의 신학자(곧 십자가에 못 박히시고 그 안에 모습을 감추신 하나님을 말하는 사람)라면, 고난, 십자가 그리고 죽음이야말로 그 어떤 것보다도 가장 귀중한 보배이며, 가장 거룩한 유물들이라고 가르친다. 이는 이 신학의 주(主) 되시는 분이 거룩한 당신의 살로 만지실 뿐 아니라, 거룩하고 신성한 자신의 의지로 품으심으로써 스스로 성별하시고 복 주셨기 때문이다. 아울러 그는 이 유물들을 바로 여기에 두심으로써, 우리가 거기에 입 맞추고 추구하며 품을 수 있도록 하셨다. 이런 그리스도의 보배들을 받을 만한 자로 하나님이 인정하시는 사람은 얼마나 큰 행운아이며 복 받은 사람들인가!

고난과 신앙은 한 몸이며 그 강도와 질을 놓고 볼 때 서로 직접 관련되어 있다.

그러나 이것이 루터가 자기 학대의 영성을 추구했던 인물이었음은 말하지 않는다. 오히려 신자들이, 문자 그대로 또는 비유라 할지라도, 자기 자신을 채찍질해야 한다는 것이다. '만일 우리가 고난 받고자 한다면, 그것은 하나님이 우리에게 안겨주신 것이 되게 하고, 결코 우리가 자신에게 지우는 고난이 되게 하지 말자. 어떤 고난이 우리에게 도움을 주며 기여할지를 하나님이 가장 잘 아시기 때문이다.' 달리 말하면 그리스도인이란 모름지기 하나님을 섬겨야 하며 고난이 자신에게 찾아올지, 그것이 어떤 모습을 띠게 될지 분별해야 한다. (우연의 일치일 수도 있으나 이 인용문에서 'passio'가 갖고 있는 두 가지 의미, 곧 '고난'과 '다른 이의 영향을 받다'는 뜻 사이에 긴밀한 연계가 이루어지고 있음을 주목하라.) 고난은 우리가 추구해야 할 필요가 있는 것, 또는 우리가 우리 자신에게 지워야 할 어떤 짐 같은 게 아니다. 진정한 그리스도인은 신앙의 삶 속에서 십자가를 지는 고통이 반드시 필요함을 깨닫는 사람이며 하나님께 그 고난이 일어날 곳과 시간 그리고 그 본질을 맡기는 것으로 만족하는 사람이다.

루터가 보기에 신자와 그리스도는 믿음으로 말미암아 긴밀한 연합으로 결합되었으며, 신자는 그리스도의 생명에 참여하고 그리스도는 신자의 삶을 함께 소유하신다. 신앙은 마치 혼인 계약과 같은 것이어서 신자와 그리스도 사이에 함께 소유할 물건들을 정하게 된다. 우리가 가진 것(죄와 사망)이 그리스도의 것이 되고, 그리스도가 가진 것(구원과 생명)이 우리의 것이 된다. 그리스도의 생명은 신자의 생명 속으로 뚫고 들어와, 이처럼 '찬탄할 만한 거래'(commercium admira-bile)를 만들어 낸다. 그리스도께서 우리에게 주신 풍성함의 특권은 그와 함께 고난당하는 것이며, 이는 그와 더불어 우리가 다시 일으킴 받도록 한다. 즉 그리스도가 전에 밟고 지나갔던 길, 먼저는 십자가를 향하여 그 다음에는 영광을 향하여 걸어갔던 것과 같은 길을 우리가 걸어가게 하는 특권인 것이다.

바로 여기서 신앙이 시험대에 오른다. 진정 영광이 십자가 너머 저편에 자리잡고 있는가? 십자가는 삶의 종착점을 가리키는가 아니면 출발점을 가리키는가? 십자가야말로 영광으로 나아가는 유일한 출구이고 새 예루살렘으로 들어가는 유일한 문이다. 나아가 신자로 살아가는 우리 여정에 찾아온 고난과 고통 그리고 반대들은 소멸되어 새롭게 바뀔 것이라는 견고하고 줄기찬 확신을 갖고 사는 삶이 바로 믿음의 삶이다. 마치 그리스도께서 십자가에 못 박히셨던 그 첫 번째 금요일이 부활의 날로 나아가는 길을 만들었던 것처럼 말이다. 지금 당장은 다소 어둡고 불투명한 안경을 쓴 것처럼 뚜렷하지 못할 수도 있다. 하지만 마지막 날이 이르면 우리는 모든 것을 있는 그대로 명명백백하게 볼 수 있게 될 것이다.

부활이 없었다면 십자가의 길은 금욕주의자의 자기 부인과 별반 다르지 않았을 것이며, 기껏해야 인간 실존의 무익함에 자신의 몸을 내맡기는 하나의 방편이거나, 심지어 절망과 망상 정도로 그칠 것이다. 예수 그리스도의 부활을 믿고 그 부활이 우리의 실존에 암시하는 바를 인식함으로써, 비로소 십자가는 현실 감각과 목적의식을 갖게 된다. 이 길은 고난, 고통, 배척의 길이다. 그러나 이미 우리보다 앞서 그의 길을 걸어가신 뒤 저편에서 우리를 기다리시는 분을 만나기 위해 걷는 길이기도 하다.

현대에 와서 이것이 영성과 관련하여 암시하는 것은 무엇인가? 위르겐 몰트만 같은 저술가들이 보여주는 것처럼, 루터가 제시한 생각들은 억압당하고 가난하며 고난의 길을 걷는 사람들에게 힘을 주면서 그들과 긴밀한 관련을 맺는다. 몰트만이 쓴 책 가운데 가장 중요한 책인 『십자가에 달리신 하나님』(1972)도 사실은, 루터의 말을 직접 인용한 것이다. 루터의 십자가 신학은 하나님이 억압받는 사람들, 고난받는 사람들과 함께하고 계심을 말하고 있다. 사실 하나님은 세상의 약한 사람, 어리석은 사람, 따돌림을 당한 모든 사람들과 함께하신다. 십자가는 우리가 배척한 그것을 하나님은 받아들이셨다는 것을 확증하는 것이며 우리가 내세우는 판단 척도들에 강력하게 이의를 제기하는 것이다. 루터가 이 점에 대하여 마지막으로 던진 말을 읽어보자.

가난한 사람들과 고난당하는 사람들이야말로 그리스도의 나라에 속한 이들이다. 바로 그들을 위하여 이 왕이 하늘로부터 땅으로 강림하셨다. 따라서 그의 나라는 두려움, 슬픔 그리고 비참함 속에서 살아가는 이들을 위한 것이다. 마치 천사들이 가난하고 깜짝 놀라며 두려워하던 목자들에게 말했던 것처럼, 이제 내가 그런 사람들에게 선포하노니 '보라, 내가 너희에게 큰 기쁨의 좋은 소식을 전하노라!'

하지만 이제 passio가 갖고 있는 이 두 번째 측면으로 화제를 돌려 보자. 루터가 말하는 영성에서 가장 독특한 특징 가운데 하나는 인간이 주체가 되려는 생각과 성취 지향의 종교를 비판하고 있다는 점이다. 루터가 인간의 '일들'(행위 또는 공로)을 비판한 점은 너무나 쉽게 오해를 받고 있다. 우리는 이를 하이델베르크 토론의 21번 논제에서 등장하는 한 글귀로부터 잘 이해할 수 있다. 여기서 루터는 '그리스도를 알지 못하는 사람'은 '고난(을 받기)보다 (자신이 주체가 되어 하는) 일들'을 더 좋아한다고 선언한다(좀 더 분명한 의미 전달을 위해 괄호 부분을 역자가 첨가했다 ― 역주). 여기에는 분명히 어떤 이중 의미가 존재함에도 불구하고, 영어 번역은 루터가 말하려 했던 바를 완전하게 담아내지 못하고 있다.[24] 루터가 비판하고 있는 대상은 자신이 갖고 있는 자원들을 의지하는 사람들이다. 이들은 우리의 '행위', '행동' 또는 '노력'('일'이라는 무덤덤한 말보다, 루터가 쓴 글의 의미를 이해하는 데 이런 말들이 더 낫다)이 전혀 신령한 열매를 생산하지 못한다는 것을 깨닫지 못했기에, 하나님께서 우리에게 일하시도록 그분께 길을 비켜드려야 한다는 것이 과연 무엇을 의미하는지, 어떤 의미인지 아직 발견하지 못한 사람들이다.

루터는 이 점을 분명하게 천명하지 않았지만, 이런 관련 선상에서 그것을 주목하는 것이 올바른 것 같다. 복음서들이 증거하는 수난 기사들은 예수께서 당하신 고난에 초점을 맞추고 있나. 하지민 동시

---

24 [역주18]을 참조하라.

에 그 고난이 예수께 지워졌다는 사실 자체에 중심을 두고 있다. 예수의 사역을 설명하는 기사들에서 예수는 당신이 주체가 되어 행동하신다. 그의 일하심을 말하는 동사들은 능동형이다. 그러나 그의 수난 기사에 들어서게 되면 마치 드라마와 같은 반전이 나타난다. 이제는 어떠한 일들이 예수께 이루어진다. 그에게 이루어질 일들을 말하는 동사들은 수동형이다.[25] 그리스도의 고난을 강조함으로써, 루터는 하나님의 고난이라는 본보기가 그리스도인의 실존을 빚어낸다는 점을 암시하고 있는 것이다. 신앙의 문제에서 행동하시는 분은 하나님이시며, 신자는 그의 행동의 대상이 된다.

신앙의 평정 — 루터의 영성에서 매우 강력한 테마이다 — 은 하나님께서 우리의 구원을 위해 필요한 모든 일을 예수 그리스도 안에서 행하셨으며, 나아가 그 일을 잘 마치셨음을 깨닫는 데 달려 있다. 우리에게 요구되는 것은 하나님께서 우리를 위하여 예수 그리스도 안에서 하신 일들을 받아들이면서, 그 일들 위에서 행동하는 것이다. 참 평화는 골칫거리가 없다는 것이 아니다. 오히려 참 평화는 그런 골칫거리 문제 속에서도 하나님을 믿고 따를 수 있는 힘이다.

평화를 누리는 사람은 그를 괴롭히는 사람이 전혀 없는 사람이 아니

---

25 이런 반전을 극명하게 보여주는 구절이 마태복음 16장 21절이다. 그리스어 원문(NA 27판, Novum Testamentum Graece, 45-46면)을 보면, 이 구절에서 '고난을 당한다', '죽임을 당한다' 그리고 '사흘째 되는 날에 (죽음으로부터) 일으키심을 받을 것'이라는 말이 모두 수동태 부정사로 표현되어 있다.

다. 그런 종류의 평화는 이 세상이 주는 평화이다. 오히려 모든 사람이 괴롭히고 못살게 군다 할지라도, 기쁨과 평온 가운데 그 모든 사람들을 대하는 사람이야말로 평화를 누리는 사람이다.

'우리는 말 또는 겉모습이 아니라 생명과 진리로 그리스도가 당하신 고난에 응답해야 한다'(루터). 십자가는 단지 하나님에 대한 모든 생각의 원천일 뿐 아니라, 동시에 그리스도인이 갖는 경험의 기초가 된다. 그것은 신자의 존재 양식이 어떠하다는 것을 보여주고, 나아가 십자가가 그리스도인의 자연스러운 모범임을 확인시킨다. 이런 생각은 '자기 십자가를 진다'는 것이 더 깨어 있는 신자만이 감당하는, 칭찬할 만한 어떤 행위 양식이라는 관념과는 거리가 먼 것이다. 신자가 그리스도의 고난에 참여하고 있다는 바로 그 이유 때문에 그의 실존이 십자가로 말미암아 빚어지는 것이다. 신자를 십자가로부터 떼어 놓는 것이 무엇이든 상관없이 — 그것이 물질의 풍부함이든 아니면 영혼의 오만함이든 상관없이 — 그것은 그가 그리스도인으로 살아갈 때 가져야 할 활력과 순전함에 하나의 잠재적인 위협이 된다. '그리스도의 십자가는 모든 것을 내버리고, 오직 그리스도를 향해 심중의 믿음을 붙잡고 있는 바로 그것이다'(루터). 십자가는, 그것에 반드시 수반되는 모든 것과 더불어 그리스도인의 삶의 한 부분으로 신자에게 지워진다. 나아가 신자들이 이 사실을 인정하고 받아들일 때 그들은 자신들이 받은 소명을 단단히 끌어안게 된다. 우리는 이미 십자가 아래에 서 있기 때문에 새삼 십자가를 추구할 필요가 없다. 십자가는 신자가 선택하는 그 어떤 것이 아니다. 십자가는 바로 그 신자의 신앙을 통하여 신자 개인에게 지워지는 것이다. 신자의 영혼이 자라는 것은, 자신의 삶 전체가 예수 그리스도께서 당하신 고난과 그의 죽음 그리고 부활과 엉킨 채 이어져 있고 그럼으로써 이미 완성된 신자가 완성되어 가는 것임을 점점 더 깨닫는 것과 큰 관련이 있다. '그리스도가 당하신 고난이 실제로 그리고 진정으로 한 일은 우리의 모습이 그리스도를 닮아가도록 만든 것이다'(루터).

십자가 신학 : 오늘날

그렇다면 이런 영성은 현대와 어떤 연관성을 갖고 있는 걸까? 지금까지 이 장을 읽어오는 동안 독자들이 현대의 종교 상황과 연관지어 많은 내용을 생각해 보았을 것이다. 이런 접근법은 현대의 영성과 관련된 세 가지 중요한 영역을 다루는 데 도움이 된다.

첫째, 루터의 십자가 신학은 '대체 나한테 유익한 게 뭐야?' 영성('what's-in-it-for-me?' spirituality)에 천지가 뒤집어질 도전장을 내밀고 있다. 현대의 많은 영성 양식들은 너무나 인간 본위여서 인간의 정신 건강과 완전성에 자신들이 제공해 줄 수 있는 이점들을 강조하는 데 혈안이 되어 있다. 그들이 호소하는 내용은 자기 중심적이다. 이를테면 '이 영성을 따르시면 당신은 더 나은 삶을 누리게 될 것입니다'와 같은 말이 그 보기이다.

그러나 루터가 보기에 그리스도를 믿음으로써 가져올 중요한 결과들 중 하나는 그의 고난에 참여하는 것이다. 그것이 곧 그리스도의 형상으로 신자의 모습이 일치되어 가는 것이며 나아가 영광은 오직 고난을 통하여 올 뿐임을 의미하는 것이다. 그것은 강력하게 그리스도를 중심으로 삼는 영성이다. 그 영성은 예수 그리스도께서 우리에게 커다란 매력이심을 알게 하고, 그와 지속적으로 연합시키는 의를 상속받게 한다. 한 사람의 그리스도인이라는 것, 또는 그리스도인이 된다는 것은 당신에게 어떤 은혜도 주지 않는다. 그것은 단순히 하나님께서 그리스도 안에서 우리를 위하여 하셨던 일들을 향해 적절하고 올바르게 응답하게 한다. 다른 많은 사람들이 부끄러운 줄도 모른 채 자기 만족만을 갈구하며 발버둥치고 있는 그곳에서 루터의 영성은 심오한 도덕으로 우뚝 서 있는 것이다.

둘째, 만일 루터의 말이 옳다면 이미 북미에 커다란 영향을 미친 '건강과 부'의 복음을 향해 우리는 의문을 제기해야 한다. 이를테면 『하나님의 뜻은 당신의 번영입니다』(*God's Will is Prosperity*)와 같이 파격적인 제목을 내세우면서 잇달아 출간되는 책들은, 그리스도인이라고 하면서도 정작 세속에 물든 사람들의 뿌리를 펼쳐 보일 뿐이다. 그들의 기본 주장은 이런 흐름을 따라간다. '당신은 그 일을 이루셨나요? 당신은 성공한 사람입니까? 범사가 잘 풀립니까? 당신이 품었던 삶의 야망들을 이루셨나요? 그렇지 못했다면, 그것은 당신이 하나님을 신뢰하지 않기 때문입니다. 성공하지 못했다면 곧 믿음이 없다는 것이지요. 당신이 진정 하나님을 믿는다면 그분은 건강과 부로 되갚아 주십니다. 재산과 지위는 하나님의 은총과 인간의 신앙을 보여주는 특징인 겁니다.' 바로 이런 형태의 영성이 기독 교회에 심각한 영향을 미쳤다. 우리는 여기에 의문을 제기해야 하며 루터는 그렇게 할 수 있도록 여전히 살아 숨쉬는 자원을 제공하고 있다.

부와 건강이 곧 하나님의 은총을 나타내는 것이라는 말은, 고난이야말로 하나님의 은총을 보여주는 가장 순수한 증거라고 주장했던 루터와 전혀 일치하지 않는 것이다. 순전한 그리스도인은 십자가의 그림자 밑을 지나가지, 그 그림자를 피하지 않는다. 루터가 보기에 '건강과 부의 복음'이란 세속 기준들이 기독교 안으로 들어와 교활하게 영향을 미치는 것에 불과했다. 그것은 십자가의 신학에 대하여 도통 아는 것이 없는 '영광의 신학' 가운데 하나일 뿐이었다. 이전에 루터가 썼던 것처럼 '인자의 표적은 사라져 간다.' 십자가 신학자라면 하나님을 믿는 참되고 살아 있는 신앙의 표지는 예수 그리스도의 십자가 — 뿐 아니라 그 십자가가 담고 있는 모든 고난과 수욕 — 에 신자의 모습을 일치시키는 것임을 단호하게 주장할 것이다. 그리스도인은 그리스도와 더불어 고난당하는 사람이다. 진정한 신앙은 그리스도와 연합하여 그가 주셔야 할 모든 것을 — 오직 십자가의 수욕, 고난 그리고 고통을 통하여 나타나게 될 영광도 — 함께 나누는 것이다. 그처럼 세상에 속한 것들과 물질만을 추구하면서, 실패나 고난은 하나님으로부터 배척당한 표시임을 암시하는 삶의 철학들을 마치 그리스도인의 신앙을 보증하는 자격증으로 여기는 태도와 맞서 싸우는 강력한 논거가 그들에게는 있다. 십자가는 이러한 것들을 반박하고, 이를 조장하는 사람들을 세속적인 대용품으로 기독교의 진정한 성공과 만족을 대체해 버린 이들이라고 주장한다.

셋째, 루터의 접근법은 지나치게 자신의 경험을 지향하는 태도에서 비롯된 문제들을 다루는 데 중요하다. 특별히 신앙이 유년기를 거치는 동안 아직 그 신앙이 자라지 못한 많은 그리스도인들은 자신들이 하나님을 경험한 것을 너무나 의지한다. 이스라엘 사람들이 출애굽 기간 동안에 불기둥과 구름기둥이 하나님의 현존과 권능을 확인시켜 주었던 것처럼, 삶의 여정을 시작하는 많은 그리스도인들에게 하나님을 경험한 것은 다시 한 번 그분의 존재를 확인시킨다.

그러나 늘 한 가지 문제가 일어난다. 사람들은 하나님이 살아 계신다는 자각을 그리 자주 경험하지 못한다는 것이다. 광야로 점점 더 나아갈수록 뒤편의 불기둥과 구름기둥은 점점 더 멀어진다. 때때로 이로 말미암아 사람들이 절망에 빠지기도 한다. 그들은 그들의 삶 속에서 살아 계시며 현존하시는 하나님을 경험하지 못한다. 나아가 그로 말미암아 그들은 하나님이 자신의 삶 속에 계시지 않는다고 딱 잘라 결론을 내려 버린다. 결국 그들은 자신의 신앙을 잃든지, 아니면 그 모든 경험이 처음부터 끝까지 한낱 애처로운 남가일몽이었다고 느낄 뿐이다.

십자가 신학은 이와 같이 지나치게 경험을 믿고 따르는 태도를 향하여 강력한 도전장을 내민다. 우리가 보았듯이 루터의 주요 관심사 가운데 하나는, 정작 경험을 통해 얻게 되는 사물의 모습이 그 사물의 실제 존재하는 모습과 거의 관련이 없음을 강조하는 것이다. 그 첫 번째 금요일을 되새기는 것은 하나님이 자신의 삶 속에 현존하시지 않는 것으로 여겨지는 상황들을 만날 때 커다란 도움이 된다. 그것을 통해 상황 속에서 살아 역사하시는 하나님을 분별할 때 경험이라는 차원이 갖고 있는 심각한 한계들이 뚜렷하게 드러나기 때문이다. 그런 상황들 속에 빠져 있는 사람들에게 루터가 던진 중대한 충고는 여전히 우리의 귀에 쟁쟁하게 울리며 도움이 된다. '안쪽을 그만 들여다보고, 바깥으로 고개를 돌려 하나님이 약속하신 것들을 바라보라.' 우리는 이 말이 의미하는 바를 다음 장에서 다룰 것이다.

결론

루터의 말이 옳다면 우리는 그리스도의 십자가에 대해 무슨 말을 할 수 있을까? 어쩌면 그 십자가에 대하여 다음과 같은 성찰들로 이번 장을 마무리하면서, 루터가 제시한 많은 통찰들 가운데 몇 가지를 하나로 묶을 수 있을 것 같다. 십자가는 모든 것을 시험하는 시금석이다. 바로 이 예수 그리스도의 십자가로부터 기독 교회의 사명이 시작된다. 아울러 기독 교회는 바로 이 십자가로 되돌아가 사명을 재발견하고 되찾으며 그 사명을 다시 그의 소유로 삼아야만 한다. 이로써 연약함 속에서 완전하게 된 능력을 나타내는 기적인 예수 그리스도의 십자가 안에서 교회는 계속하여 정복하고 정복할 수 있게 된다.

그리스도께서 제자들과 몸 된 교회에 남겨 준 유산은, 죽은 자 가운데에서 부활하심으로 말미암아 수치, 버림받음 그리고 절망을 놀라움과 기쁨으로 바뀌게 하는 십자가였다. 십자가는 그 위에서 달려 죽은 사람이 신실하다는 것을 변호하는 어떤 도덕의 승리가 아니었다. 부활이 없었다면 기독교가 이 세상에게 줄 수 있는 것이라곤, 흥미롭지만 지독히도 무미건조한 몇몇 생각들 이외에 아무 것도 없다. 이런 생각들이 1세기의 유대인 종파들을 다룬 몇몇 학술서의 각주에 기록되지 않은 이유는 단순하면서도 당황스러운 사실, 곧 초대 교회의 그리스도인들이 그들의 주(主)요 구원자이신 그분이 죽은 자들 가운데에서 살아나셨다는 것을 이미 알고 있었기 때문이다. 그것은 곧 그의 생각들이 옳은 것이라고 증명되었을 뿐 아니라 그리스도 자신이 죽음으로부터 일으킴을 받아 영광으로 옮겨졌다는 사실을 말하며, 나아가 바로 그 그리스도가 계속하여 자신의 몸된 교회를 무장시켜, 알 수 없는 미래를 향하여 나아갈 수 있도록 추진력을 제공했음을 보여준다(마 28:20). 그리스도인이 갖고 있는 위대한 테마인 소망과 기쁨은 십자가에 못 박히셨으나 죽은 자 가운데에서 다시 살아나신 그분의 십자가로 수렴된다. 기독 교회가 역사의 중요한 부분으로 계속 남아 있으려면, 예수 그리스도를 죽은 자 가운데에서 다시 살리심으로 세상이 내린 유죄 평결을 뒤집으신 바로 그 하나님을 믿음으로 말미암아, 앞을 향해 역사 속으로 나아가야만 한다.

언덕 위에 서 있는 봉화대처럼 십자가는 하나님의 사랑과 긍휼을 드러내는 표지로 우뚝 서 있으면서 죄 가운데 신음하는 인생들을 불러 모으신다. 기독 교회는 그런 십자가 아래에 모여 들어, 십자가의 수욕과 고난 속에 감춰졌지만 사실은 그 속에서 계시되었고 나아가 자신의 무력함과 연약함 속에서 도리어 강력하고 의미심장하게 호소하시는 하나님을 놀라워하면서 그분을 찬미한다. 바로 여기에서 하나님과 우리 자신에 대한 참 지식이 우리의 것으로 주어진다. 나아가 그 지식은 신자와 교회의 실제 모습—벌거벗고, 연약하며, 믿음의 자녀를 생산치 못하고, 죄악이 가득하며 나아가 어리석기 이를 데 없는 모습—이 어떠한지 드러낸다는 점에서 신자와 교회 양쪽에 깊은 상처를 안겨준다. 그러나 바로 이로써 우리는 도리어 나음을 얻으며, 나아가 다른 이를 치유하게 된다. 우리의 벌거벗음, 연약함, 무기력함, 죄로 가득찬 모습 그리고 어리석음을 깨달음으로써 비로소 우리는 자신으로부터 나음과 완전함을 얻게 하시고 (계 3:17-19), 이 나음을 다른 사람에게도 베풀게 할 목적으로 교회를 세우신 하나님을 의지하게 된다.

그런 점에서 십자가 신학은 소망의 신학이다. 죽음이 가져다주는 두려움, 겉보기에 아무런 의미가 없어 보이는 고난, 그리스도인이 경험한 것과 모순되는 것들, 멸망의 위협, 겉보기에 연약해 보이고 어리석어 보이는 기독교의 복음으로 말미암아 억눌려 있는 자들에게 소망이 되는 것이다. 십자가에 못 박혀 죽으심과 부활 사이에는 긴장이 존재하고, 바로 그 안에 실존에 대한 기독교의 이해, 나아가 기독교 신앙과 기독 교회의 정체성을 회복시키는 열쇠가 놓여 있다. 십자가 신학은 기독 교회들의 현재 상태에 절망하면서, 그 교회들이 발전은 고사하고 과연 어떻게 살아남을 수 있을지 회의를 품고 있는 이들에게 소망이 되는 신학이다.

그렇지만 교회가 계속하여 존재하는 것은 결코 인간의 힘과 지혜에 의존하지 않는다. 전 세계에 있는 묘지들은 교회의 존재와 생명이 자신에게 의존한다고 믿었던 사람들로 가득하지만, 정작 그 무덤은 교회의 존재와 생명이 결국 의존하고 있는 단 한 분을 담아둘 수 없었다. 십자가에 대한 선포는 그 고유의 힘을 갖고 있는데, 이는 그 말씀을 선포하는 사람들의 연약함과 죄를 초월한다. 십자가의 고난 속에 감추어졌던 바로 그 하나님이 자신의 몸 된 교회의 연약함 속에 감추신 채, 그 연약함을 정복하고 그 모습을 바꾸신다.

루터의 십자가 신학이 의심과 근심으로 어려움을 겪는 이들에게 할 말이 많다는 것은 명백하다. 이것은 자연스럽게 종교개혁이 그런 상황 속에 있는 이들로 하여금 어떤 자원들을 유익하게 선용할 수 있도록 하는지 살펴보게 한다.

5장

견고한 피난처가 되시는 하나님: 신앙, 의심 그리고 염려

의심, 불확실함 그리고 염려는 신앙을 마비시킬 수 있는 잠재력을 갖고 있다. 그리고 신앙을 절름발이가 되게 하고, 나아가 세상을 바꾸는 힘으로 전혀 제 역할을 할 수 없게 만들 수도 있다. 의심, 불확실함 그리고 염려와 같은 주제들을 다루지 않는다면, 그러한 영성은 기독 교회에 있어 지극히 제한된 가치만을 가질 뿐이다. 그런 점에서 얼핏 보면 종교개혁 영성은 현대가 필요한 것들과 제한된 범주에서만 관련된 것처럼 보인다. 요컨대 16세기는 확실성의 시대, 신앙과 확신의 시대로 묘사되고 있다. 이런 이유로 현대를 사는 그리스도인들이 종교개혁 시대에 동질감을 느끼기가 어렵다고 주장하기도 한다. 현대는 의심, 자신의 존재에 대한 회의 그리고 불안이라는 전염병에 걸려 신음하고 있다. 그런데 이런 불안 양상들을 알지 못했던 종교개혁 시대의 영성이 어떻게 현대의 그리스도인들이 절박하게 찾는 그 무엇을 제공해 줄 수 있다는 말일까?

이것은 중요한 반론이기에 상세하게 다룰 필요가 있다. 미래의 불확실성이 현대의 인간 실존에서 가장 주목할 만한 특징 중 하나라는 점은 부인할 수 없는 사실이다. 1960년대에는 핵전쟁을 통하여 인류가 자신을 파멸의 구렁텅이로 빠뜨릴 것이라는 심각한 우려가 있었다. 이 두려움은 잠시 후 가라앉았지만, 이번에는 새로 줄지어 나타난 근심거리가 그 자리를 대신했다. 인류가 환경오염을 통하여 지구라는 행성을 파괴하고 말 것이라는 우려, 또는 통제할 수 없으리만치 퍼져가는 에이즈 때문에 인류가 멸절되고 말 것이라는 우려가 그 예다. 이 외에, 대량 실업 사태와 오래 되고 익숙한 노동 유형의 몰락을 가져올 경기 침체가 일어날 위험이 해마다 증가하고 있다. 새로운 기술, 핵가족을 지향하는 가족관 그리고 마약류의 구입 가능성과 그 무분별한 사용이 늘고 있다는 점 때문에 전통 생활 방식이 보장하던 안전이 끊임없이 위협받고 있다. 톰 울프의 소설 『허영의 불꽃』(*The Bonfire of the Vanities*, 민음사 역간)은 1980년대 후반 뉴욕 시민들 사이에 퍼져 있던 이런 문화 양상이 안겨다 준 불안감을 뉴욕에서 벌어진 한 뺑소니 사고를 둘러싸고 잇달아 벌어지는 사건들을 프리즘으로 하여 비추어 봄으로써 완벽하게 그려내고 있다. 그런 점에서 보면 과거를 안전이 보장되었던 시대로 보는 것은 맞는 말 같다. '그 시대 사람들은 정말이지 태평한 시절을 보냈지!' 또 이렇게 생각한다. '그 시대에는 신앙을 갖기가 쉬웠을 거야. 도무지 염려할 게

없었잖아.'

사실 과거가 안전했던 시대처럼 보이는 이유는 우리가 이를 뒤늦게 깨달았기 때문이다. 우리는 쿠바 미사일 위기[26]가 핵전쟁에 따른 대학살을 피해 막을 내린 것을 알고 있다. 하지만 당시에는 이런 결과가 분명하게 나타나지 않았다. 우리는 바르샤바 조약기구의 무시무시한 군사력 증강 사업[27]이 1960년대와 1970년대에 서유럽 침공의 결과로 이어지지 않았음을 알고 있다. 하지만 많은 유럽 사람들은 이런 군사력이 유럽 침공을 불러올 것이라는 두려움에 사로잡혀 그 시절을 보냈다. 사실 역사를 살펴보면 모든 시대는 미래에 관해

---

26 쿠바는 1959년 피델 카스트로와 체 게바라 등이 이끌던 사회주의 혁명을 통해 사회주의 국가로 변모한다. 미국은 자신의 안방과 다름없는 카리브 해에 사회주의 국가가 출현한 것이 미소 냉전 체제에서 소비에트 연방(소련) 쪽에 유리한 변수로 작용할 것을 염려했다. 때문에 미국은 경제 봉쇄와 카스트로 정권 축출 작업에 나서게 되는데 이에 맞서 쿠바는 소련과 원조조약을 맺고 군사 지원을 받는 한편, 소련은 쿠바에 중거리 미사일을 배치하게 된다. 이 사실이 미국의 고공 정찰기에 포착되자 미국의 케네디 대통령은 1962년 10월, 이 사실을 방송을 통해 발표하고 쿠바 해안을 봉쇄하면서 당시 소련 공산당 서기장이었던 니키타 흐루시초프에게 미사일 철수를 강력히 요구한다. 핵전쟁의 위기까지 치닫던 사태는 결국 흐루시초프가 미국의 요구를 받아들임으로써 막을 내리게 된다. 이 사태를 통해 미-소 정상 사이에 핫라인(직통전화)이 설치되고 전략 무기 제한 문제가 양국 사이의 현안으로 떠오르게 된다.

27 동서 냉전 체제에서 서방을 대표하던 북대서양 조약기구(NATO)에 맞서 1955년 소련 등 동구 사회주의 국가 8개국이 폴란드 바르샤바에 모여 설립한 집단 안전 보장 기구이다. 서방을 위협하는 군사력 구축에 힘을 써, 한때 탱크만 해도 5만 대가 넘었고 북대서양 조약기구의 3-4배에 이르는 군사력을 보유했었다. 하지만 이로 인해 레이건-대처로 이어지는 서방 보수 지도자들의 군사력 증강 정책을 불러와 결국 취약하기 이를 데 없던 동구 경제가 몰락하게 되었고, 구성원 중 하나인 동독이 1990년 독일 통일로 소멸되면서 1991년 해체되었다. 지금은 오히려 냉전 당시 이 기구에 가입했던 폴란드, 체코, 루마니아 등이 북대서양 조약기구의 회원국으로 바뀌는 처지다.

커다란 불확실성을 그 특징으로 공유하고 있었다. 종교개혁도 예외
는 아니었다. 지금 되돌아보면 우리는 그때를 신앙의 시대로 생각하
지만, 사실 속내를 살펴보면 그 시대 역시 불안의 그림자가 짙게 드
리워져 있었다. 확실하기는커녕, 종교개혁은 인간이 갖고 있는 박약
함과 알려지지 않은 미래를 둘러싸고 나타났던 심각한 의심들, 회의
주의 그리고 우려를 담고 있었다.

이제야 우리는 16세기 초가 그토록 불확실한 시대였던 이유가 무
엇인지 이해하고 있다. 함께 뒤섞여 있는 몇 가지 요인들을 구별하여
확인해 보는 것이 도움이 될 것이다. 정치라는 장을 살펴보자. 여기
서 사물의 질서는 너무나 불안정해 보였으며 과격하고 전혀 예측할
수 없는 변화가 일어날 것처럼 보였다. 아우구스티누스와 펠라기우
스 같은 신학자들의 사상에 깊은 영향을 미친 로마 제국의 몰락과
비견할 만한, 강력하고 설득력 있는 어조로 증명할 수 있는 사례들
이 존재하고 있었다. 오랜 세월 동안 하나의 안정된 세계임을 보여주
던 오래되고 익숙한 경계들은 붕괴의 문턱에서 비틀거리는 것처럼
보였다. 유럽이 기독교 지역으로 존재한다는 사실조차 더 이상 당연
한 이야기로 받아들여질 수 없게 되었다. 1453년, 마침내 콘스탄티
노플이 함락되었다. 동방의 이슬람교 신자들에 맞서 기독교 지역인
유럽을 지켜주던 마지막 보루가 무너지고 말았다. 이제는 어쩔 수 없
이, 돌이킬 수 없을 정도로 이슬람교가 유럽으로 팽창할 통로가 훤
하게 열린 것처럼 보였다. 1520년대에 이르자 많은 유럽인들이 가장
크게 두려워하던 일들이 일어나고 있었다. 투르크 사람들이 비엔나

문턱까지 쳐들어왔던 것이다.

유럽 밖에서 다가오던 위협은 유럽 내에서 새롭게 대두된 불안정 상태로 인해 더욱 커졌다. 마키아벨리는 그 당시의 깊은 불안 감—르네상스 문화의 안녕을 무너뜨릴 것처럼 보이던 프랑스-이탈리아 전쟁 같은 사건들로 인해 빚어진—을 상징하는 인물이었다. 그의 서신 속에는 문화에 대한 깊은 우려와 소외감이 배어 있는데, 잔인한 야만 세력이 과거와의 연속성을 붕괴시킬 수도 있어 보였기에 그러했다. 미래는 알려지지 않고, 알 수도 없는 것, 나아가 과거의 경험에 비추어 보더라도 예측할 수 없는 것처럼 보였다. 역사를 어느 정도 예견 가능하게 하고 연속성을 부여했던 문화적 힘들이 군사력에 덥석 물려버린 것처럼 보였다. 이것이 과연 미래의 모습이었을까? 그렇다면 그것은 참을 수 없는 일처럼 보였다.

응집력을 보여주던 다른 사회 세력들도 마찬가지로 해체의 길을 걸었다. 아주 오랫동안 사회의 중추적인 역할을 했던 옛 문벌들도 상인 계층과 수공업장인 계층들로부터 도전을 받고 있었다. 옛 문벌 귀족들로부터 상인과 수공업장인 계층으로 권력 이동이 일어나는 현상은 특별히 절대 왕권이 수립되어 가던 왕국의 도시들에 두드러지게 나타나면서 한 시대가 종언을 고하고 있음을 알리는 표지처럼 보였다. 1499년, 취리히에서는 문벌들이 잡고 있던 권력이 마침내 무너졌다. 제네바에서는 1535년까지 그 세력이 유지되었지만 그 또한 그 해에 이르러 일어난 혁명의 소용돌이에 끝내 휩쓸리고 말았다. 예로부터 내려오던 귀족 가문들의 기득권과 긴밀하게 연결된 채, 전

통을 안정시켰던 힘 역시, 가문들이 권력에서 밀려나면서 점차 쇠퇴
의 길을 걷게 되었다.

오랜 세월 동안 사회의 안정을 담보하는 보루였던 교회마저 위협
받고 있었다. 종교개혁이 힘을 얻게 되면서 오랫동안 그 지역을 하나
로 묶어 주었던 세력인 가톨릭교회도 자기 나름의 강령과 관심사를
가진, 국가 교회라는 하나의 느슨한 연합체로 퇴락해 가면서 이리저
리 흔들리는 것처럼 보였다. 이탈리아 볼로냐에서 체결된 국왕-교회
협약(the Concordat of Bologna, 1517)[28]에 따라 프랑스 교회를 교황이 아닌
국가의 통제 아래 두게 된 것은, 그로부터 15년 뒤 잉글랜드에서 벌
어진 사건들의 경우처럼 이런 흐름을 보여주는 사례였다. 탐욕스러
운 군주 헨리 8세의 주도 아래 잉글랜드 교회는 로마 교회와 오랫동
안 맺어온 평온한 유대 관계를 끊어버리고 나름의 강령을 추구하기
시작했다.[29] 더욱이 그 시대에 이르러 국가간의 전쟁 — 유럽인들에

---

28 교황 레오 10세와 프랑스 국왕 프랑수아 1세 사이에 체결된 이 협약에서, 주교를 선
정하고 성직자의 성록을 배정할 권리는 국왕에게 돌아갔지만, 주교 서임권과 신임 성직
자가 부임 첫 해에 얻는 수입을 가져갈 권리는 교황에게 돌아갔다. 이는 프랑스 교회의
재산을 교황과 국왕이 나눠 갖자는 타협의 산물이었으며 결국 프랑스 교회에서 종교개
혁이 실패하도록 만든 원인이 되었다. 파리 고등법원과 파리 대학이 이에 반대했지만 소
용이 없었다. 자세한 내용은 앙드레 모루아, 『프랑스사』(서울: 김영사, 2016), 209면 이하
를 보라.

29 헨리 8세는 왕비를 여섯이나 거느렸던 인물이다. 루터가 비텐베르크에서 95개조 반
박문을 발표했을 때 그는 자신의 이름으로 이를 반박하는 글을 작성하여 1521년에 교황
으로부터 신앙의 옹호자라는 칭호까지 얻었다. 그런 그가 로마 교회와 갈라서게 된 계기
도 역시 왕비인 아라곤의 캐서린과 이혼하고 앤 볼린과 결혼하려던 왕의 계획 때문이었
다. 자세한 내용은 앙드레 모로아, 『영국사』(서울: 김영사, 2013), 223-234면을 참조하라.

게 늘 연중행사처럼 벌어지던 일 — 에 또 하나의 새로운 위협(종교 전쟁)이 추가될 것이 확실해졌다. 개신교가 확산되면서, 그 확산이 남긴 자취를 따라 유럽 전역에 걸쳐 분쟁의 위험이 발생했다. 역사에 선례가 없을 정도로 넓은 범위에서 격렬하게 전개될 투쟁과도 같았다. 마치 2차 세계대전 전야에 영국 정계에서 두드러지게 나타났던 것과 흡사한 긴장감이 16세기 중엽의 유럽을 뒤덮었다.

사회의 기존 질서에 대한 위협이 이처럼 분명해지면서, 그와 연계되어 정치 이론에도 새로운 발전이 일어났다. 중세는 그 시대적 특징으로, 사회 구조란 영원하며 하나님이 주신 것이라는 사상이 있었다. 그것은 마치 사물의 질서가 하나님 바로 그분의 손을 통해 제정된 것이며 그런 점에서 하나님은 그 질서의 항구성과 균형을 보장하셨다고 하는 것과 같았다. 그러나 16세기에는 새롭고도 급진성을 띤 사상이 많이 생겨나게 된다. 즉 사회 질서는 하나님이 자동적으로 부여하신 것이 아니라 도리어 지금 진행되고 있는 것으로 변할 수밖에 없다는 것이었다. 마치 무너져내리고 있는 벼랑의 가장자리에 두 눈을 가린 채 선 것과 같은 어떤 불안감이, 성속을 불문하고 16세기 초에 발표된 많은 저술 속에서 울려 퍼지고 있었다.

어쩌면 이런 불안감은 유럽의 왕국에 자리하던 도시들에서 가장 뚜렷하게 나타났다고 말할 수 있는데, 그 도시들은 유럽의 사회 구조가 변하고 있음을 관찰하는 관측소 역할을 했다. 유럽의 문화와 경제가 서로 교차하는 십자로에 자리했던 그 도시들은 자신들을 둘러싸고 정치와 사회 분야에서 나타나고 있던 엄청난 발전 양상들에 경계심을 갖고 있었다. 비록 숨이 막힐 정도로 억압하던 것이었지만, 도시를 안정시키던 옛 귀족 문벌들의 권위는 무너져내렸다. 깊은 불안감, 불확실성에 대한 깊은 자각이 당시 도시들 전체에 울려퍼지고 있었다. 사회가 금방이라도 무너져 버릴 것처럼 퇴락의 길로 빠져들었다는 느낌이 가장 뚜렷하게 나타났다. 더구나 도시민들에게 찾아온 질병의 충격파까지 가세하면서, 취리히 전체 인구 가운데 적어도 4분의 1, 아니 어쩌면 3분의 1에 이르는 사람들이 1519년에, 도시를 강타한 전염병으로 목숨을 잃은 것으로 추산되고 있다.

칼뱅은 그런 양상들, 특히 자신의 조국 프랑스에서 진행되던 부분들에 특히 민감했다. 상황은 이제 돌이킬 수 없을 정도로 부패와 쇠락의 틀 속에 고착되어 버린 것처럼 보였다. 그는 유럽 전역에 걸쳐 사회 구조의 붕괴가 일어나고 있다고 음울하게 내다봤다. 어린 자녀들은 이제 더 이상 부모를 존경하는 마음으로 대하지 않았다. 통치자들은 백성들을 모멸했다. 전쟁은 더 길어지고 더 잔인해졌다. 치안 판사들은 정작 정의에는 눈곱만큼도 관심이 없었다. 성범죄 ― 강간, 근친상간, 간통 그리고 음란한 유혹 ― 는 날로 늘어가기만 했다. 종교에 대한 지식은 저열하기 이를 데 없었고 너무나 많은 사람들에게 복음서에 대한 가장 초보적인 개념만이 있을 따름이었다. 무신론은 점점 성장하여 특히 교육받은 전문 직업 계층 사이에서 중요한 위치를 차지했다. 칼뱅은 로마 가톨릭교의 강퍅한 고집보다도 오히려 무신론의 성장을 더욱 염려했다. 하지만 교회의 많은 주교들조차 나아갈 길을 잃어버린 채 세속의 사고방식에 백기를 들면서 '하나님은 존재하지 않는다. … 그리스도에 대하여 글로 쓰고 가르치는 모든 내용이 그릇된 것이며 잘못된 길로 인도하는 것이다. … 장차 주어질 생명과 마지막 날의 부활을 말하는 교리들은 단지 신화일 뿐이다'라고 외치는 형편이었다.

칼뱅은 자신이 '지극히 불행한 시대에 태어났노라'고 선언했다. 그것은 재앙과 고통의 무게에 짓눌려 토해내는 신음소리였다. 로마 제국의 멸망과 더불어 전개되었던 것과 똑같은 상황들이 마지막 30-40년 동안에 모든 곳에서 벌어지고 있다고 그는 주장했다. 특별히 위험한 시대에 살고 있다는 자각은 비단 칼뱅에게만 국한된 것이 아니었다. 그때는 인류 문명이 바닥으로 떨어진 때였다. 대체 무슨 희망이 거기에 있었겠는가? 그토록 어두운 시대에 과연 계속하여 매달릴 수 있는 것이 존재했을까? 그런 시대에 어떻게 사람들이 하나님께 매달릴 수 있었겠는가? 사실 그 무엇보다도 사회의 많은 계층에서 과연 하나님이라는 분이 존재하는지 근본에서부터 고민하는 불안감이 감지되었다. 기독교의 미래는 의문투성이처럼 보였지만 이는 단지 이슬람 세력이 동유럽을 침공했다는 사실 때문만은 아니었다. 유럽의 교회는 내부적으로 부딪치던 많은 위협들을 해결할 능력이 없어 보였다. 어쩌면 그 세기가 다 가기 전에 기독교가 더 이상 생존할 수 없을 것처럼, 미래는 오로지 하나님의 알려지지 않은 섭리에 달려 있는 것처럼 보였다.

이 목록은 상당히 확장될 수도 있다. 그러나 요점은 분명하다. 종교개혁 영성은 자기 자신의 미래, 나아가 문화 전반의 미래에 대한 우려라는 역병에 걸려 있던 교회를 향한 외침이었다. 그와 마찬가지로 현대 교회에서 종교개혁 영성은 현대의 많은 그리스도인들에게 있는 관심사 및 두려움과 공명하면서, 단순히 생존 차원이 아닌 귀중한 가치들을 던져주고 있다.

이처럼 불확실성의 분위기가 감돌던 때에 종교개혁을 이끌던 저술가들이 의심이라는 문제를 다루리라는 것은 예측할 수 있는 일이다. 이 점은 신앙에 얽힌 문제들과 관련하여 모든 개혁자들 가운데 가장 확신에 찬 인물로 생각되는 칼뱅도 마찬가지이다. 그가 신앙을 정의한 것을 보면, 확실히 이런 방향을 가리키는 것 같다.

> 만일 우리가, 신앙이란 우리를 향하신 하나님의 자비를 확고하게 그리고 확실하게 아는 것이라고 말하면서 그 앎이 그리스도 안에서 하나님이 주신 은혜로운 약속의 진리 위에 기초하고 있으며, 나아가 성령께서 우리 마음에 계시하시고 우리의 심장에 인치신 것이라고 말한다면, 그제야 비로소 신앙을 올바로 정의하는 것이 될 것이다.

그러나 이런 말이 신학의 차원에서 확실성을 갖는다 하여 심리적으로도 반드시 안전을 보장하지는 않는다고 칼뱅은 말한다. 그것은 신자 자신이 의심과 근심에 맞서 끊임없이 씨름해야 한다는 말과 완전히 통하는 말이다.

신앙은 확실하고 견고한 것이어야 한다고 우리가 강조할 때, 우리는 추호도 의심이 없는 확실성 또는 어떤 염려도 없는 견고함 같은 것을 생각지 않는다. 우리는 오히려, 신자들은 자신에게 신앙이 없는 것에 맞서 끊임없이 투쟁하고 있으며, 나아가 어떤 훼방에도 결코 흔들리지 않는 평온한 양심을 소유한 것은 아님을 강조한다. 설령 신자들이 많은 시련을 당한다 할지라도, 그들이 하나님의 자비를 확신하는 것에서 떨어져 나가거나 또는 떠나가는 일이 벌어질 수 있음을 우리가 부인할 수 있기를 바랄 뿐이다.

이 점은 칼뱅이 마가복음 9장 24절 — '주여, 내가 믿나이다. 나의 믿음 없음을 도와주소서'— 을 주석한 내용에서 확인되고 있다.

그는 자신이 믿노라고 선언하면서도 자신의 믿음 없음을 고백한다. 이 두 말이 서로 모순되는 것처럼 보일 수도 있지만 사실 이와 똑같은 일을 내면에서 경험해 보지 않은 사람은 단 하나도 없다. 완벽한 신앙은 그 어디에서도 발견되지 아니하기에 결국 우리는 모두 비록 일부분이나마 불신자라는 결론에 도달한다. 하지만 하나님은 당신의 자비하심으로 우리를 용서하실 뿐 아니라, 나아가 우리의 믿음이 작은 부분임에도 불구하고 우리를 신자의 반열에 세워주셨다. 이제 우리가 해야 할 부분은 우리 안에 남아 있는 믿음 없음을 제거하려고 노력해야 한다는 점이며, 나아가 그 믿음 없음에 맞서 싸우면서 그것을 바로잡아주시도록 하나님께 간구해야 한다는 것이다. 우리가 싸울 때마다 우리는 그분께 피하여 안식처를 찾아야만 한다. 만일 우리가 하나님께서 우리 각 사람에게 베풀어 주신 것들을 꼼꼼하게 살펴본다면 강한 믿음을 가진 사람은 매우 드물고, 몇몇 사람만이 그저 중간 정도 되는 믿음을, 나아가 우리 대부분은 겨우 조그만 분량의 믿음을 갖는다는 사실이 매우 분명해질 것이다.

어쩌면 칼뱅은 그 자신도 단지 '조그만 분량의 믿음만을' 소유한 자임을 암시하는 것이 아닐까? 하지만 그가 말하고자 하는 요지는 분명하다. 곧 믿음의 삶은 우리 대부분에게 하나의 혹독한 투쟁이라는 것이다. 칼뱅의 신앙 교리를 주석하면서 에드워드 다우이는 이렇게 쓰고 있다.

만일 칼뱅이 내린 믿음의 정의가 그가 말한 대로 '견고하고 확실한 지식'을 의미한다면 그런 믿음은 결코 현실로 나타나지 않는다는 사실을 우리는 주목해야 한다. 우리는 칼뱅의 뜻을 존중하면서, 현존하는 믿음을 '그 믿음이 결국 승리할지 의심하고 두려워하며 늘 공격당하는, 견고하고 확실한 어떤 지식'으로 묘사할 수 있을 것이다.

소망은 신앙을 지탱해 준다. 여기서 소망이란 이 세상에 자리잡고 있는 모순과 실망스러운 것들이 그리스도의 부활에 비추어 볼 때 결국엔 그 마지막에 이르러 모두 사라져 버리게 될 것임을 확신하며 고대하는 것이다. 칼뱅은 이 점을 제네바 요리문답서에서 천명하고 있다.

신앙은 하나님이 실제로 존재하심을 믿는다. 반면 소망은 그분이 당신의 실재를 분명하게 보여주실 그 순간을 기다린다. 신앙은 하나님이 우리의 아버지이심을 믿는다. 반면 소망은 그분이 늘 우리를 향하여 아버지로 행동하실 것임을 믿는다. 신앙은 우리에게 영원한 생명이 주어졌다는 것을 믿는다. 반면 소망은 그 영원한 생명이 눈앞에 드러날 그날을 앙망한다. 신앙은 소망이 의지하고 서 있는 기초이다. 반면 소망은 신앙을 양육하며 그에게 피난처를 제공해 준다.

그렇다면 종교개혁 영성은 의심과 염려의 문제를 어떻게 말했을까? 이처럼 불확실성이 지배하던 분위기 속에서 종교개혁은 전장에 군사들을 배치하는 경우처럼, 어떤 자원들을 펼쳐 놓을 수 있었을까? 이런 질문에 대하여 토론을 시작하려면 신앙의 본질 그 자체를 종교개혁이 어떻게 이해하고 있었는지 살펴보아야 할지 모른다.

신앙의 본질

고전 복음주의의 신앙 이해에 가장 큰 기여를 한 인물은 두말할 필요없이 마르틴 루터이다. 오직 믿음만으로 의롭다 여김을 받는다는 루터의 교리(9장을 보라)가 신앙을 만들었고, 우리가 옳게 이해했다면 이 교리가 그의 영성과 신학에서 모퉁이의 머릿돌[30]이 되었다. 루터

---

30 시편 118장 22절과 사도행전 4장 11절에 나오는 표현이다. 시편과 사도행전에서

가 말하는 근본 요지는 '첫 인류의 타락'(창 1-3장)이 그 무엇보다도 우선 신앙으로부터 떨어져 나간 것이라는 점이다. 신앙은 하나님과 맺고 있는 올바른 관계이다(창 15:6). 신앙을 갖는다는 것은 하나님께서 우리에게 원하시는 모습대로 사는 것이다.

루터의 신앙관과 관련하여 종교개혁 영성에 특별히 중요한 것 세 가지를 하나하나 짚어보겠다. 이들 하나하나는 칼뱅과 같은 루터 이후의 저술가들이 뽑아내어 발전시킨 것들인데, 바로 여기서 종교개혁 사상을 발전시키는 데 루터가 근본적으로 기여했음을 보여준다. 이 세 가지는 다음과 같다.

1. 신앙은 순수하게 역사와 관련된 것이라기보다 오히려 인격과 관련된 것이다.
2. 신앙은 하나님께서 약속하신 것들을 믿고 의지하는 것들과 관련되어 있다.
3. 신앙은 신자를 그리스도에게 연합시킨다.

첫째, 신앙이란 단순히 역사를 아는 것을 가리키지 않는다. 루터는, 복음서가 기록하고 있는 역사가 믿을 만하다고 인정하는 것으로는 구원에 이르는 신앙(믿음)이 아니라고 주장한다. 죄인들이라도 복

는 '모퉁이의 머리'라고 표현했다. 여기서 머리는 '가장 중요한 부분'이라는 뜻이다. BHS, 1200면과 NA 27판, 329면을 보라.

음서가 기록하고 있는 역사의 세부 사실들을 완전히 신뢰할 수 있다. 하지만 이런 사실들 자체는 진정한 그리스도인의 신앙에 비추어 충분한 것이 아니다. 구원에 이르는 믿음이란 그리스도께서 우리보다 먼저(pro nobis) 나셨고, 우리를 위하여 인간으로 태어나셨으며, 나아가 우리를 위하여 구원의 일을 이루셨다는 것을 믿고 의지하는 것과 관련되어 있다. 루터는 이 점을 이렇게 말한다.

나는 자주 서로 다른 두 가지 종류의 신앙을 말했다. 그 첫째는 이와 같다. 당신은 그리스도께서 복음서가 기록하며 선포하는 바로 그 사람임을 믿지만, 정작 그가 당신 자신을 위한 사람이라는 것을 믿지 않는다. 당신은 그것을 그분께로부터 받을 수 있을지 의심하면서 이렇게 생각한다. '그래, 그는 다른 사람(베드로나 바울처럼, 또 신앙이 강하고 거룩한 사람들처럼)을 위해 온 사람임이 틀림없어. 그런데 그가 나를 위해 왔다고? 성인들이나 바랄 법한 그 모든 것을 그분으로부터 받을 것을 확신하고 기대할 수 있다고?' 이런 신앙은 아무 쓸모가 없는 것이다. 그런 신앙은 그리스도로부터 아무 것도 받지 못하며 그에게 속한 것을 털끝만큼도 맛보지 못한다. 그런 신앙은 기쁨을 느낄 수 없으며, 그분의 사랑 또는 그를 향한 사랑도 느낄 수 없다. 이것은 그리스도에 관련된 신앙일 뿐이지 그분을 믿는 신앙이 아니다. … 모름지기 그리스도인이라 불릴 수 있는 신앙은 단 하나다. 단 한 점의 거리낌도 없이 그리스도가 베드로와 성인들을 위하여 이 땅에 오신 사람임을 믿을 뿐 아니라, 당신 자신을 위하여 ― 사실은 다른 누구보다도 당신을 위하여 — 이 땅에 오신 분임을 당신이 믿는 것이다.

둘째는 '신뢰'(믿고 맡긴다, fiducia)[31]라는 뜻을 가진 신앙과 관련되어 있다. 루터가 사용한 항해의 비유가 가리키듯, 신뢰라는 관념은 종교개혁의 신앙 개념에서 두드러진 것이다. 루터의 말을 들어보자. '모든 것은 신앙에 달려 있다. 신앙을 갖고 있지 않은 사람은 당장 저 바다를 건너가야 하면서도 막상 자신의 몸을 믿고 맡길 배가 없다는 사실에 놀라는 사람과 같다. 그는 자신이 서 있는 자리에서 결코 구원을 얻지 못하는데, 그 이유는 그가 배 위에 올라타려고 하지도 않고 바다를 건너려고도 하지 않기 때문이다.' 신앙은 단지 어떤 것이 참이라고 믿는 것만이 아니다. 그것은 도리어 그 믿음 위에서 늘 행동하려는 마음가짐을 갖는 것이며 그 믿음에 의지하는 것이다. 루터의 비유를 사용해 보자. 신앙은 단지 한 척의 배가 존재하고 있음을 믿는 것이 아니라 도리어 그 배 안으로 걸어들어가 그 배에 자신을 믿고 맡기는 것이다.

그러면 우리는 무엇을 믿고 무엇에 자신을 내어 맡기도록 요구받는가? 우리는 단순히 신앙을 믿도록 요구받는가? 이는 어쩌면 다음

---

31 라틴어 사전이 말하는 fiducia는 '믿고 맡긴다, 믿을 만하다, 확신한다'는 뜻이다 [*Latin & English Dictionary* (New York: Bantam Books, 1966), 116면]. 이 단어가 법률 용어로 쓰이면서 로마법에서는 '상대방에게 일정한 목적을 이루려고 어떤 물건의 소유권을 넘겼다가 그 목적이 이루어지면 다시 소유권을 되찾아오는 행위', 곧 '신탁(信託)'을 가리키는 말로 쓰였다[조규창, 『로마법』(서울: 법문사, 1996), 637면].

과 같은 질문으로 더 정확하게 표현될 수 있을 것이다. 우리는 누구를 믿고 누구에게 자신을 내어 맡기도록 요구받는가? 루터가 보기에 그 대답은 명쾌했다. 신앙은 하나님께서 약속하신 것들, 나아가 그런 것들을 약속하신 하나님의 성실과 신실하심을 믿고 기꺼이 그것들에 자신을 내어맡기는 것이다.

> 자신의 죄를 고백하려고 하는 사람은 오로지 가장 은혜로운 하나님의 약속만을 철저히 믿고 거기에 자신을 내어맡기는 것이 필요하다. 즉, 그는 자신의 죄를 고백하는 사람에게 용서를 약속하신 분이 가장 신실하게 당신이 약속하신 바를 이루실 것을 확신해야 한다. 이는 우리 죄를 고백했다는 사실 때문이 아니라, 죄를 고백한 사람들에게 하나님께서 그 죄를 용서하시겠다고 약속하셨다는 사실로 인해 우리가 영화롭게 될 것이기 때문이다. 바꾸어 말하면 우리는 자신의 고백이 가치 있거나 적절하기 때문에 영화를 누리게 되는 것이 아니라(우리로 그렇게 할 만한 어떤 가치나 적절함도 없기 때문이다), 도리어 그가 약속하신 것이 진실이며 확실하기 때문에 영화를 누리게 되는 것이다.

신앙은 단지 우리가 믿고 의지하는 그분만큼 강할 뿐이다. 신앙의 효험은 우리가 믿는 강도에 달려 있는 것이 아니라, 도리어 우리가 믿는 그분이 신뢰할 만한 분인가에 달려 있다. 중요한 것은 우리 신앙이 위대한 것이 아니라 하나님이 위대하시다는 것이다. 루터는 이렇게 말한다.

비록 내 믿음이 연약하다 할지라도, 나는 여전히 다른 사람들과 똑같은 보배, 똑같은 그리스도를 갖고 있다. 아무런 차이가 존재하지 않는다. … 그것은 마치 두 사람이 각자 백 굴덴[32]을 갖고 있는 것과 같다. 한 사람은 그 돈을 종이 주머니에 담아 놓을 수 있고, 다른 한 사람은 쇠로 만든 금고에 보관할 수도 있다. 하지만 이렇게 다른 점이 있다 할지라도 두 사람은 똑같은 보배를 소유하고 있다. 그런 것처럼 당신과 내가 소유하고 있는 그리스도도, 당신과 나의 신앙이 강한가 약한가에 상관없이 똑같은 분이시다.

신앙의 내용은 적어도 신앙 자체의 강렬함 만큼, 아니 어쩌면 그 강렬함보다 더 중요한 것일 수도 있다. 신뢰할 만한 가치가 없는 사람을 열정을 다해 믿고 의지한다는 것은 아무런 의미가 없는 것이다. 오히려 완전히 신뢰할 수 있는 어떤 사람을 단지 조금만이라도 믿는 것이 훨씬 더 필요하다. 하지만 믿고 맡긴다는 신뢰는 우연히, 이따금씩 나타나는 태도가 아니다. 루터가 보기에는, 좌우로 치우침이 없이 믿고 의지하면서 삶을 바라보는 것이며, 하나님이 약속하신 것들이 신뢰할 만한 것이라고 항상 확신하는 것이다.

이런 분석은 기독교 영성에서 너무나 중요한 한 가지를 제시한다. 신앙은 그저 이해하는 행위가 아니었다. 심지어 처음부터 그랬다. 그

---

32 루터 시대뿐 아니라, 베토벤의 시대 그리고 현대에 이르기까지 네덜란드, 오스트리아, 독일 등에서 사용되거나 되고 있는 화폐 단위인데 옛날에는 금화와 은화의 단위였다.

것은 의지의 행위다. 비록 지식에 비추어 의심스러운 점들과 수긍하기 어려운 점들이 생겨난다 할지라도, 하나님의 인격과 그분이 약속하신 것들을 신뢰하겠다는 단호한 마음이 곧 믿음이다. 믿음은 자신을 하나님께 헌신하기로 진지하게 결심하는 것이다. 그런 이유로, 믿음을 향한 의지는 이런 결심과 의지의 행위가 뭘 모르는 것에서 비롯됐다고 하면서 우리의 확신을 빼앗는 증거와 자주 충돌을 일으키게 된다. 지성과 의지 사이에서 일어날 수 있는 다툼은 신앙의 본질을 이렇게 이해하는 것으로부터 직접 비롯된 산물이다. 지성은 그 판단을 내릴 때 주로 이성과 경험에 의존한다는 점에서, 과연 이성과 경험이 신학 자원으로 신뢰할 만한가라는 질문을 종교개혁 영성이 제기할 수밖에 없었다. 우리가 이미 살펴본 루터의 십자가 신학이 그 점을 너무나 잘 보여주는 하나의 사례이다.

셋째는 신앙이 신자들을 그리스도에게 연합시킨다는 점이다. 이 점은 우리가 상당히 깊이 있게 다루어야 할 만큼 기독교 영성에서 중요한 점이다. 신자는 어떤 방식으로 예수 그리스도와 관련을 맺는가? 기독교 영성의 역사는 우리가 선택할 수 있는 두 가지 커다란 방안을 제시한다. 첫째, 신자는 겉으로 드러나는 방식을 통해 그리스도와 관련을 맺는 것으로 이해된다. 그리스도는 신자들의 삶의 본보기이며, 그 본보기는 신자들에게 자신을 닮도록 요구하신다. '그리스도를 닮는다'라는 주제는 토마스 아 켐피스처럼, 『근내의 헌신』(*Devo-*

tio Moderna)[33]으로 알려진 영성의 부흥을 주창했던 저술가들에겐 특히 중요했다. 신자들은 아버지께서 모든 덕의 본보기로서 이 땅에 보내셨던 그리스도를, 자기 억제, 겸비함, 자기 포기 그리고 이 세상을 경멸하는 것을 통하여 닮아가도록 요구받고 있다. '그리스도의 말씀을 이해하고 그 안에서 기쁨을 누리고자 하는 이는 누구든지 자신의 삶 전체가 그분을 따라가도록 심혈을 기울여야만 한다.' 아우구스티누스 수도회 안에서 루터의 선배요 스승이었던 요한 폰 쉬타우피츠 역시, 이와 똑같은 생각을 되풀이한다.

그리스도는 하나님이 주신 하나의 본보기이며, 그 본보기를 좇아 나는 일하고 고난받으며 나아가 목숨까지 바치려고 한다. 그분은 누구도 따라갈 수 있는 유일한 본보기로, 그 안에서는 인생에서 선한 모든 것, 고난 그리고 심지어 죽음까지도 쓸모 있다. 따라서 그 누구라도 그리스도의 삶, 고난 그리고 죽음을 좇아 행동하고 고난받으며 죽지 않는다면 그 모든 것은 올바로 이루어진 것이 아니다.

이런 생각은 16세기 초에 들어서면서, 특히 로테르담의 에라스무

---

33 네덜란드 출신의 헤르트 데 흐로테(Geert de Groote, 1340-1384)가 시작하여 14세기 말부터 16세기까지 가톨릭교회 내에 큰 영향을 미친 영성 운동이다. 원시 기독교 신앙의 순수함을 이상으로 여겨 묵상을 통해 인간 내면으로 침잠해 들어갈 것을 주장했다. 때문에 지나친 사변을 추구하던 스콜라 철학이나 교회의 번잡한 의식을 배격했다.

스[34]가 끼친 영향을 통하여 새로운 영향을 받게 된다. 에라스무스는 특별히 『근대의 헌신』과 긴밀한 연계를 맺고 수도원 운동을 벌이던 공동생활 형제단[35]으로부터 영향을 받았으며 조국 네덜란드에 각별한 추종자들을 거느리고 있었다. 에라스무스는 신자가 그리스도라는 본을 닮아가는 것을 '그리스도의 철학'이라는 말로 가리킨다. 에라스무스는 복음서가 무엇보다도 우선 '그리스도의 법'(lex christi) ─ 바꾸어 말하면, 지켜져야 할 무엇 ─ 이라고 말한다. 마르틴 부처[36]처럼 에라스무스에게 공감을 표시했던 종교개혁자들은 신자가

---

34 데시데리우스 에라스무스(Desiderius Erasmus)는 1469년(어떤 이는 1466년이라고 한다)에 태어나 1536년에 세상을 떠난 네덜란드 출신의 인문주의자이다. 그는 고대 그리스와 로마의 고전이 제시하던 자유와 인간의 모습이 오히려 기독교의 정수와 일치한다고 보고, 고전과 기독교를 융합시키는 데 온 힘을 기울였다. 이런 관점에서 당시 기독교의 형식주의, 번쇄한 스콜라 철학에 찌든 채 오히려 우매함에 빠져 버린 성직자들 그리고 그들의 탐욕을 비판하던 에라스무스는, 1511년에 처음 출판된 『우신예찬』(愚神禮讚, *Moriae Eencomium*: 이 책은 원래 에라스무스가 영국을 방문했을 때, 호의를 베풀어 주었던 토머스 모어에 대한 감사의 표시로서 나온 책이었다)에서, 그날카로운 위력을 발휘하게 된다. 하지만 종교개혁이 진행되면서, 그는 인간 의지의 자유, 예정론을 둘러싸고 개혁자들과 다른 의견을 보이게 되는데, 이로 인해 결국 개혁자들과 가톨릭 양쪽으로부터 환영받지 못하는 인물이 되고 만다. 자세한 내용은 브로노프스키/매즐리슈 공저, 『서양의 지적 전통』(서울: 홍성사, 1983), 제5장을 참조하라.

35 [역주33]에서 언급한 헤르트 데 흐로테가 시작했던 가톨릭 내부의 운동으로, 민중들 스스로 기독교의 본래 모습을 찾아 들어간 영성 운동이었다. 그러면서도 성경을 자기 나라 말로 번역하고 성경에 중심을 둔 학교 교육에 힘쓰는 공동체 생활을 강조함으로써, 유럽의 종교개혁에 큰 영향을 미치게 된다.

36 1491년에 태어나 1551년에 세상을 떠난 종교개혁자이다. 종교개혁자로서는 보기 드물게 루터, 칼뱅, 츠빙글리와 골고루 교류했으며, 심지어 영국의 종교개혁에도 막대한 영향을 미친 사람이지만, 정작 그의 삶은 자세히 알려져 있지 않다. 칼뱅이 스트라스부르에 머무를 동안, 그로부터 장로교회의 정치 원리에 대한 많은 시사를 받았다는 점은 잘 알려진 이야기이다.

그리스도라는 본을 따르는 데 성령의 도우심을 받으며, 그러함으로써 그리스도께서 세우셨던 새로운 법의 요구를 충족시키는 모습을 담은 영성을 발전시켰다.

이것이 신자와 그리스도의 관계를 탐구하는 하나의 방식이었는데, 대부분의 개혁자들은 이를 거부했다. 종교개혁 영성에서 가장 독특한 모습 중 하나를 든다면, 이는 곧 신앙으로 말미암아 신자와 부활하신 그리스도 사이에서 신자의 모습을 새롭게 바꾸시는 만남이 일어남을 종교개혁이 줄기차게 강조했다는 사실이다. 이 만남은 인격적인 차원에서 강력하게 인식되고 있다. 그리스도는 우리의 바깥에 멀리 떨어져 계신 분이 아니라, 오히려 우리 안에 들어와 사시면서 우리의 모습을 내면으로부터 바꾸신다.

루터는 이 원리를 그가 1520년에 썼던 『그리스도인의 자유에 대한 논설』에서 분명하게 말하고 있다.

> 신앙은 마치 신부가 신랑과 연합하여 한 몸이 되듯이, 영혼을 그리스도에게 연합시켜 한 몸이 되게 한다. 바울이 우리에게 가르치는 것처럼, 그리스도와 영혼은 이 신비를 통하여 한 몸이 된다(엡 5:31-32). 그들이 만일 한 몸이고 나아가 그 혼인이 실제라면 ─ 사실 이야말로 모든 혼인 가운데 가장 완전하며, 인간의 혼인은 유일하게 참된 이 혼인을 빈약하게 보여주는 사례일 뿐이다 ─ 그들(신랑과 신부)이 가진 모든 것이 좋든 나쁘든 공동 소유가 되는 결과가 뒤따른다. 그리하여 신자는 그리스도께서 소유하신 것이 무엇이든, 마치 자신의 소유인 것처

럼 그것을 자랑하며 그로 말미암아 영광을 얻을 수 있다. 또 신자가 소유하고 있는 어떤 것이라도, 그리스도는 자신의 소유로 그것을 주장하실 수 있다. 이것이 어떻게 성취되며 나아가 우리에게 어떤 이익을 주는지 살펴보자. 그리스도는 은혜, 생명 그리고 구원이 충만하신 분이다. 인간의 영혼은 죄, 사망 그리고 정죄로 가득 차 있다. 이제 신앙이 그 둘 사이에 끼어들게 하자. 죄, 사망 그리고 정죄는 그리스도의 것이 되고 은혜, 생명 그리고 구원은 신자의 것이 될 것이다.

따라서 신앙은 하나의 막연한 집합체를 이루는 교리들에 동의하는 것이 아니다. 오히려 그것은 하나의 '혼인 반지'(루터)이며, 그리스도와 신자가 서로 헌신하고 연합하여 한 몸을 이루는 것을 가리킨다. 그것은 신자의 전인이 하나님께 응답하는 것이며, 뒤이어 그리스도께서 신자 속에 실제로 인격으로 현존하시는 결과를 가져온다. 비텐베르크에서 루터와 함께 일했던 필립 멜란히톤은 '그리스도를 아는 것은 곧 그가 은혜로 주시는 것들을 아는 것이다'라고 쓰고 있다. 신앙은 그리스도와 그에게 속한 은혜로운 것들 — 죄의 용서, 의롭다 여기심 그리고 소망 — 을 신자에게 쓸모 있는 것으로 만들어 준다. 칼뱅은 분명하게 이 점을 주장한다. '우리를 자신의 몸에 접붙임으로써 그리스도는 우리를, 자신이 은혜로 베푸시는 모든 것뿐 아니라, 나아가 자신에게 참여하는 사람들로 만드신다.' 그리스도는 '단지 이해와 상상으로 얻어지는 분이 아니다. 약속하신 바대로 그를 내어 주심으로써, 우리가 그를 보고 아는 것으로 그치지 않고, 우리가 그와 진정한 교제를 나누며 즐거워하게 되기 때문이다'라고 칼뱅은 단언한다.

신앙의 본질을 이야기했으므로 이제 의심이라는 문제를 살펴보겠다.

의심 및 불확실성과 씨름하다

종교개혁자들은 거듭거듭 한 가지 단순한 점을 강조하고 있다. 즉한 사람의 그리스도인이면서도 동시에 의심으로 인해 어려움을 겪는 것이 확실히 가능하다는 것이다. 의심이 곧 믿음 없음을 보여주는 징후는 아니다. 신앙은, 믿지 않는 것과 마찬가지로 의지의 행위이다. 신앙은 언젠가는 기독교가 모든 의심을 물리치고 진리임이 드러날 것을 굳은 확신 가운데 고대하면서, 기독교가 진리인 것처럼 살아가기로 진지하게 결단하는 것이다. 종교개혁이 믿고 맡긴다(신뢰, fiducia)는 측면에 강조점을 두었다는 사실을 기록하면서, 다른 한편으로 나는 이런 접근법이 어쩔 수 없이 의지와 지성 사이에 어떤 긴장 관계를 일으킬 수밖에 없었다고 주장한 바 있다. 지성이 자신의 결론을 끌어낼 때 이성과 경험에 의존했다는 점에서, 의지와 지성 사이에 빚어질 수도 있는 어떤 충돌로 나아가는 것이다.

종교개혁 영성은 이런 종류의 의심과 염려에 맞서기 위해 두 가지 전략을 개발했다. 첫째는 이성과 경험이 과연 믿을 만한 것인지 의문을 제기하도록 하는 것이었다. 만일 이성 또는 경험이 하나님께서 약속하신 것들과 모순되는 것처럼 보인다면, 그것들이 하나님의 약속보다 더 신뢰할 만한 것이라고 믿을 만한 유혹을 받아야겠는가? 둘째, 의지의 행위로 간주된 인간의 믿음이 얼마나 연약한 것인지 강조하는 것이었다. 의심은 우리 쪽에서 보면 하나님께서 약속하신 것들을 신뢰하려는 의지가 우리에게 없음을 보여주는 하나의 징후이다. 첫 번째 접근법은 특별히 루터와 결부된 것이며 두 번째 접근법은 칼뱅과 특별한 관련을 맺고 있다. 우리는 이를 하나하나 살펴볼 것이다.

아마도 종교개혁 영성이 가장 큰 염려를 표명한 대상은 신앙의 경험 사이의 긴장이었을 것이다. 이것은 오늘날에도 많은 사람들을 혼란스럽고 당황하게 한다. 삶 속에서 나의 신앙에 도전장을 내미는 너무나 많은 일들을 경험하고 있다는 사실에 직면할 때, 과연 나는 어느 정도의 확신 또는 소망을 가질 수 있을까? 신앙과 경험은 풀리지 않는 긴장 속에 자리잡고 있으며, 그런 긴장은 압력을 받으면 붕괴될 것이라는 위협을 던져준다. 종교개혁 시대에 새롭고 급박한 과제로 떠올랐던 기독교 영성의 중심 문제는 서로 대적자가 될 소지가 있는 이 세력들을 어떻게 안정된 균형 속에 붙잡아 둘 것인가의 문제였다. 어쩌면 여기서 쟁점이 되는 문제를 '믿음의 연약함'이라는 말로 가리킬 수도 있을 것 같다.

영성에서 중요한 위지를 자지하는 이 주세를 가장 강력하고 통칠력 있게 논의한 내용은 아마도 마르틴 루터의 초기 저작들에서 발견할 수 있을 것이다. '신앙이란 보이지도 않고 확인되지도 않았으며 알려지지도 않은, 하나님의 선하심에 자유롭게 굴복하는 것이며 기쁘게 내기를 거는 것이다.' 이 주목할 만한 신앙에 대한 정의에는 그 핵심에, 신앙이 완전히 확신할 수 있는 것이 아니라 알려지지 않고 알 수 없는 것이라는 요소가 포함되어 있다. 여기에서 키르케고르가 말했던 '신앙의 도약'을 먼저 만나게 되는 것 같다. 한 사람의 그리스도인이 된다는 것은 흑암과 의심 속으로 뛰어드는 것이다. 그것은 눈으로 볼 수 있고 손으로 만질 수 있는 이 세상의 안전함과 확실성으로부터 자기 자신을 떼어놓는 것이다. '그리스도를 믿는다는 것은 감각 ― 내부의 것이든 외부의 것이든 ― 의 세계로부터 감각 저편에 있는 세계, 곧 눈으로 볼 수 없고 가장 고귀하시며 가장 이해할 수 없는 하나님으로 옮겨지는 것이기에 그 어떤 일보다도 가장 어려운 일이다.' 이미 우리는 루터가 말했던 독특한 신앙 개념의 특징들 가운데 하나를 발견할 수 있다. 곧 인간이 경험하는 세계와 단절하는 것이다.

1516년 11월 30일에 행한 주목할 만한 설교에서 루터는 신앙과 감각 및 경험의 세계 사이에 놓여 있는 이런 긴장 관계를 강조하는 한 가지 예를 보여주고 있다. 그리스도는 땅 위로부터 들어올려 십자가에 달리셨으면서도 땅 위에 있는 어떤 발판도 거부하셨다. 마찬가지로 신앙 역시, 말하자면 허공에 매달려 있으면서도 경험이라는 발판에 발을 딛지 아니하는 것이라고 루터는 주장한다. 그리스도를 믿는다는 것은 경험하는 세계로부터 돌아서는 것이며, 눈으로 볼 수 없고 손으로 만질 수도 없는 하나님의 약속들을 믿고 그것들에 자신을 내어 맡기는 것이다. '신앙은 눈으로 볼 수 없고 말로 표현할 수 없으며 영원하면서도 인간의 생각으로 가늠조차 할 수 없는 하나님의 말씀에 영혼을 연합시키는 것이며, 동시에 눈으로 볼 수 있고 손으로 만질 수 있는 그 모든 것들로부터 인간의 영혼을 떼어놓는 것이다.' 그런 점에서 신앙은 신자들을 일상의 세계에 닻을 내리게 하여 그 세계에 단단히 붙들어 놓으려고 끊임없이 시도하는 경험, 이성과 긴장 관계에 있는 것이다. 신앙은 각 사람이 살아 계신 하나님을 만나도록, 현세라는 한정된 세계에 인간의 생각과 경험이 묶여 있는 것을 끊으려 한다.

루터는 신앙의 이런 모호함을 파악하려고 어둠이라는 이미지를 활용한다. 말하자면, 신앙은 비록 일부일지라도 하나님이 갖고 계신 목적과 전략들에 대하여 늘 잘 알지 못하는 깜깜한 상태에 있다. '우리는 모두 유혹이 넘쳐 나는 시대에 하나님의 도우심을 앙모해야 한다는 것을 배웠다. 그러나 그런 도우심이 언제, 어떻게 주어질지, 그 도우심의 본질이 어떠한지 우리에게는 알려져 있지 않다. … 따라서 신앙의 눈은 저 언덕에 있는 깊은 어두움과 깜깜함 쪽으로 향해 있지만 우리는 정작 아무 것도 보지 못한다.' 신앙과 의심은 의로움과 죄처럼 신자 안에 공존하고 있다. 그리스도인은 의로우면서도 동시에 죄인이듯이(simul iustus et peccator), 마찬가지로 믿는 자이면서도 의심하는 자이다. 하나님께서 약속하신 것들은 신앙을 깨우쳐 주고 확증해 준다. 하지만 우리가 이 세상에서 경험하는 것들은 이 신앙에 대한 확신을 빼앗아 가고 의심만을 불러일으킨다.

루터는 언어와 이미지를 통해 그리스도의 십자가를 신자에게 있어 최상의 사례로 분명하게 가리키고 있다. 사실 신앙과 의심 사이의 관계에 대해 루터가 이해한 내용은 그의 '십자가 신학'에서 본질이 되는 부분이다. 십자가는 하나님의 자기 계시에 초점을 맞춘다. 바로 여기에서 하나님은 자신을 알리실 것을 결심하셨다. 하지만 인간의 경험은 갈보리를 생각할 때처럼, 그 장면에 하나님이 존재하지 않으신다는 성급한 결론에 이르게 된다. 그것은 명백히 절망적이고 어떤 도움도 바랄 수 없었던 광경이다. 그것은 유기되고 방치되며 죽음을 나타내는 참경이다. 그 무엇이든 하나님이 자신의 현존과 권능을 드러내시는 표지는 없다. 갈보리에서 유일하게 드러난 명백한 것은 하나님의 존재, 본질 그리고 권능에 대하여 의심과 회의가 나타났다는 것뿐이다.

경험이 지레 내렸던 그런 판단은 그리스도의 부활로 말미암아 뒤집어진다. 하나님께서 약속하신 것들보다 경험을 믿고 의지함으로써, 십자가 주위에 모여 있던 사람들은 의심과 절망의 상태에 빠졌었다. 그리스도의 부활은 하나님께서 당신이 약속하신 것들에 신실하신 분임을 잘 보여준다. 루터가 보기에 십자가는 신앙에서 누구나 수긍할 수 있는 하나의 교훈을 보여주는 예다. 곧 '당신 안에 있는 감정들과 경험들을 찾기보다 오히려 당신 밖에 있는 것으로 하나님이 약속하신 것들을 찾으라'는 것이다. 하나님께서 약속하신 것들은 신앙을 일깨워 주며 지탱시켜 주지만 당신의 감정과 경험은 다만 그 신앙을 어지럽히고 약하게 할 뿐이다. '신앙은 다름이 아닌 하나님의 말씀에 견고하게 붙어 있는 것이다.' 그리스도의 십자가는 의심으로 뒤덮인 우리의 상황을 잘 조명해 주고 있다.

하나님을 죽음과 지옥 속에서도 우리의 머리를 드시고 우리에게 관(冠)을 씌우시는 분으로 믿는다는 것은 실로 어려운 일—사실 그 믿음은 하나님의 은혜가 베푸시는 권능이다—이기 때문이다. 이와 같이 높이시는 것이야말로 숨겨진 일이다. 우리가 실제로 보는 것은 절망뿐이다. 하나님으로부터 어떤 도움도 주어지지 않는다. 따라서 우리는 소망에 맞서 소망을 믿도록 가르침을 받았다. 십자가의 지혜는 오늘날 심오한 신비 속에 깊숙이 감추어져 있다. 그리스도의 십자가 이외에는 천국에 들어갈 길이 없기 때문이다.

여기서 전개되고 있는 생각은 하나님 자신이 흑암, 혼란 그리고 수수께끼로 뒤덮인 이 세상 속으로 들어오셨다는 것이다. 그는 인간의 실존에서 중심이 되는 염려들—생명이 아무런 의미가 없으며 공허한 것일 뿐이라는 공포감, 고난과 죽음을 두려워하는 마음 그리고 하나님이 계시지 않는다고 느끼는 고통—을 단 하나의 초점으로 모으는 역사의 한 사건 속에서 자신을 계시하기로 하셨다. 이런 불가사의, 불확실들 그리고 수수께끼들을 피하지 않고 하나님께서는 그것들과 직접 맞서 싸우는 길을 택하셨다.

여기서 주목해야 할 점은 바로 그 죽음과 의심의 손에 들려 있는 무기들로 그것들을 격파하셨다는 것이다. 이런 생각은 특별히 니콜라스 카바실라스[37]가 쓴 『그리스도 안의 삶』(*On Life in Christ*, 정교회출판사 역간)에서 잘 표현되고 있다.

> 우리가 하나님으로부터 세 갈래 길을 통하여 ― 우리의 본성, 죄 그리고 죽음 ― 떨어져 나왔기 때문에 구원자께서는 우리가 방해받지 아니한 채 그를 만날 수 있고 나아가 직접 그와 함께 할 수 있는 방식으로 역사하셨다. 그분은 이것을 하나씩 하나씩 장애물들을 제거하심으로써 해내셨다. 그분은 우리의 인간 본성에 동참하심으로써 첫 번째 것을 제거하셨고, 십자가에 못 박혀 돌아가심으로써 두 번째를 제거하셨다. 그리고 그가 죽음으로부터 부활하시어 우리의 본질을 억누르고 있던 죽음의 독재를 몰아내심으로써 우리와 그분을 갈라놓았던 세 번째 장벽을 제거하셨다.

하나님께서는 바로 이 대적들의 영토에서, 그들이 제시하는 조건을 좇아 이들과 싸우는 길을 택하셨다. 루터가 보기에 의심과 염려는 이런 적대 세력들에게 원군이 될 수 있는 것이다. 하나님은 우리를 구속하셨지만, 단지 죄로부터 구원하셨을 뿐 아니라 그 죄의 연합군인 의심으로부터도 우리를 구출해 내신 것이다. 우리가 의롭다 인정하심을 받은 뒤에도 죄가 계속하여 우리를 주장하는 것처럼, 의심 역시 그리스도인의 삶의 한 모습으로서 여전히 남아 있다. 신자

---

37 14세기에 데살로니가에서 동방 교회 주교로 일했던 인물이다.

는 믿는 사람이면서 동시에 의심하는 사람이다. 죄에 맞서는 싸움처럼 의심에 맞서 벌이는 투쟁 역시, 일상의 한 모습으로서 그리스도인의 삶에 자리하고 있다.

루터에 따르면 그리스도인은 의심과 염려로 끊임없이 어려움을 겪게 될 것을 예견해야 한다. 죄와 악처럼 의심과 염려는 신자들이 신앙인으로 살아가는 내내 신자들을 엄습하려 할 것이다. 그럼에도 불구하고 그들의 허세가 온 천하에 드러났다고 루터는 주장한다. 십자가의 승리는 그 의심의 실체가 무엇인지 분명하게 보여주고 있다. 곧 당신이 지으신 세계 속에 그 모습을 감추신 하나님의 현존을 발견할 수 없는 것, 그분이 계시지 않는 것 같은 상황 속에서도 하나님이 일하심을 받아들이지 않으려는 마음이 그것이다.

루터가 보기에 결국 기독교는 예수 그리스도를 죽은 자 가운데에서 일으키신 하나님을 신뢰할 만한가 혹은 그분을 의지할 만한가의 질문과 함께 일어서거나 무너진다. 그리스도께서 십자가에 못 박히신 그 첫 번째 금요일을 깊이 묵상함으로써 한편으로 우리는 자신의 판단조차 믿고 의지할 수 없음을 새겨볼 수 있으며, 다른 한편으로 당신이 약속하신 것들에 신실하신 하나님을 다시금 마음에 새길 수 있는 것이다. 그리함으로써 우리는 적절한 조망 안에 의심의 위치를 잡을 수 있게 된다. 그 안에서 바라본다면 의심은 신앙에 위협이 되는 것이 아니라, 도리어 우리가 얼마나 연약하게 하나님에 대한 지식을 붙들고 있는지, 나아가 당신 자신을 우리에게 계시하셨던 하나님이 얼마나 은혜로운 분인지 되새기도록 만든다. 하나님께서 자신을 계시해 주시지 않으셨다면 우리는 그분과 우리를 향하신 그분의 사랑에 관해 철저히 흑암 속에 파묻혀 버렸을 것이기 때문이다. 우리가 성경을 통하여 그리고 예수 그리스도를 통하여 알고 있는 것처럼, 하나님은 변덕을 부리거나 별난 분이 아니시며 약속하신 것들을 지키시고 본질과 성품대로 행동하신다. 우리는 그분이 자신의 언약에 신실하신 하나님이심을 알고 있으며, 그분은 당신을 믿고 자신을 내어맡긴 이들에게 자비와 용서를 약속하신다. 어떤 상황에 대해 우리가 인식한 것이나 자신의 느낌과 감정을 신뢰하기보다, 우리는 하나님의 신실하심과 변함 없으심을 신뢰해야 한다.

두 번째로 의심에 접근하는 방법은 칼뱅의 저작들에서 발견된다. 신앙은 의지의 행위인 바, 그것은 곧 의지의 투쟁을 전제로 한다. 앞 장에서 우리는 칼뱅이 독특하게 강조했던 점, 곧 우리가 하나님을 아는 것과 우리가 우리 자신을 아는 것 사이의 연계성—곧 이 두 가지 지식이 결코 분리될 수 없다는 점—을 살펴보았다. 완전히 신뢰할 수 있으며 결코 틀림이 없으신 이 세계의 창조자요 보존자로 하나님을 아는 것과, 우리에게 그리스도로 말미암아 얻게 될 구원을 약속하신 분으로 하나님을 아는 것은 하나이다. 하지만 그 지식은 타락하고 부서지기 쉬우며 죄로 가득 차 있는 존재인 우리 자신을 아는 것으로부터 분리될 수 없다.

칼뱅이 주장하는 요지는 이렇다. 신앙은 사실 '우리를 향하신 하나님의 자비를 흔들림 없이 확실하게 아는 것이며, 그것은 그리스도 안에서 하나님이 주신 은혜로운 약속의 진리 위에 세워져 있는 것이다.' 그러나 이것은 다만 그 정의에 있어 하나님을 향한 측면만을 다루고 있다. 무엇이 이 지식의 다른 짝인가, 우리 자신? 하나님을 아는 것은 우리 자신을 아는 것과 동행한다. 그러면 우리는 스스로에 대하여 무엇을 알고 있는가? 그것은 곧, 하나님을 완전하게 알고자 하는 우리의 의지를 죄가 방해하고 있다는 것이다. 그런 점에서 신앙의 본질에 대한 칼뱅의 이해는 하나님을 아는 것과 우리 자신을 아는 것이 결코 분리될 수 없다는 그의 주장과 연계되면서, 의심의 의미를 이해하게 하는 하나의 틀을 제공해 준다.

> 신앙은 확실하고 견고한 것이어야만 한다는 점을 내가 강조했을 때, 내가 말하고 싶던 바는 의심이 전혀 없는 확실성이나 그 어떤 염려에도 흔들리지 않는 견고함이 아니다. 오히려 나는 신자들이 자신에게 하나님을 믿고 그분께 내어맡김이 없다는 사실에 맞서 끊임없이 투쟁해야 한다는 점을 일깨우는 것이다. 신자들은 그 어떤 훼방에도 방해받지 않는 평안한 양심을 갖고 있지 못하다. 그러나 다른 한편으로, 나는 신자들이 — 비록 많은 어려움을 당한다 할지라도 — 하나님의 자비하심을 확실히 신뢰하는 것으로부터 떨어져 나갈 수 있음은 부인한다.

칼뱅은 이렇게 의심과 염려는 본디 하나님을 믿고 그분께 자신을 내어 맡김(곧, 신뢰)이 없는 것에서 연유한다고 주장한다. 이것은 우리에게 있는 결점을 반영하는 것이지, 하나님께 결점이 있다는 게 아니다. 불신앙(unbelief)은 오히려 신앙을 구성하는 한 요소로 인정되어야만 한다(비록 칼뱅 자신은 신앙을 정의하면서 불신을 언급함으로써 그것에 무게를 부여하려 하지 않았지만). '현재의 삶 속에서 불행하게도 우리는 불신(mistrust)이라는 질병으로부터 완전히 나음을 입을 수는 없기에 철저하게 신앙으로 채워지고 신앙에 사로잡혀야만 한다. 우리의 이전 본성들 가운데 하나로 여전히 남아 있는 불신이 들고 일어나 신앙을 공격할 때, 그런 전투가 벌어진다.' 칼뱅에 따르면 우리는 온전히 믿음으로 충만해 있지 않다. 뿐만 아니라 우리 속에는 의심의 뿌리가 자리하고 있다.

따라서 칼뱅이 보기에 의심에 맞설 수 있는 한 가지 방책은 새롭게 된 의지의 행위 속에서 하나님을 향한 우리의 헌신을 갱신하는 것이다. '바로 여기에 신앙이 의존하는 중심 요체가 있다. 우리는 하나님께서 베풀겠다고 하신 자비로운 약속들을 오로지 겉으로만 참되고 안으로는 그렇지 않다고 생각지 말아야 한다. 오히려 우리는 그 약속들을 내면으로 포용함으로써 자신의 소유로 만들어야 한다. 그리함으로써 마침내 바울이 어디에선가 평강이라 부른 확신이 생겨나는 것이다.' 칼뱅은 믿음의 삶이라는 주제를 의심에 맞서 싸우는 투쟁이라는 개념으로 발전시켰다. 하지만 그 투쟁은 결국은 승리하는 투쟁이며, 나아가 의심에 맞서 싸움으로써 신앙의 질을 더욱 높일 수 있는 것이다. 신앙은 시험에 처하면서 성장한다.

여기서 칼뱅이 말하는 요지를 이렇게 바꿔 말할 수 있다. 의심은 머리, 곧 지식의 문제라기보다 오히려 심장 곧 마음의 문제이다. 의심은 단순히 지식으로 말미암아 복음서에 관해 어려움을 겪거나 그 앞에서 주춤거리는 것이 아니다. 그것은 오히려 죄로 가득찬 인간의 마음에 하나님의 선하심을 온전하게 신뢰하려는 의지가 결여되어 있다는 점과 관련된다. 의심의 뿌리는 우리의 지성에 와서 부딪치는 수수께끼와 불가사의만큼이나, 우리의 감정이 갖고 있는 애매모호한 것들 속에서 찾아야만 한다. 앞에서 우리는 루터가 한 척의 배를 신앙과 유추해 말한 것을 살펴보았다. 칼뱅에게 있어서는 단순히 그 배가 있느냐 없느냐 때문이 아니라, 거기에 탈 것인가 말 것인가를 놓고 주춤거리는 것이라고 말할 수 있을 것이다. 우리는 일어날 수 있는 결과를 두려워하기 때문에 배에 자신을 맡기는 것을 주저한다. 칼뱅이 보기에 믿고 맡기는 것이야말로 의심에 맞서는 전략으로 현실성을 갖는 것들 중 하나다. 사람들은 주춤거리는 자신의 마음을 한 쪽으로 밀어내고 그 배에 몸을 실은 다음 항구를 떠나야만 한다. 약간 다른 유비를 사용하자면, 사람들은 의지의 박약함 또는 마음가짐의 결여로 인해 자신이 건너왔던 다리로 되돌아가는 일이 없도록 그 다리를 불살라버려야 한다.

더욱이 시편은 신자들이 의심에 맞서 벌이는 비슷한 투쟁들을 증언한다고 칼뱅은 주장한다. 언젠가 지나가는 말에서 칼뱅은 시편을 읽을 때 자신이 겪었던 역경과 의심들이 크게 도움이 되었다고 말한 바 있다. 그런 역경과 의심들이 있었기에 칼뱅은 본문이 말하는 의미들을 더 깊이 깨닫게 되었으며, 그렇지 않았더라면 그런 의미들은 쉽사리 발견되지 못했을 것이다. 예를 들어 시편 22편 1절('나의 하나

님, 나의 하나님, 어찌하여 나를 버리셨나이까')을 주석하면서 칼뱅은 이렇게
쓰고 있다.

> 이것은 모든 신자들이 매일 체험하는 바로 그것이다. … 어떤 사람이
> 이런 종류의 난처한 일에 압도당할 때 그 일은 신자들을 불신 속에 빠
> 뜨리고, 그 결과 그들은 더 이상 거기에 대해 무엇도 하지 않으려 할
> 것이다. 그러나 만일 이와는 반대로 신앙이 그들을 돕게 되면, 하나님
> 을 부담스러워하고 소원한 분으로 생각했던 바로 그 사람이, 이제는
> 그분의 약속의 거울 속에 감추인 비밀스런 은혜를 발견하게 된다. 그
> 신자들은 상반된 두 마음 사이를 왔다갔다 한다. 사탄은 하나님께서
> 분노하시는 기미들을 보여주면서 신자들을 절망으로 몰아붙여 끝내
> 타락의 길로 빠져들게 한다. 그러나 다른 한편에서는 신앙이 신자들
> 에게 하나님의 약속을 되새겨주고 인내하며 기다리도록 가르치며, 그
> 분께서 다시 당신의 얼굴을 보여주실 때까지 하나님을 믿고 그분께
> 자신을 내어 맡기도록 가르치신다.

이처럼 칼뱅은 의심이 인간의 마음속에서 끊임없이 지속되는 불
신으로부터 생기는 것이며, 그리스도인의 삶에서 자연스러운 모습
이라고 주장한다. 하지만 이 불신은 맞서 싸울 수 있는 것이며 끝내
정복될 것이라고 그는 논증한다.

'신앙은 마치 과실이 살아 있는 나무뿌리를 필요로 하는 것처럼,
말씀을 필요로 한다. … 만일 신앙이 말씀을 통하여 뒷받침되지 않

는다면 그 신앙은 사라지고 만다.' 바로 이런 이유로 성경은 칼뱅의
영성에서 두드러질 정도로 중요한 자리를 차지한다. 칼뱅이 보기에,
성경은 신앙의 양식이며 그리스도인의 삶에 생명을 주고 자양분을
공급하는 지반이다. '신앙은 우리를 향하신 하나님의 뜻을 아는 것
으로, 그분의 말씀으로부터 얻어진 지식이다.' 칼뱅은 더 정확하게
말한다. 즉 신앙의 특별한 대상이 되는 것은 하나님의 말씀 전반이
아니라, 하나님께서 약속하신 것들이다. '우리는 하나님께서 은혜로
약속하신 것들을 신앙의 기초로 삼고 있다. … 거듭거듭 바울은 신
앙과 복음을 서로 연관된 것으로 다루고 있다.' 칼뱅은 성경의 어떤
부분들이 다른 부분들보다 가치가 덜하다고 말하는 것은 아니지만,
그럼에도 불구하고 그는 하나님께서 은혜로 약속하신 것들을 증거
하는 말씀들이 그 중심이 된다는 점을 강력히 주장한다. '나는 신앙
이 은혜로운 약속 위에 서 있어야 한다고 말하지만, 그 말은 신자들
이 하나님 말씀의 모든 부분을 포용하고 받아들여야 한다는 점을
부인하는 것이 아니다. 오히려 나는 자비를 베푸시겠다는 약속을 신
앙의 고유한 대상으로 삼으라고 말하는 것이다.'

　자비를 베푸시겠다는 약속은 예수 그리스도 안에서 그 정점에 이
르면서 성취된다. 바로 여기에서 칼뱅은 종교개혁의 중심 주제를 다
시 설파하는 것이다. 성경에는 예수 그리스도를 통하여 확증되고 그
실체가 부여된 하나님의 약속들이 있다. 칼뱅이 보기에 '신앙이 깊
이 생각해야 하는 모든 것은 그리스도 안에서 우리에게 제시되고 있
다.' 루터가 보기에 성경은 '그리스도가 누우셨던 구유'이다. 성경을

되씹어 보고 깊이 묵상함으로써 비로소 신앙은 양분을 공급받고 힘을 얻는다. 이런 약속들을 기꺼이 받아들임으로써 비로소 의심은 제지될 수 있다. 칼뱅은 의심으로 인해 어려움을 겪는 사람들에게 그리스도를 되새길 것과 그리함으로써 위안과 확신을 얻도록 권유하고 있다.

> 하나님이 그리스도 안에서 우리를 양자로 삼으신 것은, 우리가 당신의 자녀들로 인정되어야 했기 때문이다. 성경은 하나님의 독생자를 믿는 모든 사람은 곧 하나님의 자녀요 그의 유업을 이을 자라고 선언하고 있다. … 그리스도는 거울이시다. 우리는 그 안에서 영원하면서 비밀스러운 하나님의 선택을 바라본다. 그리스도는 그 선택의 보증이시다. 또 하나님은 믿음을 통하여 우리가 이 거울 속을 바라보도록 하신다. 나아가 신앙은 우리로 하여금 이 보증과 담보를 붙잡을 수 있게 하는 손이다.

따라서 칼뱅이 보기에 의심은 하나님 쪽에서 신뢰할 만한 부분이 없거나, 성경에서 계시되고 선포된 하나님의 약속들 안에 믿지 못할 부분이 있어서 생기는 것이 아니다. 오히려 문제는 하나님께서 약속하신 것들에 자신을 내어 맡기기를 주저하는 인간의 의지 속에서 일어난다. 인간의 의지는 망설이고 싶어한다. 그 의지는 두 마음속에 자리잡고 있다. 의심의 문제는 우리를 하나님께 온전히 내어 맡기는 것을 주저하고 꺼리는 것에 기반을 두고 있다.

칼뱅이 제시한 해결책은 이를테면 '당신은 더 굳세게 믿어야 한다! 좀 더 믿음이 필요하다!'처럼 어떤 단순한 선언이나 요구가 아니다. 오히려 연약한 믿음이 진짜 믿음이다. 잉글랜드의 종교개혁자인 존 로저스[38]는 이 점을 잘 지적하고 있다. '연약한 믿음이 참 믿음이다. 비록 강고한 신앙만큼 위대하지는 않더라도 그만큼 소중하다. 똑같은 성령이 저자이시며 같은 복음이 도구다. … 구원에 이르게 하는 것은 우리 믿음의 힘이 아니라, 우리 믿음의 진실성이다.' 칼뱅은 복음을 기꺼이 받아들이려는 우리의 의지가 박약하다는 점에 주목하라고 한다. 우리가 하나님을 온전히 신뢰할 수 있다는 점에 대해 온유하고 부드럽게 동의해야 한다. 오로지 볼 수 있고 들을 수 있으며 만질 수 있는 것만을 신뢰하려는 구원받지 아니한 성향에 우리를 계속하여 묶어 두려는 질긴 줄들을 끊어야 한다. 성화에는 지성의 신앙을 마음의 신앙으로 변모시키는, 자라나는 의지와 능력이 포함되어 있다고 칼뱅은 주장한다. 우리는 믿고자 하는 의지를 개발해야 할 필요가 있다.

우리는 믿음 그 자체에 대한 신앙을 가져서는 안 된다. 그렇게 되면 '나는 충분한 믿음이 없어', '나는 그리스도를 정말 충분히 신뢰하지 않아' 등과 같은 의심들로 괴롭힘을 당하게 된다. 칼뱅이 말하는 것은 자신의 믿음이 갖고 있는 질을 믿기 보다 하나님이 신뢰할

---

38 1500년에 태어나 1555년에 세상을 떠난 잉글랜드의 종교개혁자요, 성경 주석가이며 목사이다. 메리 1세 치하에서 처음으로 순교한 개신교 신자이다.

만한 분이라는 점을 믿으라는 것이다. 당신은 자신의 신앙이 지닌 강렬함이 아니라, 자신이 약속하신 것들에 온전히 자신을 내어 던지신 하나님을 믿고 그분에게 자신을 내맡긴 것이다. 신앙을 믿는 것(to have faith in faith)은 구원하시는 하나님의 능력보다 오히려 믿을 수 있는 당신 자신의 능력을 더 신뢰하는 것이다. 자신의 밖을 바라보며 예수 그리스도의 죽음과 부활 그리고 성령을 보내심을 통하여 확증된 하나님의 약속들을 깊이 생각해야 할 때에, 도리어 당신의 내면을 응시하면서 자신의 마음 상태만을 생각하고 있다.

따라서 우리는 하나님이 지금도 우리를 사랑하시고 계심을 더 굳세게 믿으라고 요구받는 것이 아니다. 오히려 우리는 자신의 삶과 의지가 사랑이신 하나님을 믿는 신앙으로 인해 빚어지도록 우리 삶과 의지를 내어드려야 한다. 우리에게 지금 요구되는 것은 영생을 더 많이 믿으라는 것이 아니다. 도리어 우리는 영생을 향한 우리의 신앙이 바로 지금 여기서 자신에게 더 깊이 영향을 미치게끔 요구받고 있다. 신앙이 오로지 우리의 지성에만 영향을 미치는 그 무엇으로 남게 된다면, 그것은 의심과 우유부단으로 흐르기 쉽다. 신앙은 반드시 우리의 의지와 삶을 바꾼다. 또 그러함으로 진정한 그리스도인의 믿음에 고요한 확신이 나타나게 된다. 칼뱅이 말한 것처럼 '신앙은 무턱대고 냉랭하게 그리스도를 아는 것이 아니라, 그의 권능을 생생한 현실로 경험하는 것이며 그것이 확신을 불러일으킨다.'

순수하게 지식의 차원에 머물러 있는 신앙이라면, 하나님의 권능과 평강을 발견해야 한다. 의심은 그런 실패를 보여주고 복음 안에서 우리를 기다리는 신앙과 헌신의 새로운 깊이를 발견하게 하는 자극제이다. 신앙은 단순히 하나님이 존재하신다는 것을 믿는 것이 아니다. 그것은 하나님의 품에 자신을 내어 던지는 것이다. 영혼의 염려는 예수 그리스도를 통하여 자신을 우리에게 주신다고 약속하신 하나님을 우리가 합당하지 못하게 파악함으로 인해 우리가 멀리 따돌렸던 새로운 질의 삶을 시작하게 한다. 진정한 신앙은 우리를 창조하시고 부르신 그분과 확고한 관계를 맺게 함으로써 우리를 평강의 세계 속에서 살도록 한다.

그런 점에서 '신앙의 확신'은 우리를 창조하시고 구속하신 하나님을 온전히 신뢰함에 기반하고 있다. 우리가 갖는 확신의 기반은 우리 안에 있는 것이 아니라, 하나님의 약속 안에 자리한다. 우리의 신앙 또는 구원을 다시금 확인하기 위하여, 우리는 자신의 느낌과 감정들로부터 고개를 돌려 자신의 바깥쪽을 바라보고 나아가 성경 속에서 선포되고 그리스도의 죽음과 부활을 통하여 확인된 하나님의 약속들을 바라보도록 가르침을 받고 있다.

이런 점에서 종교개혁 영성은 현대 교회에 중대한 기여를 할 수 있다. 염려와 의심은 끊임없이 그리스도인의 삶에 혼란을 일으키고 당황스러움을 안겨주는데, 루터와 칼뱅 같은 저술가들은 염려와 의심이 어떻게 생겨나는지 밝히고 우리 시대의 사람들이 그것들에 맞서 싸우면서도 거기에서 교훈을 얻도록 유익한 권면을 제시하고 있다. 이렇게 현세를 살아가는 그리스도인의 삶에 필요한 견고하고 신뢰할 수 있는 토대가 놓인다. 그러나 일상의 삶은 기독교 영성에 너무나 어려운 문제를 한 뭉치나 안겨 준다. 우리는 어떻게 하나님과 그분이 지으신 세계, 창조주와 피조물 사이에서 올바른 균형을 잡을 수 있을까? 어떻게 우리는 부지불식간이라도 하나님을 부인하지 않고 이 세상을 긍정할 수 있을까? 일상의 삶에서 인간이 하는 일이 대체 어떤 가치를 가지고 있을까? 그런 인간의 일은 어떤 목적에 소용되는 것일까? 그런 일의 기본 동기는 무엇일까? 다음 두 장에서는 종교개혁 영성이 이러한 부분들과 관련하여 우리가 자유롭게 처신하도록 도와준 중요한 자원들을 다루게 된다. 세상을 향하여 책임 있는 그리스도인들이 보여주는 태도는 어떻게 전개되는지 살펴보는 것으로 이야기를 시작해 보자.

6장

도시 속의 신앙: 비판의 시선으로 세상을 긍정하는 영성

그리스도인의 상상은 늘 그 토대가 된 어떤 이미지들에 좌우되었다. 기독교 영성의 가장 큰 비극 중 하나는 이런 이미지의 상당수가 본래의 순전한 신선함과 자극을 잃어버렸다는 점이다. 누가 맨 처음으로, 죄를 말끔하게 씻어야 할 오물로 여겼는지 우리는 모른다. 영감으로 가득찬 통찰이 눈부시게 빛나던 순간이리라. 또 언제 어떤 사람이 제일 먼저 생명의 샘물이 광야의 바위들을 깨치고 그 속으로부터 솟아나는 것을 보았는지, 나아가 이런 모습 속에서 하나님의 임재로 인해 인간이 살아가는 모습이 바뀌는 찬란한 유비를 간파했는지 우리는 확인할 길이 없다. 슬프게도 우리는 이런 모습에 익숙해져 버렸다. 그것은 케케묵은 것이 돼 버렸고, 그것을 처음 발견했던 순간의 신선함은 사라져 버렸다. 기독교 영성에서 무엇보다 중요한, 그러면서도 가장 절박한 과제 중 하나는 이런 이미지들이 되살아나도록 하는 것이다. 그런 것들을 처음으로 바라보는 것처럼, 그 이미지들이 가진 풍성함과 깊이를 맛보는 것이다. 우리에게 그리스도인의 상상을 재발견하면서 그것의 가치를 소중하게 여기도록 가르쳐 준 인물이 바로 C. S. 루이스[39]이다. 기독교 영성이야말로 그리스도인의 상상이 자극받는 데 필요한 이미지를 제공해 준다.

그 가운데 하나가 도시(city)다. 구약 성경의 많은 부분들은 예루살렘 성읍을 찬양하는 소리와 함께 울려 퍼지고 있다. 그것은 마치 손으로 만져질 것같이 당신의 백성 가운데 임재하시며 섭리하시는 하나님의 모습을 담는 것처럼 여겨지며, 나아가 메시아를 고대하던 소망이 성취되는 것을 가리키는 듯하다. 신약 성경은 이 초점을 새롭게 보도록 했는데, 특히 요한계시록은 '하나님의 도성'이라는 주제를 눈에 뜰 정도로 다시 다듬어 내고 있다. 사도 요한이 보기에 모든 그리스도인의 소망과 기대는 새 예루살렘, 곧 하나님의 어린 양께서 다스리시는 하나님의 도성을 중심으로 성취되고 있다. 히포의 아우구스티누스에게 '하나님의 도성'과 '세상에 속한 도성' 사이의 싸움은 책임 있는 그리스도인이 정치와 사회 활동을 추구하는 데 그 기초가 되었다. 매사추세츠 만에 정착했던 초기 청교도들은 성경이

---

39 C. S. 루이스는 기독교 변증가요 시인, 작가, 영문학자이다. 1898년에 태어나 1963년에 세상을 떠났고, 대표작으로 『스크루테이프의 편지』(*The Screwtape Letters*), 『순전한 기독교』(*Mere Christianity*) 등이 있다.

말씀하고 있는 언덕 위에 있는 그 성읍(곧 예루살렘)의 이미지에서 어떤 영감을 발견했다. 보스턴은 미국의 제네바가 되었고, 자신에게 오는 자들을 강렬하고 정결케 하는 빛으로 끌어당기는 하나님의 도성이 되었다.

도시(도성, 성읍)라는 주제는 종교개혁 영성에서 중심의 자리를 차지할 만큼 중요한데, 이는 특별히 종교개혁이 도시에서 일어난 현상이기 때문이다. 발맞추어 종교개혁을 받아들인 곳은 바로 유럽의 큰 도시들이었다. 취리히, 스트라스부르 그리고 제네바는 주변 지역의 회심을 촉발시킬 출발점이 될, 복음주의 진리와 열정의 보루이자 신앙의 요새로 간주하던 유럽의 큰 도시들이었다. 제네바 시를 둘러싼 풍경들은 이를 잘 보여준다. 16세기의 많은 저술가들에게 제네바는 진정한 기독교 영성을 지키는 성채였으며, 지금 보기에도 유럽에서 너무나 어두운 곳인 그곳에 봉화대가 우뚝 서 있었다.

이런 의미에서 루터가 모든 개혁자들을 대표하는 것은 아니었다. 루터는 제후가 다스리는 지역으로, 복잡하지 않았던 북부 독일의 시골 지역을 개혁하면서 주로 농부들을 기반으로 한 반봉건 상태의 농업 경제에 초점을 맞춘 반면, 더 남쪽과 서쪽에 있던 동료들은 루터가 몸담고 있던 환경과 천양지차인 상황에 직면하고 있었다. 취리히의 츠빙글리, 스트라스부르의 부처, 성 갈렌의 바디아누스[40] 그리

---

40 독일어식 이름은 요아힘 폰 바트(Joachim von Watt)이다. 1484년에 태어나 1551년에 세상을 떠난 인문주의자요 종교개혁자였다. 주로 비엔나서 활동했으며, 성 갈렌의 종

고 취리히의 칼뱅(단지 몇 사람의 이름만을 열거한 것이다)은 근대 도시 사회라는 복잡한 힘의 구조들 속에서 일할 수밖에 없었다. 그 도시들은 옛적의 대가족 제도와 같은 봉건 방식들을 제쳐 놓은 채, 새로운 행동 방식과 사고방식을 기꺼이 받아들인 곳이다.

루터가 지역의 토호귀족의 변덕에 맞서 씨름했다면, 칼뱅은 전문 직업인으로 자수성가하고 개인의 노력을 통해 자신들의 지위를 얻은 이들과 부딪히고 있었다. 자수성가한 인물의 등장—근대 서구 사회에서 너무나 중요하고 기독교 영성에서 근본 문제들로 자리한 현상—은 16세기 초기의 절대 왕정 시대의 도시들에 그 기원을 두고 있다. 독일과 스위스의 도시들은 두드러진 특징을 가진 많은 근대 정치, 사회, 경제 사상들이 탄생하게 될 도가니였다. 루터의 신학이 눈에 띄게 개인주의적인 색채를 띠는 반면, 칼뱅의 신학은 제네바 시라는 특정 공동체가 필요로 하던 것들을 지향하고 있었다.

도시와 신앙 공동체

지금까지 언급된 것들을 살펴볼 때 도시라는 이미지는 순수한 개인주의자의 그것과는 정반대로, 그리스도인의 삶에 존재하는 어떤 공동체적 개념을 가리키고 있다. 죄와 마찬가지로 구원도 개인의 차원과 더불어 공동의 차원을 갖고 있다. 그리고 교회는 한 몸 안에서 신

교개혁을 주도했다.

앙이 양육되고 지탱하는 하나의 제도로 간주되고 있다. 칼뱅은 이 점을 이렇게 말한다.

그러면 나는 교회라는 논제부터 이야기할 것인 바, 하나님께서는 바로 그 교회의 가슴 속으로 당신의 자녀들을 즐거이 부르심으로써 그 자녀들이 유아와 어린아이로 있는 동안 그 교회의 도움과 섬김을 통해 양육 받게 하실 뿐 아니라, 그들이 성숙하여 신앙의 목표에 이를 때까지 어머니와 같은 교회의 보살핌을 통해 가르침 받도록 하신다. '그러므로 하나님이 짝지어 주신 것을 사람이 나누지 못할지니라'(막 10:9). 하나님이 아버지인 사람들에게 교회는 마찬가지로 그들의 어머니가 될 것이다.

그런 점에서 눈으로 볼 수 있는 제도인 교회는 신앙의 삶에 토대가 되는 자원으로 여겨진다. 바로 이 교회 안에서 신자들은 서로 만나고 도우며 하나님을 찬미하고 그분의 말씀을 들음으로써 서로 용기를 북돋아 준다. '어머니인 교회'라는 이미지(칼뱅이 카르타고의 키프리아누스[Cyprianus]로부터 즐겨 차용한 것이다)는 기독교 신앙이 갖고 있는 공동의 차원들을 강조하고 있다.

'어머니'라는 이 단순한 말에서 우리는 교회가 얼마나 쓸모 있고, 얼마나 필요한 것인지 배우도록 하자. 만일 이 어머니(곧, 교회)가 우리를 잉태하지 않고 자신의 젖을 먹여 기르지 않는다면, 나아가 끊임없이 우리를 보살피며 훈육하지 않는다면 생명을 얻을 수 있는 다른 방편은 결코 존재하지 않는다.

강력한 신학적인 이미지가 이 표현 방식 안에, 무엇보다도 우리를 교회라는 태중에 품으신다는 하나님의 말씀 안에 깃들어 있다. 그러나 교회에 관한 이런 사유 방식이 갖는 실제적인 측면들이 우리의 시선을 끈다. 교회라는 제도는 영혼의 성장과 발전에 필요하고 유익하며 하나님이 주셨고 하나님이 기름부어 세우신 수단이다. 그것은 지금 존재하도록 그리고 지금 사용하도록 되어 있었다. 그리스도인은 과격하고 고독한 낭만주의자로 홀로 외롭게 세상 여기저기를 떠돌도록 돼 있지 않으며, 또 그렇게 부르심 받지도 않았다. 오히려 그리스도인은 한 공동체를 이루는 하나의 지체로 부르심을 받았다. 이처럼 도시라는 심상은 신뢰할 만하고 참된 복음주의 영성에서 결코 뽑아버릴 수 없는 기초를 가리키는 데 유용하다.

현대 복음주의가 종교개혁 영성의 이런 모습을 자주 놓치고 있다고 지적하는 것은 타당하다. 르네상스가 개인을 재발견하게 되면서, 종교개혁은 신앙을 개인과 연계시켜야 할 필요성을 상당히 강조하게 됐다. 현대 복음주의도 16세기의 뿌리들로부터 이러한 부분을 쉽게 그리고 기꺼이 넘겨받았다. 그러나 이와 같이 개인적인 신앙의 측면이 새롭게 강조됐을지라도, 개혁자들은 신앙이 가지는 공동체적인 측면을 거부하거나 약하게 만들지 않았다. 영혼의 성장과 발전에 있어 신앙 공동체가 갖는 중요성을 계속 강조해온 정황 속에서 개인적인 신앙이 뿌리내리도록 했다.

현대 복음주의자들은 그들이 물려받은 유산의 이런 측면을 되찾을 수 있으며 또 그래야만 한다. 칼뱅이 보기에 신앙 공동체는 영적 훈련과 목회적인 돌봄을 위해 하나님이 보내시고 기름부어 세우신 도구였다. 칼뱅은 프랑스 왕국 전역에 존재하던 신앙 공동체들로 말미암아 복음주의가 널리 퍼져가고 굳건히 자리잡아감을 알고서, 신약 성경이 그리스도의 몸에 관해 보인 증거를 즐거이 붙잡았다. 칼뱅이 보기에 신앙의 공동체적인 측면을 강조하는 것이 신약 성경의 가르침에 충실한 것이며 신학적으로도 바르고 실제에서도 유용한 것이었다. 신앙 공동체들은 활력 넘치는 조력 집단들을 배출했고, 이로 인해 심지어 가장 힘든 상황에서도 계속 신앙은 전진하며 성장할 수 있었다.

세상을 긍정하는 영성의 발전

종교개혁은 문화가 가장 발전하고 사회가 복잡한 유럽 중심부의 몇몇 지역에서 일어났다. 그것은 결코 고립되고 그리 중요하지 않은 변방 지대에서 일어난 것이 아니었다. 오히려 종교개혁은 그 시대에 가장 발전되고 세련된 몇몇 공동체에서 일어났다. 때문에 칼뱅 같은 사람들은 근대 초기 도시 생활이 품고 있던 문제와 기회들에 맞부딪치지 않을 수 없었으며, 자신들의 뒤를 이을 사람들이 그 많은 어려움과 가능성들을 물려받게 되리라 예견했다. 도시의 개혁자들이 자신이 몸담고 있던 사회 환경으로부터 벗어난다는 것은 가능하지도 바람직스럽지도 않았다. 그들은 그 도시에서 펼쳐지는 삶을 긍정하고 그 속에 온전히 뛰어들어야 했다. 그리고 그러한 과업은 그리스도인으로서 갖고 있던 확신들을 퇴보하지 않게 하는 방식이어야 했음은 물론이다. 오로지 강단에서 이루어지는 설교 혹은 출판물을 내는 것만으로는 칼뱅이 제네바를 개혁할 수 없었다. 그는 도시 안에 존재하던 정치권력이라는 실체에 맞서 직접 싸워야 했다.

이것은 실제와 이론 면에서 심각한 어려움을 불러왔다. 세상의 방식을 바꾸려고 할 때, 칼뱅은 경계의 눈빛으로 그것들을 주시해야 했다. 칼뱅이 제네바의 권력자들과 협상할 때 직면한 어려움은 역사적인 문제였다. 칼뱅의 신학은 제네바에서 펼쳐지던 삶의 실제들과 상응한다. 이 세상을 당신이 원하는 모습으로 만들려면 이 세상을 있는 모습 그대로 다루어야만 한다.

이것이 일으킨 몇 가지 어려움을 미리 살펴보면 우리는 그 도시가 던져주는 이미지를 더 깊이 인식할 수 있다. 지금까지 우리는 이 이미지를 긍정적인 시선으로 바라보았다. 이제, 다른 한편으로 그 심상이 가질 수 있는 부정적인 의미를 주목할 필요가 있다. 아우구스티누스가 두 도성 — 하나님의 도성과 세상의 도성 — 이라는 주제로 하나님과 이 세상 사이에 존재하는 변증법을 강조한 것도 결코 우연이 아니다. 도시는, 신앙을 불구로 만들거나 파괴하겠다고 위협하는 세력들을 상징할 수도 있다. 안토니우스 같은 인물들이 중심이 된 이집트의 초기 수도원 운동은 그 시대 도시들의 도덕적, 영적 공기가 너무나 오염되어 신앙이 살아남을 수 없으리라는 확신으로 인해 일어난 것이었다. 그러했기에 세상을 좇아 퇴락의 길로 빠져들게 할 수 있는 영향들로부터 벗어나 그것들과 인연을 끊은 채, 세상으로부터 분리된 하나의 공동체를 사막에 세울 필요가 있었던 것이다. 안토니우스 전기를 쓴 작가는 '그 사막이 이제 하나의 도성이 되었다'고 기록하면서 이런 발전이 함유하는 영적 차원의 상징적인 측면들을 포착해 낸다. 신앙을 지키는 한 요새가 만들어졌으니 그것은 바로 도시였다. 그리고 그것은 수사들이 등을 돌린 채 떠났던 세속 도시들에 반대하는, 신앙의 도시였다.

바로 우리 시대에 도시는 좋지 않은 모습들과 연루된 이미지만을 강하게 드러내고 있다. 하비 콕스가 『세속 도시』(*The Secular City*, 문예출판사 역간)를 썼을 때, 곧 '하나님은 없다'(no-God) 운동이 전성기를 구가하던 1960년대에, 도시는 인간의 자율성과 성취를 나타내는 상징처럼 보였다. 세계의 도시들은 새 생명과 창조성으로 인해 진동하는 것 같았다. 런던과 뉴욕은 시대의 첨단을 걸으며 흥분을 불러일으켰다. 그 도시들은 콕스가 믿었던 새로운 세속 시대의 상징에 감탄할 정도로 잘 어울리는 것만 같았다. 세상의 대도시들은 성년에 이른 세계의 모습을 그럴 듯하게 보여주는 초상이었으며, 하나님은 존재하지 않는다는 확신으로 미래를 대면했다.

오늘날 이런 상징주의에 찬성하는 사람은 거의 없다. 도시는 이제 부패와 절망, 좌절된 희망, 자신의 운명을 스스로 어떻게 할 수 없는 인간의 무능력의 상징으로 간주되고 있다. 대부분의 뉴욕 시민들은 자신들이 사는 도시가 인류의 여러 소망을 대변한다고 믿지 않는다. 많은 사람에게 뉴욕은 인간 본성의 온갖 지저분한 측면을 대변하는 곳이며 인간이 쉽사리 빠질 수 없는 악과 결점들을 집약하여 눈에 드러나게 모아 놓은 곳이다. 현대의 도시는 인간의 이상보다 죄의 본성과 결과들을 더 많이 목격하고 있다.

그런 점에서 도시 이미지에는 두 개의 모습이 공존하고 있다. 이는 단지 신자들이 아무 비판없이 고개를 끄떡이게 하는, 순전하게 긍정적인 모습만은 아니다. 건설적인 인간 실존과 영적인 삶에 반대하는 세력도 아울러 대변하고 있다. 이 세상은 비록 하나님이 만드셨음에도 불구하고 타락하여 죄에게 종노릇하고 있다. 도시가 주는 이미지는 개인 차원뿐 아니라 공동체적인 죄도 단호하게 가리키고 있다. 죄는 개인뿐 아니라 인간 구조와 사회에도 영향을 미친다. 루터의 말처럼 '우리는 바로 여기에 있는 여관에서 종노릇을 하고 있다. 그 집 주인은 마귀이고 집주인의 애첩은 이 세상이며, 나아가 모든 종류의 악한 열정들이 그 속에서 다스리고 있다.' 그로 인해 한 가지 진짜 문제가 등장한다. 인간 사회 속에 고유하게 자리하고 있는 구조적인 죄를 인정하지 않고는 인간 사회를 긍정할 수 없다는 것이다.

어떻게 사람들이 세상과 함께 존재하는 그릇된 것들을 받아들이지 않으면서, 순수하게 이 세상을 긍정하는 영성을 가질 수 있을까? 그리스도인들이 이 세상 속에 살도록 되어 있다는 점은 분명하다. 그렇지만 어떤 방식으로? 요한복음의 표현을 빌자면, 그리스도인은 이 세상 속에 존재해야 하지만, 세상에 속한 사람이 아니다(요 17장).
그렇다면 이처럼 섬세한 균형을 유지하는 행동은 어떻게 이루어질
수 있을까?

비판의 시선으로 이 세상을 긍정하다

종교개혁의 주류는 이 세상 속의 진정한 그리스도인에게 깊은 해악
을 끼친다고 믿었던 두 가지 방법을 거부했다. 첫째로, 가장 강력히
이 세상을 긍정하는 영성 가운데 하나인, 르네상스 시대의 교황들
이 내세웠던 영성을 축출했다. 르네상스 시대의 교황들은 스스럼없
이 이 세상, 나아가 이 세상의 가치와 방법들을 긍정했으며 때로는
새롭게 왜곡하여 만들어내기도 했다. 보르지아의 교황 알렉산더 6
세는 문제 있는 인물들을 제거하는 데 독약을 널리 사용한 것으로
악명이 높다. 알렉산더는 만찬을 러시안 룰렛[41]의 르네상스판으로
만들었다. 당신이 거기 있었다면, 많은 접시들 가운데 어디에 치사량
의 독극물이 들었는지 모른 채 만찬에 참여했을 것이다. 1520년에
루터를 이단으로 정죄했던 레오 10세는 그 유명한 피렌체의 은행가
집안인 메디치가의 한 사람이었는데, 그는 교황직을 사들이려고 공

---

41 권총의 회전 탄창에 한 발의 총탄만을 넣고, 사람의 머리에 대고서 방아쇠를 당기
는 목숨을 건 도박이다. 베트남전을 소재로 한 영화 〈디어 헌터〉(Dear Hunter)에 러시안
룰렛이 등장한다.

공연히 자기 은행을 파산으로 몰고간 인물이다. 당시 교황직에는 더 적합한 후보자들이 있었고 그 대부분은 레오보다 더 적은 수의 애첩과 자녀들이 있었으며, 때로는 전혀 없는 이도 있었다. 레오는 그 누구의 설명을 듣더라도, 호탕한 탐식가이며 고리대금업과 사냥 그리고 물 쓰듯 돈 쓰는 것을 좋아하는 인물일 뿐이었다.

이 영성의 실천자들은 성, 돈, 권력에 관련된 사건들에 깊이 연루되어 있었다. 그 행위와 태도로 볼 때, 르네상스 시대의 교황들은 확신을 갖고 악랄한 수단을 동원해 세속 질서를 긍정하는 모습을 보여주었다. 고민하는 모습은 전혀 없었다. 그러나 대부분의 그리스도인들, 심지어 세상을 향하여 단단히 헌신하던 자들도 이런 태도에 명백히 불편한 심기를 드러냈다. 이 세상을 긍정하는 이들은 너무나 쉽게 세상의 지배를 받는다. 대부분의 주석가들은 — 개혁자이든 역사가이든 간에 — 르네상스 시대의 교황들을 타락과 퇴폐에 물든 기독교의 변형이요, 순전성과 도덕의 권위를 잃어버린 사례로 간주하고 있다. 간략히 말하자면 '성경을 부인하는 대가로 이 세상을 긍정한 셈이다.' 자신들이야말로 세상을 정복한 사람들이라고 생각했던 이들은 실상 이 세상에 정복당한 자들이었다.

르네상스 시대의 교황들이 아무 비판없이 세상을 긍정하는 적절치 못한 영성의 사례를 보여주었다면, 반면 이 세상을 부인하는 영성의 단점 역시 중세 후기에 이르러 명백하게 드러났다고 종교개혁자들은 믿었다. 한 사례를 검토해 보면 이 점이 드러난다. '근대의 헌신'(Devotio Moderna) 운동에서 가장 유명한 저술이 토마스 아 켐피스의

『그리스도를 본받아』이며, 완전한 명칭은 『그리스도를 닮는 것과 이 세상을 경멸하는 것에 대하여』이다. 예수 그리스도를 긍정하는 응답은 이 세상을 부정하는 응답을 수반한다. 그가 보기에, 이 세상은 그 본질에서 귀찮은 존재일 뿐이다. 세상은 우리의 마음이 저 피안의 세계를 깊이 묵상할 수 없도록 만든다. 만일 수사가 이 세상을 경험하고 싶다면 그는 단지 자신의 방 여기저기를 둘러보기만 해도 족하다. 우리는 이 땅에서 저 천국을 향해 여행하는 순례자로 머물고 있다. 현세에 몰두하거나 심지어 그것에 관심을 갖는 것조차 모든 수도사의 실존이 목표로 삼는 것 — 현세에서는 거룩함을, 미래에는 구원을 얻는 것 — 에 위험을 초래할 잠재성이 있다.

이와 비슷한 사례를 카르투시오 수도회[42]와 같은 다른 수도원 운동들에서 발견한다. 수사는 단지 이 세상뿐 아니라 다른 사람들로부터도 도피하여 고독한 은둔 생활을 추구해야 했다. 가능하다면 언제라도 그는 자신의 방 안에만 머물러 있어야 했다. 생 티에리의 윌리엄(프랑스에서는 William de Rue Thierry)은 방이라는 말에 해당하는 라틴어 'cella'를 사용하여 재담을 구사한 중세의 많은 영성 저술가들 중 하나이다. 방은 수사를 세상으로부터 숨겨주고('숨긴다'는 뜻을 가진 영어 단어 'conceal'은 같은 뜻의 라틴어 'celare'에서 나온 것이다), 천국(coelum)을 그 수사

---

42 성 브루노(St. Bruno, 1030-1101)가 1086년 프랑스의 샤트레즈에 설립한 수도원의 이름에서 유래했다. 자신의 몸을 채찍질하는 고행을 수도 생활의 한 방편으로 삼았는데, 후대에 영국의 존 웨슬리도 이 수도회가 세운 학교에 들어가 교육을 받았다.

에게 열어 보인다. 이와 비슷한 태도가 '근대의 헌신' 운동의 창시자로 널리 알려진 헤르트 데 흐로테와 결합되어 나타나는데, 그는 철저하게 이 세상으로부터 도피하여 하나님을 찾을 목적으로 모든 물질의 소유와 학문 추구를 부인했다.

이러한 선택 방안들 가운데 하나가 '재세례파' 같은 급진파 개혁자들을 통해 제시되었다. 그들 중 많은 이들이 세속 질서에 절망한 나머지, 그 세속 질서를 사실상 구원의 바깥에 있는 것으로 간주했다. '이 세상은 악하다. 거룩함은 오직 이 세상으로부터 철저하게 도피함으로써 유지될 수 있다.' 사회학자들이 '분파' 심리 또는 '기독교의 사유화'라고 이름 붙인 견해다. 특별히 그들은 세속 사회 질서를 거부했으며, 무엇보다 그 질서가 갖고 있는 강제성의 차원을 거부했다. 급진파들은 재산을 소유하는 것, 무기 드는 것, 나아가 서약하는 것마저 거부함에 따라 강렬한 혐오에 부닥치게 되었으며 세속 권력을 쥔 당국에 어쩌면 두려움까지 주는 존재가 되었다.

이 세상을 향한 이런 태도는 너무나 비판성이 강해서인지, 급진파들이 세상 속에서 살아간다는 것은 불가능해 보였다. 오늘날 존재하고 있는 아만파[43] 같은 조그만 공동체들만이 발전하여 세상과 그 질서로부터 도피했다. 여기에는 중세 수도원 운동과 뚜렷할 정도로 유사한 점이 존재한다. 그러나 급진파 공동체들은 모든 연령의 남

---

43 스위스의 종교개혁자인 야콥 아만(Jakob Ammann)이 17세기에 만든 메노파(재세례파의 한 분파이다) 계열의 한 분파이다.

성과 여성을 기꺼이 받아들였다. 그들은 세속 사회의 근본적인 신념과 관습을 거부했다는 점을 제외하면, 모든 면에서 세속 사회의 구조를 반영하고 있다. 그러나 세속 사회의 질서를 광범위하게 거부하면서, 그들은 사실상 공동의 질서 속에서 살아갈 수 없게 되었다. 그들은 그 사회 질서로부터 빠져나와 자신들 고유의 사회 질서를 세워야 한다고 믿었다. 이는 세상으로부터 자신을 분리시키면서 오로지 철저히 기독교의 배경 속에 거해야 한다고 강조하는 현대 복음주의의 하위문화들과 유사한 점을 엿볼 수 있다. 진정한 그리스도인이 되려면, 당신은 기독교 하위문화 속에 자신을 푹 담근 채, 이 세상과는 어떤 접촉도 피해야 한다.

많은 개혁자들은(특히 성 갈렌의 바디아누스는) 자신들이 발견해낸 수도원 운동의 근간이 된 동기에 대해 깊이 공감했다. 많은 이들은 유럽의 많은 수도원에서 간행된 영성 문헌들의 가치를 높이 평가했다. 그러나 여기에도 어쩔 수 없이 비판이 뒤섞인다. 개혁자들은 많은 수도원이 그 기강은 풀어진 채 풍부한 재산을 소유하는 것에 주목했다. 에라스무스는 수도원 안에 만연하다고 단언했던 성적인 죄악을 통렬하게 꼬집었다.

그러나 이처럼 실제적인 평가가 이루어지면서도 순수한 신학적인 염려가 반복적으로 나타났다. 그리스도인은 곧 이 세상에서 하나님을 섬기도록 부르심 받은 자들이므로, 세상으로부터 도피할 수도 없었고, 도피해서도 안 되었다. 개신교 진영에는 수도원 같은 것이 생길 수 없었다. 세상에 헌신한다는 것은 곧 세상 속에 살면서 세상의 방식을 공유하고 그것이 가진 위험과 기회를 함께 나누는 것을 의미했다. 영혼을 새롭게 가다듬을 목적으로 잠시 세상으로부터 나올 수 있다는 점은 개혁자들도 인정했다. 그러나 세상으로부터 영원히 도피한다는 생각은 그릇된 개인주의이며, 그리스도인이 져야 할 책임을 폐기하는 것으로 간주되었다.

세상으로부터 도피할 것인가 아니면 그 안에서 세상을 긍정할 것인가? 세상을 향한 두 개의 다른 태도 사이에 존재하는 긴장 관계가 역사 속에서 유효하게 작용한다. 우리가 책 전체에 걸쳐 강조해 왔듯, 기독교 역사를 연구한다는 것은 그 속에 구현된 영성을 탐구하는 것이다. 그리고 1510-1511년에 있었던 한 일화는 세상을 향해 가지는 태도에 반신반의하게 되면서, 영성의 위기들이 현실로 나타난 경우를 잘 보여준다.

16세기의 첫 10년 동안 이탈리아의 젊은 귀족들은 작은 무리를 이루어 종교 문제를 토론하는 정기 모임을 가졌다. 이 무리의 구성원들은 공통의 관심사를 공유하고 있었는데 곧 자신들의 영혼 구원을 확실히 보증하는 것이었다. 1510년, 그 안에서 위기가 발생했다. 일부 사람들이 개인의 구원을 확실히 담보하는 유일한 길은 세상으로부터 철저하게 도피하는 것이라는 결론에 이르게 된 것이다. 개인의 거룩함을 무너뜨릴 수 있는 세상의 위협은 오직 이 세상으로부터 떨어져 나올 때에야 비로소 반격할 수 있다고 생각했다. 이들은 지방의 한 수도원에 은둔하여 거기에서 타락한 세상의 영향으로부터 자신들의 구원을 안전하게 하고자 노력했다. 다른 사람들은 이 세상에 남는 길을 선택했다. 어찌 되었든지 그들은 이 세상에 몸을 담그고 있으면서도 틀림없이 구원을 얻을 수 있다고 판단했다.

1957년, 뛰어난 역사가인 후베르트 예딘[44]은 이탈리아의 한 수도원 문서 보관실을 샅샅이 뒤지다가 우연히 이 무리 가운데 한 사람인 가스파로 콘타리니의 서신들을 발견했다. 언뜻 보기에 콘타리니는 수도원이라는 울타리 속에서 구원을 찾으려던 그 무리의 지도자 파오로 쥬스티니아니와 일정하게 서신 왕래를 했던 것 같다. 이 서신들 속에서 콘타리니는 자신의 상황이 안겨다 준 고뇌를 돌아보면서, 친구들이 세상을 등지기로 결정함에 따라 자신을 짓눌렀던 영혼의 고통이 어떠했는지 보여준다. 1510년 말과 11년 초에 걸쳐 그는 세상 속에 남기로 한 자신의 결정이 정당한지를 증명할 수 없노라고 말한다. 이전의 동료들은 몸을 던져 스파르타식의 엄격한 규율과 개인의 내핍을 추구하는 프로그램에 복종했던 반면, 여전히 세상의 도시에 몸담고 있던 그가 어떻게 신앙의 순전성을 유지할 수 있었겠는가? 그러다가 1511년 부활절 전야 때, 그는 복음주의 정서를 지닌 베네딕트 수도회의 한 수사와 우연히 대화에 몰두하게 된 사건을 이야기한다. (베네딕트 수도회는 당시 가톨릭 복음주의의 한 양식을 대변하던 중심지로 알려진다.) 그 수사는 콘타리니에게 그리스도가 십자가에 못 박혀 죽으심으로써 그의 모든 죄를 용서해 주셨노라고 설명했다. 콘타리니는 뛸 듯이 기뻤다. '나는 마치 나의 전 생애를 수도원 속에서 보낸 것처럼

---

44 1900년에 태어나 1980년에 세상을 떠난 독일의 가톨릭 신학자요 교회사가이다.

이제 평안히 잠자리에 들고 잠에서 깰 걸세!' 콘타리니는 자신의 친구 쥬스티니아니에게 이렇게 썼다. 이 세상 속의 삶도 안전하고 확실한 토대 위에 놓여져 있는 것이다.

이제 여기서 너무도 중요한 사실을 관찰할 수 있다. 콘타리니가 1511년 부활절 전야에 부닥친 그 생각들은 이신칭의(믿음으로 말미암아 의롭다 부르심을 얻는다)라는 종교개혁의 교리 속에서 발전되면서 견고한 자리를 잡게 된다. 종교개혁에서 너무나 중요한 위치를 점하게 된 이 교리는, 자신들이 16세기의 일상 세계에서 그리스도인으로 살아가도록 부르심 받았다고 믿었던 이들의 믿음이 정당했다는 것을 이론으로 증명했다. 그 교리는 구원을 얻고자 수도원으로 들어가 은거하는 것은 필요치 않고, 바람직하지도 않다는 점을 확인해 주었다. 구원은 그리스도를 통하여 하나님을 믿으면서, 나아가 그 신앙으로 살아가던 모든 사람들과 지극히 가까운 거리에 있었다. 정작 중요한 문제는 신앙이었다. 그 신앙이 삶으로써 표현되어야 할 장이 어디인가는 다음 문제였다.

1520년대 초, 이 교리가 분명한 어조로 또박또박 진술되면서 세상을 향하여 새롭게 헌신하는 것이 이론과 실제 양면에서 모두 가능하게 되었다. 복음에 신실하다는 말은 이제 더 이상 세상으로부터 도피하는 것으로 이해되지 않았다. 이신칭의 교리는 그리스도인의 실존을 향하여 열려 있는 정황이 다양할 수 있음을 확인해 주었으며, 일상의 삶 속에서도 기독교 신앙을 좇아 긍정적으로 살아갈 수 있는 이론적인 토대가 되었다.

그런 이유들로 말미암아, 주류 곧 권위 있는 종교개혁자들은 수도원파와 급진파가 주장하던 것들에 반격을 가할 수 있었다. 그들은 이 접근법들이 더 기독교답고, 보다 현실성이 있다고 믿었다. 이것은 '비판적인 시선으로 세속 질서를 긍정한다'는 말로 부를 수 있을 것이다. 당신은 세상 속에 살고 있으며, 세상을 향하여 서 있는 당신 자신에게 말을 건넨다. 당신은 세상 역시 하나님이 창조하셨다는 점에서, 세상의 가치를 소중히 여긴다. 당신은 이 세상이 타락한 피조 세계이면서 동시에 구원받을 수 있는 세계임을 인정한다. 하나님께서 죄인들을 사랑하시면서도 구원받은 죄인들이 그리스도를 중심에 두는 환상을 마음에 품으셨듯이, 칼뱅 같은 저술가들은 타락한 세속 질서를 긍정하고 거기에 말을 건넸으면서도 하나님의 도성이라 불리기에 합당할 정도로 개혁되고 구원받은 도시의 환상을 굳게 붙들었다.

칼뱅의 사상 속에서는 하나님 자신이 창조하신 세계와 타락한 피조물인 세계 사이에 어떤 변증법이 존재하고 있었다. 그 세계는 하나님의 피조물이라는 점에서 영화롭게 되어야 하고 존중받아야 하며 나아가 긍정되어야 한다. 하지만 또 그것이 타락한 피조물이라는 점에서, 구원이라는 목적에 비추어 비판받아야만 한다. 창조라는 강력한 교리로 말미암아 칼뱅은 세상을 증오하거나 또는 세상 속에 있는 모든 것은 악하다는 식으로 미숙한 주장에 빠져들지 않을 수 있었다. 심지어 타락한 인간에게서도 뚜렷하게 나타나는 창조의 아름다움을 칼뱅이 계속 강조함으로써 그 창조가 타락의 교리를 부드럽게 해주었다. 이 세상은 타락했다. 하지만 그것은 여전히 하나님의 아름다운 피조물이요, 그 자체가 선한 것으로, 구원받을 수 있고 회복될 수 있는 상태로 존재한다. 이와 비슷한 양식을 인간의 본질에 대한 칼뱅의 교리에서 발견할 수 있는데, 그 교리 속에서 칼뱅은 인간이 여전히 하나님의 피조물로 존속하고 있다는 점을 결코 망각하지 않는다. 타락한 인간이 죄로 가득한 본성을 갖고 있음을 스스로 강조했음에도 불구하고 인간은 하나님의 피조물이요 하나님의 소유로 남아 있으며, 바로 그때문에 소중히 여겨야 할 존재다.

도시라는 이미지 속에서, 인간 사회와 문명도 구원받을 수 있으며, 하나님의 뜻―칼뱅이 특별히 '질서'라는 관념과 연결지은 개념이다―에 일치할 수 있다. 하나님이 부여하신 창조의 질서는 비록 죄로 말미암아 무너졌지만 회복될 수 있다. 나아가 회복의 도구 자체는 최초의 원질서(original ordering)와 일치한다. 칼뱅은 시편 11편 4절을 주석할 때 이것을 언급한다. '세상의 창조주이신 하나님께서 당신이 처음에 세우신 그 질서를 결코 무시하지 않으신다는 점이야말로 우리 신앙의 영광이다.' 칼뱅이 보기에, 예를 들면 사회―사회 안의 개인들이라기보다 사회 그 자체―를 구원하실 때 하나님께서 목표로 삼으신 것은, 외부인들을 끌어당겨 자신과 한 몸 되게 할 수 있는 능력을 지닌 사랑과 보살핌의 공동체를 창조하시는 것이며, 그 공동체의 거주자 가운데 우두머리이자 그 공동체를 지탱해 주는 분은 바로 살아계신 하나님이시다. [칼뱅 이후에 나온 웨스트민스터 요리문답서는 이렇게 말한다. '사람의 제일 목적과 의무는 하나님을

사랑하며 그를 영원히 기뻐하는 것이다.[45]

이 세상 속 그리스도인의 행위가 현재의 과제요 미래의 목표로 삼는 것은 하나님의 모습과 형상을 따라 만들어진 인류와 사회를 규율하는 하나님의 질서를 회복하는 것이다. 칼뱅의 인식 속에서 그리스도인의 신앙적인 삶은, 신자 개인이 소유하고 신령한 세계를 염두에 둔, 개인 차원의 일이 아니다. 이 세상으로부터 도망치는 것은 하나님이 창조하신 것으로부터 도망치는 것이다. 오히려 신앙은 타락한 피조 세계를 회복하여 그 창조주와 교제하게 하는 것과 관련되어 있으며, 나아가 그것과 관련을 맺어야만 하는데 그 회복과 질서복구의 과정에서 그리스도를 믿는 이들은 없어서는 안 될 중요 역할을 맡게 되는 것이다. 퀘이커 저술가인 윌리엄 펜은 다음과 같은 말로 종교개혁 영성이 가진 이런 측면을 잘 포착하고 있다. '진정으로 하나님을 따른다는 것은 사람들을 이 세상으로부터 돌려놓는 것이 아니라, 도리어 그 속에서 더 잘 살아갈 수 있게 하며 나아가 그들이 온 힘을 쏟아 세상을 고쳐 가도록 자극하는 것이다.'

'타락한 피조 세계의 질서를 회복한다'는 주제는 기독교 영성에 깊이 뿌리를 내리고 있으며 칼뱅은 그 무엇보다도 히포의 아우구스티

---

45 웨스트민스터 대요리문답 제1문과 소요리문답 제1문에서 묻고 답하는 내용이다. 웨스트민스터 신앙고백서는 1643년부터 1647년에 걸쳐 잉글랜드의 웨스트민스터 예배당에 모인 121명의 목사, 10명의 귀족, 21명의 의회 의원들이 작성한 것으로 신앙고백, 196문으로 이루어진 대요리문답 그리고 107문으로 이루어진 소요리문답으로 구성되어 있다.

누스가 말한 정치 신학과 연관된 사상들을 발전시켰다. 아우구스티누스가 보기에 하나님은 하나의 명확한 틀을 따라 이 세상—그 속에 있는 다양한 개인과 사회 그리고 환경 사이의 상호 관계들—을 창조하셨다. 아우구스티누스는 이처럼 하나님이 부여하신 관계의 틀을 규정하는 데 '올곧음'(똑바름, rectitude)이라는 말을 사용했다. 그에 따르면 관계들로 이루어진 이 조직은 죄가 끼친 효과들로 말미암아 손상되고 왜곡되었다. 죄는 단순히 하나하나의 인간에 관련된 개인 차원의 일이 아니다. 그것은 도리어 구조 차원의 문제로, 사회 전체에 영향을 미치고 있다. 칭의(아우구스티누스는 그것을 '올바른 상태가 된다'는 것으로 해석한다)의 과정에서 창조가 올곧음을 회복하는 것이 제일 먼저 이루어지고 있다. 이와 똑같은 관심사들이 비슷한 해석의 틀과 연관되어(비록 약간 다른 말을 사용했음에도 불구하고), 칼뱅의 사상 속에서도 쉽게 발견할 수 있다. 칼뱅이 보기에는 '그리스도의 죽음을 통하여 모든 세계가 새롭게 되었으며, 만물이 질서대로 회복되었다.' 아우구스티누스와 칼뱅은 이원론에 기초하여 그리스도인의 삶이 갖는 개인 차원과 공동 차원을 구분하려는 그 어떤 시도도 거부했다는 점에서, 나아가 그리스도인의 실존과 세상 속의 그리스도인의 실존 간의 정당한 종합 명제를 얻게 하는 영성을 추구했다는 점에서 공통점이 있다.

부활 그 자체는 타락한 인간의 지위를 최종적이고 극적으로 바로잡은 것이다. 죄로 말미암아 낡고 더러워진 것이 그것을 만드신 창조주로 말미암아 질서를 회복하고 새롭게 만들어진다. 어쩌면 칼뱅의 후예 가운데 하나인 벤저민 프랭클린[46]보다 이 믿음을 더 세련되게 표현한 사람은 없을 것이다. 젊은 시절 필라델피아에서 인쇄공으로 일한 프랭클린은 자신의 묘비에 들어갈 명문을 직접 썼다.

> 인쇄공 벤저민 프랭클린의 육신
>
> 여기에 잠들어 벌레의 먹이가 되다.
>
> 그러나 그 작품은 없어지지 아니하리니,
>
> 그것이 한 번 더 등장할 것이로되,
>
> 새롭고 더 우아하게 편집되어
>
> 저자의 손으로 개정되고 교정되어
>
> 출간될 것이기 때문이라.

잃어버린 창조의 질서를 다시 되찾는다는 이 주제는 칼뱅의 사상 전체를 통해 울려퍼진다. 그것의 실제적인 결과는 중요하다. 한편으로 그리스도인은 인간 사회를 하나님의 뜻에 일치하게 하는 최전선으로 뛰어나갈 추진력을 얻게 된다. 그렇지만 다른 한편으로, 인류 사회와 그 문명은 신자들을 그 사회와 문명의 틀에 완벽하게 일치시키게도 할 수 있다.

---

46 1706년에 태어나 1790년에 세상을 떠난 미국 독립 운동의 지도자이다. 1776년의 미국 독립선언서 기초 위원이었으며, 1783년 파리 강화 조약에 미국 대표로 참석하여 미국 독립을 국제 사회에서 공인받은 사람이었다.

그런 점에서 세상을 긍정하는 영성은 신자들이 세상 속으로 몰락하는 것을 방지하고 나아가 그들이 그리스도인의 독특함을 잃지 않도록 막으면서, 이런 투쟁을 꾸준히 전개할 수 있어야만 한다. 그리스도인은 자신을 세상 속에 내던져 그 속에 자신을 담그도록 격려받지만, 비판의 시선으로 응시할 수 있는 거리만큼 세상과 떨어져 있어야만 한다. 겉으로 세상에 몸을 담그고 헌신하는 동시에, 안으로는 세상으로부터 떨어져 비판적인 태도를 품어야 하는 것이다.

여기에서 독일의 저술가 마르틴 하이데거의 실존 철학과 명백하고 유익한 평행적 관계가 존재함을 볼 수 있다. 하이데거가 보기에, 실존은 '두드러진 것'(standing out)이고, 우리를 둘러싸고 있는 것으로 생명이 없는 사물 혹은 인공물과는 다른 것이었다. 이 세상은 인간의 실존과 관련하여 이중의 기능을 가질 수 있다. 세상은 우리가 살고 있는 곳이고, 우리의 '놀이 공간'(Spielraum)이며, 인간의 실존이 자리하고 있는 장이다. 다른 한편에서 보면, 세상은 우리로 하여금 그 속으로 빠져들게 하여 인간으로서 우리가 갖는 독특함을 잃어버리게도 하는, 인간의 실존에 위협을 줄 수 있는 곳이다. 긍정적인 의미를 찾는다면, 세상은 인간 실존이 거하는 곳이다. 하지만 부정적인 의미로는 인간 실존에 위협이 되기도 한다. 이와 너무나 같은 유형의 긴장 관계를 요한복음에서 발견하게 되는데, 거기서는 '세상'이 두 개의 기능을 다 가지는 것으로 나타나 있다. 곧 하나님이 창조하신 것으로써, 세상은 하나님이 사랑하시는 곳이요, 예수 그리스도를 보내사 죽게 하신 곳이며, 나아가 우리도 그의 일부를 이루고 있는 곳이다. 그러면서도 타락해 버린 이 세상은, 이제 신앙을 파괴하며 그것을 집어삼키려고 위협하고 있다.

이런 이유로 그리스도인이 사회와 문화를 향해 긍정하며 옹호하는 태도를 갖는다는 것은 곧 모험을 감행하는 것이다. 신자가 세상에 집어삼켜질 수 있는 위험은 진정 존재하며, 그 세력들은 그리스도인들이 창조주께 헌신하는 길에서 벗어나 타락한 피조 세계에 몸을 내어맡기도록 날마다 미혹한다. 그런 점에서 이런 함정을 피하려면 나름대로 신학 차원에서 자신의 방어 체계를 구축하는 것이 필요하다.

우리에게 깊은 인상을 안겨주면서 세상을 긍정하는 칼뱅의 영성도, 존재론의 차원에서 하나님과 세상을 구별하는 것을 긍정하지만, 정작 그 둘을 전혀 별개로 구분하지는 않는다. '구별되지만 구분된 것은 아니다'(각기 독특성이 인정되지만, 결코 따로 떨어진 채 나누어져 있지 않다)라는 주제는, 칼뱅의 신학 가운데 많은 곳에서 그 기초를 이루고 있으며, 그의 영성에서도 다시 등장하고 있다. 창조주 하나님을 아는 것은 그분이 창조하신 것들을 아는 것과 결코 분리될 수 없다. 피조 세계가 중요하다는 것은 그것을 창조하신 분으로부터 유래하는 것이다. 그리스도인들은 세상을 창조하신 하나님께 충성하고 순종하며 그를 사랑하기에, 그분이 만드신 세상을 존중하고 거기에 관심을 기울이며 헌신해야 하는 것이다. 세상은 그런 충성을 직접 요구하지는 않는다. 하나님이 창조하신 자연을 존중할 때 그 사람은 하나님을 경배하는 것이지 자연을 경배하는 것이 아니다.

이 점에 대해서는 더 상세히 살펴볼 가치가 있다. 칼뱅이 보기에 창조(피조 세계)는 모든 점에서 창조주를 반영하고 있다. 창조가 그의 창조주를 증거하는 다양한 방식들을 전달하는 것처럼, 모든 형상들은 우리 눈앞에서 빛나고 있다. 그것은 눈으로 볼 수 있는 한 벌의 옷과 같은 것으로, 우리 눈으로 볼 수 없는 하나님이 당신을 알리시고자 걸쳐 입으신 것이다. 그것은 마치 한 권의 책과 같은 것으로, 그 책 속에는 창조주의 이름이 저자로 기록되어 있다. 그것은 마치 하나의 극장 같은 곳으로, 그 안에서는 하나님의 영광이 관객들에게 펼쳐지고 있다. 그것은 마치 하나의 거울과 같은 것으로, 하나님이 행하신 일들과 그분의 지혜를 그 안에서 보게 된다. 한 마디로, 하나님과 그분이 창조하신 세계 사이의 연관이 너무나 긴밀하여 심지어 칼뱅마저도 자연이 곧 하나님[47]이라는 말을 받아들일 수 있을 정도였다(그 말이 경건한 것이라는 전제 아래).

이런 영성은 자연 과학의 연구에 새로운 기초와 원동력을 부여했다. 피조 세계의 복잡한 사물들을 연구함으로써 하나님의 영광을 더 잘 알 수 있는 수단으로 의학과 천문학이 장려되었다. 예를 들어 16-17세기에 자연 과학에 중대한 기여를 한 인물들이 바로 칼뱅의 사상으로부터 깊은 영향을 받은 사람들인 것을 볼 때, 이는 결코 적지 않은 중요성을 갖는다. 눈으로 볼 수 있으면서 손으로 만질 수 있게 그분이 창조하신 세계가 경탄을 자아낼 정도로 질서를 갖추고

---

47 범신론이 주장하는 명제다.

있다는 사실에서, 눈으로 볼 수 없는 하나님의 지혜를 발견할 수 있다. 벨직 신앙고백서(1561)는 이 점을 다음과 같이 분명하게 선언한다. 자연은 '우리 눈앞에 가장 아름다운 한 권의 책처럼 펼쳐져 있으며, 그 속에는 모든 피조물이, 커다란 것이든 조그만 것이든 눈으로 볼 수 없는 하나님의 일들을 우리에게 보여주는 글자처럼 존재한다.'

뿐만 아니라, 그것은 우리에게 자연을 기뻐할 수 있는 새로운 원동력을 준다. 신자들이 어떤 대가를 치르더라도 향락에 몰두하지 말도록 단호한 태도를 표명한 탓에, 흥을 깨는 금욕주의자로 자주 묘사되고 있음에도 불구하고, 정작 칼뱅은 이 피조 세계야말로 우리가 단순히 그 안에서 생존하는 것을 넘어 그것을 즐길 수 있게 만들어졌다는 점을 강조했다. 시편 104편 15절을 인용하면서 칼뱅은 하나님께서 사람의 마음을 기쁘게 하는 포도주를 만드셨음을 주장한다. 음식은 단지 우리가 생존할 수 있는 수단으로 주어진 것이 아니라 그 풍미를 즐길 수 있게 주어진 것이다. '하나님은 오로지 우리가 꼭 필요로 하는 것만을 공급하시는 것이 아니라, 우리가 일상의 삶 속에서 목적으로 삼는 것들에 필요한 만큼 우리에게 공급해 주셨다. 그의 선하심으로, 포도주와 기름으로 우리의 마음을 즐겁게 하심으로써, 그는 더욱 더 우리를 인자하게 다루신다. 자연이라면 틀림없이 마실 물로 만족할 것이다. 그런 점에서 포도주를 더하여 주심은 하나님의 넘치는 자비하심에서 비롯된 것이다.' 이와 비슷하게 칼뱅이 1540년에 발표한 『주님의 마지막 만찬에 관한 논고』에서 지적하듯이, 성찬을 통하여 포도주가 연상케 하는 풍성하고 만족스러운 느낌에 새로운 의미가 부여되었다.

주님의 피를 상징하는 것으로 포도주가 제시되는 것을 볼 때, 우리는 포도주가 사람의 몸에 주는 이점들을 성찰해 보아야만 한다. 그럼으로써 우리는 이와 똑같은 이로움들이 신령한 방식으로 그리스도의 피를 통하여 우리에게 주어졌음을 깨닫게 된다. 이런 이로움들은 자양분을 공급하고, 새롭게 하며, 힘을 더해 줄 뿐 아니라 나아가 기쁨을 준다.

칼뱅은 이 점을 『기독교강요』에서 길게 서술하면서 우리가 어떻게 삶 속에 있는 선한 것들을 누릴 수 있는지 지적하고 있다. '만물이 우리를 위하여 만들어졌다는 것은 우리가 그 만물들을 지으신 이를 알고 인정하도록 하며 나아가 그분께 감사를 돌림으로써 우리를 향하신 그분의 선하심을 기리도록 하는 데 그 목적이 있다.' 그리스도인으로 산다는 것은, 이 세상을 부인한다는 의미가 아니며 사실 그럴 수도 없다. 세상을 부인한다는 것은 너무나 경이로운 모습으로 그것을 창조하신 하나님을 부인하는 것이다. 이 점을 다시 한 번 강조하자면, 세상은 비록 타락했을지라도 악하지는 않다. 그 타락 속에서도 세상은, 하나님이 부여하신 원래 상태로 회복시키는 길로 나아가게 하는 강력한 동기를 그리스도인들에게 부여하고 있다. 만일 세상이 타락한 상태에서도 이토록 아름답다면, 그것이 회복되어 구원받을 경우에는 얼마나 더 사랑스러운 모습이 될 것인가!

그러나 이런 아름다움이 존재함에도 불구하고, 피조 세계는 하나님이 아니다. 그것은 하나님이 지으신 하나님의 소유일 뿐이다. 그것은 하나님으로부터 나온 것이다. 피조 세계는 곳곳에 하나님이 저자임을 나타내는 인지를 가지고 있다. 그러나 하나님을 그가 만드신 것들과 동일한 존재로 여겨서는 안 된다. 우리는 이 세상 위에 계신 그 저자에게 이르러야 하며, 그분은 결코 이 세속의 차원으로 낮아질 수 없는 분이다[비록 칼뱅이 성육신을 논하면서, 하나님께서 이 차원으로 자신을 낮추시는 것을 택하셨다고 지적하긴 하지만]. 이론과 실제 양면에서 구분이 이뤄져야 한다. 숨을 거두는 날까지 유능한 교육자였던 칼뱅은 사람들을 가르치는 가장 좋은 길이란 알려진 것으로부터 시작하여 알려지지 않은 것으로 나아가는 것이라고 주장했다. 따라서 이미 알려져 있는, 눈에 보이는 세계로부터 보이지 않는 하나님에 대한 토론을 시작하는 것이 유일하고 자연스럽다[칼뱅은 그 본보기로 바울이 아레오바고에서 행한 설교(행 17:22-31)를 추천하고 있다]. 그러나 하나님은 당신이 지으신 것을 초월하시며 결코 그 피조물의 차원으로 내려앉을 수 없는 분이다. 사실 칼뱅은, 잘못 이해될 경우, 하나님의 창조물(피조 세계)이 우상 숭배(즉, 창조주를 경배하며 그를 영화롭게 하는 것이 아니라 도리어 그분이 창조하신 것에 복종하는 것)를 낳을 수 있다는 점을 지적하면서 종교개혁의 기본적인 주장을 다시 한 번 외치고 있다. 그런 점에서 칼뱅의 사상에는 창조에 대한 이중의 태도가 존재한다. 올바르게 이해할 때 자연은 하나님으로부터 비롯된 그 무엇으로, 그의 창조주 되심을 반영하며 나아가 그분을 가리킬 수 있다. 그릇되게 이해될 때 자연은 창조주와 그의 목적을 망각함으로 인해 우리를 하나님으로부터 돌아서도록 만드는 것이다. 피조물을 하나님으로 오도하고 오해한다면, 고통스럽게도 그 피조물을 경배하는 길로 쉽사리 빠져든다.

마찬가지로 츠빙글리도, 창조주와 그가 지으신 것을 분간치 못함으로써 그분을 믿고 모든 것을 내맡기기보다 오히려 피조물에 기대게 되는 위험성이 실제로 존재한다고 강조했다. 츠빙글리는 어떤 주석에서, 에라스무스가 쓴 시 한 편을 읽고 나서 자신이 이를 얼마나 강력하게 깨달았는지 설명하고 있다.

그리스도 안에 있는 나의 형제자매들이여, 내가 어떻게 해서 예수 그리스도 외에는 그 어떤 중보자도 우리에게 필요치 않으며, 하나님과 우리 사이에 중보자는 그리스도 이외에는 아무도 없다는 굳건한 믿음에 이르게 되었는지 여러분이 모르게 되기를 나는 원치 않습니다. 약 8-9년 전에, 나는 가장 학식이 풍부한 로테르담의 에라스무스가 주 예수께 드리는, 위로를 주는 시를 읽은 적이 있습니다. 이 시에서 예수께서는 많은 아름다운 말로, 우리가 그분이 주시는 그 모든 선한 것을 간구하지 않는다고 탄식하십니다. 예수 그분이 모든 선의 원천으로서 구원자요, 위로자요 나아가 영혼의 보배이심에도 불구하고 말입니다. 그때 나는 혼자서 생각했습니다. '늘 그렇구나. 대체 우리는 왜 늘 피조물에게 도와달라고 빌까?'

츠빙글리가 보기에 진정한 그리스도인의 영성은 피조물들을 의뢰하려는 인간의 자연적인 성향으로부터 늘 몸을 돌려, 하나님 안에 있는 그것들의 원천과 기원에 향하는 것에 달려 있다. 이런 결과를 바라는 츠빙글리의 기도는 우리에게 여전히 유익하다. '전능하신 하나님, 우리 모든 사람이 눈 먼 장님임을 깨달음으로써, 이제까지 피조물에게 매달렸던 우리가 이제부터 창조주께 매달릴 수 있도록 허락하옵시며, 오직 당신만이 우리의 유일한 보배가 되게 하시고, 우리의 마음이 당신만 의지하도록 허락하옵소서.'

히포의 아우구스티누스는 이미 오래 전에 그와 똑같은 어려움을 예견하며, 한 설교에서 '우리는 이 세상을 사랑하지 말아야 하지만, 세상이 우리에게 미혹거리가 되지 않는 방식으로 꼭 그 안에서 일해야 합니다'라고 말한다. 피조 세계를 향하여 바른 태도를 취하면 이런 어려움은 제거된다. 칼뱅은 하나님과 그분이 만드신 세상을 엄별하면서도 실제로는 분리할 수 없다는 점을 동시에 강조하는 교리의 틀을 취한다. 하나님과 그분이 만드신 이 세상이 그 뿌리에서 남남으로 갈라선다는 것은 불가능하다. 그들은 결코 서로 분리되어서는 존재할 수 없다. 그러나 그들은 같지 않다. 칼뱅의 업적은, 세상이 하나님의 소유라는 점에서 긍정될 수 있지만, 동시에 그것은 하나님이 아니라는 점에서 비판의 시선으로 바라보아야 할 세계임을 하나의 틀로 만들었다는 점이다.

그런 통찰들이 이신칭의 교리와 결합된다면, 세상을 강력하게 긍정하면서 그것을 향하여 헌신하는 태도를 받아들일 수 있는, 정교하면서도 지식이 풍성한 이론적 기초를 제공하게 된다. 루터는 이 점을 이렇게 표현했다.

> 시대시대마다, 성인들은 세상 속에서 이런 방식으로 살아간다. 그들은 가사와 일상 세계를 가까이 하면서 공무를 수행하고 가정을 꾸리며 밭을 갈고 나아가 상업이나 다른 종류의 직업에 종사한다. 그러나 그들은 조상들처럼, 자신들이 이 땅에 유배된 이방인임을 깨닫고 있다. 그들은 이 세상을 그저 거쳐가는 장소로 사용할 뿐이다.

루터는 다른 곳에서, '하나님의 목적 안에서 이 세상은 단지 앞으로 임하게 될 세상의 준비이며, 뼈대일 뿐이다'라고 말한다. 달리 말하면, 이 세상이 존재하는 목적은 곧 이곳을 '영혼을 빚는 골짜기 같은 곳'(a vale of soul-making, 키츠[48])으로, 우리를 장차 임하게 될 그 세상에 적합한 존재요 그 세상을 준비하는 존재로 만들어주는 것이다. (그런 글귀들은 다른 한편으로 종교개혁자, 특히 루터의 글에 나타나는 종말을 지향하는 신앙에 대해 주목하는 데 도움을 준다. 신앙은 현세의 저편을 내다보면서 영생 안에서 이루어질 그의 완성을 대망한다.)

칼뱅은 자신이 만든 『제네바 요리문답서』에서 한 여행자를 모델

---

[48] 존 키츠(John Keats, 1795-1821)는 낭만주의 시대를 대표하는 시인들 가운데 하나다. 런던에서 태어나 로마에서 숨을 거두었는데, 미학의 눈으로 바라본 관능의 틀 속에서 여러 시들을 발표했다.

로 삼아 그가 권면하고 싶은 자세를 자세히 설명하고 있다. 칼뱅에 따르면, 우리는 '이 세상이, 마치 외국인 것처럼 거쳐 지나가야만 하며, 땅 위에 있는 모든 일들을 소중히 여기지 말고 그것들에 마음을 두는 것을 거절해야 한다.' 바꾸어 말하면 우리는 이 세상을 기뻐하고 존중하며 나아가 그것을 탐구하도록 권면을 받지만, 그런 와중에도 이 곳이 결코 우리의 본향이 아니라는 점을 깨닫도록 권계를 받는다.

현세의 즐거움과 관련된 모든 일들은 하나님이 주신 거룩한 선물들이다. 그러나 우리가 이 선물들을 남용한다면 우리는 그것들을 더럽히는 것이다. 왜 그런가? 우리는 늘 이 세상 속에 머물기를 꿈꾸고 있기 때문이다. 우리로 하여금 현세를 거쳐 지나가도록 돕게 되어 있는 것들이, 오히려 우리를 이 세상에 단단히 붙들어 맴으로써 우리에게 훼방꾼 노릇을 하기 때문이다. 그런 점에서, 바울이 이런 미몽으로부터 우리를 깨우고, 이 세상은 단지 덧없이 지나가는 짧은 시간임을 성찰하도록 촉구하며, 나아가 세상에 존재하는 모든 것을 마치 우리의 소유가 아닌 것처럼 다루라고 한 권면에는 타당한 근거가 없지 않았다. 만일 우리가 이 세상에서 한낱 이방인임을 깨닫는다면, 우리는 세상에 있는 것들을 다른 사람의 소유물처럼 ─ 곧, 단 하루 빌려다가 쓰는 물건처럼 ─ 사용하게 될 것이다.

'세상은 결코 우리의 영적 지평을 지배할 수 없다.' 칼뱅은 이 주제를 전개하면서 구약 속의 '본향으로부터 쫓겨나 유배당한 처지' 같은 광범위한 이미지들을 끌어다 쓰고 있다. 가다머가 쓴 글귀 가운데 하나를 인용하자면, 우리는 그리스도인들이 소망하는 부활과 영생이 인류 역사와 사회 속에서 우리의 사고와 행동을 잘 인도할 수 있도록, 시간과 영원이라는 지평의 융합, 그리고 지금 여기의 세계와 장차 도래할 세계가 갖고 있는 지평을 융합하도록 해야 한다.[49] 우리는 '현세를 향해 어떤 증오도 없고 하나님을 향한 감사도 없는 현재의 이 세상에 대해 더욱 경멸해야 한다.' 금욕주의적으로 현세를 평

---

49 '지평의 융합'은 독일의 해석철학자 한스-게오르그 가다머(Hans-Georg Gadamer, 1900-2002)가 주창했던 개념이다. 그는 역사의 문제를 배제한 채, 텍스트 자체 내에서 이루어지는 전체와 부분 사이의 해석의 순환을 통해 그 텍스트의 의미를 간파할 수 있다고 생각한 이전의 인식에 의문을 제기한다. 일찍이 하이데거가 주창했던 '선이해를 미리 포착하는 움직임으로부터 텍스트의 이해는 늘 규정된다'는 논리를, 그는 '하나의 완성된 의미의 통일체인 형식이라는 전제가 텍스트 이해를 이끈다'라는 명제로 바꾸어 제시하면서, 이 전제를 '전승과 우리 사이의 관계에 존재하는 공통성'이라는 말로 바꾸어 표현하기도 한다. 이 공통성에 의지하여 텍스트를 읽은 이가 이해에 도달하지 못할 경우에는, 그 공통성의 대상이 된 전승을 의심하면서 그것이 어떻게 치유되어야 할지 알아내야 함을 지적한다. 이 때문에 텍스트의 이해는 역사의 지평과 현재의 지평이 융합되는 과정에서 실행되는 것으로 그는 이해한다. 그가 말하는 지평이란 하나의 관점으로부터 내다볼 수 있는 모든 것을 포괄하는 시야를 말한다. 역사의 지평이란 과거사가 가지고 있는 고유의 의미이며, 이 지평 안으로 자신을 옮겨 놓지 않으면 그 지평으로부터 전승이 말하는 내용을 오해하게 된다고 그는 말한다. 지평은 고정된 실체가 아니라 해석자가 그 안으로 들어가는 그 무엇이며, 해석자를 따라 움직이는 것으로, 이 들어감을 통해 더 높은 일반성(보편성, 이는 근대 인문주의의 중심 목표였다)으로 나아가게 된다고 말한다. 해석자가 전승과 만날 때마다 텍스트와 현재 사이에 긴장 관계가 조성되는데, 이 긴장 관계를 명백하게 펼쳐 보이는 것이 해석학의 과제라고 그는 주장한다. Hans-Georg Gadamer, *Hermeneutik I: Wahrheit und Methode*, 5.Aufl. (Tubingen: C.B.Mohr, 1986), 296-312면을 보라.

가절하하는 것은 칼뱅이 보기에 그리스도인이 가질 마음이 아니었다. 현세의 덧없음이 오히려 현세를 가장 잘 선용할 수 있게 한다. 물론 이 세상이 장차 임할 세상과는 결코 비견되지 못함을 알 때에야 이 말이 늘 성립한다. 현세에 지나치게 몰두하여 거기에 몸을 내던지다가는 자칫 영생, 곧 실재를 부인하는 결과를 낳을 수도 있다. 현세는 단지 그 실제를 가리키는 역할을 하고 있을 뿐이다.

이런 태도를 가장 세련되게 묘사한 글 가운데 하나를 조나단 에드워즈[50]의 설교 『순례자 그리스도인』(*The Christian Pilgrim*)에서 발견할 수 있다. 에드워즈가 칼뱅주의의 전통을 자신의 상황에 충실하게 적용한 이 설교는 '하나님은 결코 이 세상이 우리의 본향이 되도록 설계하시지 않았다'는 한마디로 집약될 수 있을 것이다. 이 설교에서 가장 단호한 직설화법 중 하나다. 에드워즈는 18세기 뉴잉글랜드의 상황을 염두에 두고 이렇게 선포하고 있다.

비록 외면의 즐거움에 휩싸여 있고 그지없이 좋은 친구들, 친지들과 더불어 가족을 구성한다 할지라도, 비록 교제하는 것이 기쁘기 이를 데 없는 벗들이 있고 자녀들에게 장래가 촉망되는 자질들을 많이 발견한다 할지라도, 비록 우리가 선한 이웃들과 함께하며 거기서 저명인

---

50 1703년에 태어나 1758년에 세상을 떠난 미국의 설교자요 신학자이다. 칼뱅주의의 영향을 받았으면서도 그것을 식민지 아메리카의 상황에 맞게 수용하여 정착시키려고 했으며 '대각성 운동'을 주도했던 인물이다.

사로 널리 사랑 받는다 할지라도, 우리는 이 모든 일을 우리의 분깃으로 여겨 그 안에서 쉼을 찾아서는 안 된다. … 우리는 언제라도 기꺼이 그것들을 내려놓고 자원하여 그 모든 것들을 하늘의 것과 바꾸겠다는 마음을 품고서, 그것들을 소유하고 즐기며 사용해야 한다.

그리스도인들이 내다보는 부활과 영생의 빛에 비추어 볼 때, 현세는 하나의 목적이라기보다 도리어 하나의 수단이요, 한 권의 책이라기보다 하나의 머리말일 뿐이며, 오페라의 한 작품이기보다 그 서곡에 불과할 뿐임이 드러난다. 칼뱅이 아무 비판 없이 자신의 몸을 세상에 푹 담그는 이들을 비판하는 근본 요지는, 그들이 잠깐 있다가 사라지는 것들을 마치 절대 불변의 영원한 것처럼 여긴다는 것이다. 그리스도인들이 장차 임하게 될 세상의 모습이 어떠한지 미리 보고 맛보기 시작하면, 그는 이 세상을 좋은 것으로 여기면서도, 장차 임할 세상이 더 좋다는 것을 알게 될 것이다. 현세는 '하나님이 자비하심으로 베푸신 선물'로 환영받고 받아들여져야 하며, 기쁨의 대상이 되어야 할 존재이다. 그것 자체로도 그러하지만 나아가 현세가 아직 도래하지 아니한 그 세상의 모사이며, 그 세상을 암시하는 것이기 때문이다.

이 세상, 신학 그리고 영성

종교개혁 시대에 가장 절박했던 문제들 가운데 하나는 세속 사상이 과연 어느 범위까지 종교 사상에 주제넘게 끼어들 수 있느냐에 관한 것이었다. 많은 저술가들이 보기에 16세기는 세속 인문주의가 탄생한 해였다. 그 시대에 하나님을 부인하는 이데올로기가 기독교의 진지한 대안으로 자리잡았다고 주장하는 것은 터무니없이 들리지만, 근대 서구 사상이 갖고 있는 이런 중요한 특징들은 이탈리아 후기 르네상스 안에서 발견할 수 있을 것이다. 제우스, 주피터 그리고 '그리스도인들의 하나님'(테르툴리아누스의 글에서 빌려온 표현이다)이 서로 결합되고, 나아가 점점 더 흔하게 고전 문명 — 그리스, 로마 그리고 히브리 문명 — 의 도덕적, 영적 자질을 대표하는 것이 돼 버렸다. 이런 흐름의 근원은 콜루치오 살루타티로 거슬러 올라갈 수 있는데, 그는 고대의 신들은 [20세기의 용어로 표현한다면] '신화의 탈을 벗어 버리고' 순수하게 덕의 구현체로 여겨질 수 있다고 주장했다. (로테르담의 에라스무스가 한 말이 사실이라면) 16세기가 시작되면서 이미 그와 동일한 과정이 기독교에까지 확장된 것을 보게 된다.

르네상스 시대 종교 분야 연구의 주요 권위자 가운데 한 사람인 찰스 트린코스[51]는 이렇게 쓴 바 있다. "문화가 세속의 길로 치닫고 인간이 '신의 반열에 오르게 된 것'은 중세-르네상스-종교개혁 시대의 기독교 안에 존재하던 여러 운동과 태도들로부터 직접 비롯된 것이다. … 거룩한 것을 세속에 속한 것으로 만들면서 동시에 세속을

51　미국 미시간대학교에서 역사학 교수로 재직하면서 르네상스 시대의 종교와 인문주의 연구에 많은 업적을 남겼다.

거룩한 것으로 만들려는 경향이 전개되고 있었다.” 다음 장에서 우리는 종교개혁 시대의 직업 윤리가 어떻게 해서 평범한 일상에 새로운 종교적 지위와 동기를 부여함으로써 ‘세속의 것들을 신성한 것으로 만드는지’ 살펴볼 것이다. 지금은 이와는 다른 측면 즉, 종교적인 것들을 세속에 속한 것으로 저하시켜 버리는 경향을 살펴보겠다. 후기 르네상스 시대에 문화적인 발전이 이루어지면서 신성한 것들이 세속적인 것으로 전락하는 것을 막는 수단을 찾는 것이 시급한 과제가 되었다.

현대에 이르러, 기독교 신앙과 세속 세계의 상호 작용을 다루는 적절한 방책으로 선택 가능한 두 가지 방안이 나타났다. 한편으로 우리는 ‘방벽의 신학’(the theology of barricade), 곧 순수한 신학이라고 부르는 것과 세속 세계에 오염된 신학 사이에 어떠한 상호 작용도 일어나지 않게 하는 방법을 가지고 있다. 나는 방벽이라는 이미지를 사람들이나 사상이 결코 통행하지 못하도록 설정된 공유 영역을 나타내기 위해 선택했다. 신앙과 이 세상은 서로 적대 세력이며, 그 어떤 대가를 치르더라도 따로 떨어져야만 한다. 신학의 순수성은 그 신학이 스스로 설정한 울타리 바깥에 있는 세상을 향하여 거의 말을 건넬 수 없는 처지로 전락하고서야 유지된다. 그 영성은 방어 양상을 띠며, 마치 보어인들의 크랄[52]과 비슷하다. 그 영성의 순수성은 세속

---

52 보어인은 남아프리카에 이주했던 네덜란드인들의 후예다. 이들이 세웠던 트랜스바알 공화국과 오라녜(Oranje, 영어의 orange에 해당하는 네덜란드어) 자유국은 1881-

사상과 가치들이 신앙의 모든 영역에서 얼마나 배제되었는가에 따라 판단된다.

레베카 피펏은 『빛으로 소금으로』(*Out of the Saltshaker & into the world*, IVP 역간)에서 이런 태도를 완벽하게 포착하고 있다.

> 무엇을 가리켜 영적이라고 하는지를 놓고 또 혼란이 있다. 우리는 믿지 않는 같은 방 친구를 연극에 데려 가거나 같이 피자 먹는 것보다 성경 공부나 교회에 데려가는 것을 더 영적이다고 느낀다. 우리가 이 세상과 자연스럽게 접촉할 수 있는 지점들을 이해하지 못하는 것처럼, 역시 우리는 하나님 그분과 자연스럽게 접촉하는 지점을 이해하지 못한다. 그분은 우리 인간을 만드셨다. 따라서 그분은 우리의 인간됨에 관심을 갖고 계신다. 우리는 감히 그분의 영역을 성경 공부나 그리스도인들과 토론하는 세계로만 제한할 수 없다. 그분은 생명을 창조하셨으며 나아가 그 생명에 더하신 총체 속에서 영광을 받길 원하신다.

> 다른 한편으로는 내가 '정세를 따르는 신학'(the theology of posture)이라고 이름붙인 것, 곧 그리스도인의 신실함과 적합성은 기독교를 세상과 구분할 수 없게끔 만듦으로써 안전하게 지켜질 수 있다고 하는

1884, 1899-1902년에 걸쳐 이 지역을 식민지로 만들려던 영국과 전쟁을 치루었고 끝내 영국의 무력 앞에 굴복했다. 이때 보어인들이 마을 주위에 방책을 설치하고 마을을 하나의 요새처럼 만들었는데 이곳이 바로 크랄이다.

신학이 있다. 이것은 기독교 전통의 역사적인 자원들을 고려하지 않은 채, 그 시대의 문화 사상 또는 가치 위에 전체적인 신학(하나님이 존재하실 여지가 거의 없다는 점에서 신학이라는 말을 사용하는 것이 다소 적절치 못하지만)의 기초를 건설하는 모습을 띨 수 있다. 자유주의 신학과 그 영성은 잠시 동안 뭉쳐 있던 여러 태도와 생각들의 군상과 다를 바 없으며, 그것이 직면하던 세속의 환경으로부터 직접 유래한 것이다. 기독교 전통이 함유하는 자원들보다 도리어 이 세속의 환경이 가장 큰 자극제가 되면서 자유주의 영성의 힘을 북돋아주고 그 원리를 이끈 셈이다.

그런 점에서 기독교 신학과 영성은 카멜레온과 같이 되었으며, 그 자신의 독특함을 잃어버린 채 자신의 문화 배경 안으로 뒤섞여 버렸다. 또 카멜레온처럼 그들은 눈에 띄지 않는다. 그들은 배경과 잘 구별되지 않는다. 그들을 지나쳐 버리게 된다. 이런 접근법은 자신들의 순수성을, 사회에서 수용할 만한 무리들이 내세우는 최신의 사회 경향들과 지식의 흐름에 신학이 얼마나 일치된 모습을 보여줄 수 있느냐로 측정한다.

어쩌면 이런 특징 묘사들이 만화처럼 보일 수도 있을 것이다. 만화의 정수는 그것이 묘사하는 실재를 다른 사람이 깨달을 수 있을 만큼 닮았는가 하는 점이다. 나는 한때나마 그 두 번째 부류의 사상 속에 견고히 서 있던 사람으로서 이 글을 쓰고 있다. 어찌 되었든지 내가 말하려는 것은 단순하다. 이 두 접근법 모두 주목을 받지 못했다는 점이다. 첫 번째 접근법은 세상을 향하여 전혀 말을 건네지 못했다는 점에서, 두 번째 접근법은 세상으로부터 구별되지 못하는 내적인 무능함으로 인해 그러했다. 그 자체만을 놓고 본다면, 둘 다 그 의도는 선했다. 둘 다 칭송할 만한 목표들을 갖고 있다. 그러나 실제 상황은 둘 다 실패했음을 역설적으로 보여준다.

칼뱅이 추천하고 실제 그가 채택했던 접근법은 우리가 그 윤곽을 뚜렷하게 그을 수 있을 정도로 독특한 것이면서도, 동시에 그때의 상황으로부터 오늘날로 옮겨 놓을 수 있을 정도로 유연성을 갖고 있다. 그 기본 가정은 이렇다. 기독교 신앙 그 자체는, 특별히 그 교리적인 면에서, 우리에게 삶과 믿음을 위한 틀을 제공해 준다. 활력과 정열이 넘치는 이 틀이야말로, 자칫 기독교 신앙의 생명에 위협을 줄 수도 있는 사회적이고 지성적인 세력들을 분별하고, 신자들로 하여금 그에 맞서 싸울 수 있도록 만들어 주는 것이다.

그럼에도 불구하고, 그러한 모든 사회적, 지성적 세력이 기독교 신앙에 위협을 주는 것은 아니다. 풍성한 지식을 가진 신앙 — 즉, 무턱대고 믿고 보자는 신앙이 아니라, 성경과 기독교 전통에 그 근거를 두고 있는 확실하고 명쾌한 것만을 믿는 신앙 — 이라면 이와 관련하여 분별의 능력을 갖고 있다. 그것은 주위의 발전 양상들에 비판을 가하고 그것들을 평가할 수 있는 능력이 있다. 그것은 세속 문화 속에 나타난 모든 발전 양상을 사탄의 소행이며 파괴성을 지닌 것으로 간주하거나, 또는 정반대로 그것들이 하나님이 수신, 권위 있는 것으로 간주해 버리는 단순하고 위험스러운 주장들을 받아들이지 않는다. 그들은 그런 발전 양상들의 옳고 그름을 판단할 수 있는 기준을 또박또박 설명할 수 있다. 기독교 신학은 이러한 평가의 삼단 논법에서 늘 대전제의 위치를 차지한다.

기독교 신학과 영성이 세속 세계에서 전개되는 발전 양상들―그것이 실존 철학 같은 철학 분야든 아니면 융[53]과 같은 심리학 분야의 것이든―에 예리하고 해박한 관심을 보여야 한다는 사실은 자연스러운 것이다. 그렇지만 기독교 신학과 영성은 그런 발전상들이 추천하는 것을 마지못해 수용하기보다는, 오히려 능동적으로 평가해야 한다. 만일 기독교 신학과 영성이 그런 발전상들과 뒤섞여 같은 색깔을 띠게 되면서, 그것들이 이루어 놓은 일을 미래 세대가 원점으로 되돌려놓아야만 하는 상황이 벌어진다면, 그 신학과 영성은 최악의 파산 상태에 빠지게 되는 셈이다.

이 점을 너무나 선명하게 드러낸 강연 하나가 옥스퍼드에서 있었던 것을 기억한다. 나는 미국에서 온 연사를 소개했고, 그의 주제는 '해방과 문화' 비슷한 무엇이었다. 그것은 특별히 눈에 띄는 것은 아니었는데, 강연의 요지는 기독교 신학이 좇아가야 하는 모범을 현대 문화가 제시하고 있다는 것이었다. 문화가 간 곳이라면 우리도 마찬가지로 거기 가야만 한다는 내용이었다. 강연 뒤에 우리는 잠시 토론 시간을 가졌다. 아무도 질문하려고 하지 않았다. 그 때문에 청중

53　카를 융(Karl Jung). 1875년에 태어나 1961년에 세상을 떠난 스위스 출신의 분석심리학자이다. 지그문트 프로이드와 더불어 20세기 심리학의 양대 지평을 이루었다.

에게 시간을 주면서 내가 먼저 강사에게 질문을 던졌다. '연사께서는 사물이 지금 존재하는 방식은 그렇게 존재하도록 예정되어 있던 방식이거나 미래에 존재하게 될 방식이며, 그것이 옳은 것이라고 하신 것 같은데요. 그렇다면 이것은 우리로부터 문화를 판단할 수 있는 어떤 가능성을 빼앗아가는 것이 아닌가요? 그러니까 문화도 때로는 그릇된 방향으로 빠져들 수 있으며, 그런 문화는 비판을 받고 교정될 필요가 있음을 주장할 여지마저 박탈하는 것은 아닌가 말입니다.' 질문의 취지가 명백했기에 나는 그가 면밀하고 철저한 생각을 갖고 있기를 크게 기대했다.

잠시 이야기가 멈추고 이내 당황스러운 정적이 흘렀다. 나는 그때 그가 사용했던 말을 정확히 기억할 수 없다. 하지만 그가 나와 다른 청중에게 충격을 줄 정도로 좋지 않은 인상을 남겼다는 점만은 기억할 수 있다. 그 대답이란 게 이랬기 때문이었다. '그 점은 교수님의 말씀이 옳을지도 모르겠군요.' 그 어떤 판단 기준에 대한 논의, 곧 기독교로 하여금 문화를 판단하게 할 방법에 대한 논의는 전혀 없었다. 반면 이 사람의 말을 따르자면, 오직 문화만이 자신이 가진 판단 척도에 비추어 기독교를 판단할 수 있는 모든 권리를 향유하는 셈이었다.

비판적인 시선으로 세상에 접근해 가는 방법이 필요하다 해서, 그것이 곧 인간의 문화를 모조리 부정하는 시선으로 바라보아야 한다는 의미는 아니다. 이것은 세상의 문화를 철저하게 긍정하는 접근법만큼이나 그릇되고 적절치 못한 것으로, 자칫 복음에 어긋날 수도 있는 문화 요소들을 알아내려는 의지나 능력을 갖지 못하게 할 수 있다. 칼 포퍼[54]는 커다란 영향을 미쳤던 그의 저서 『역사법칙주의의 빈곤』(*The Poverty of Historicism*, 1957, 철학과현실사 역간)에서 다음과 같이 마르크스주의를 비판하고 있다. '마르크스주의는 장차 도래할 질서야말로 유일하게 받아들일 수 있는 도덕인 것처럼 가정하는 것 같다.' 미래의 가치들은 피하기 어렵다는 점에서는 옳다. 미래의 질서는 우리가 그것을 좋아하든 그렇지 않든 그 질서가 나타날 것이라는 사실에 기초를 두고 있다. 근래에는 사회주의의 불가피성을 옹호하려는 사람들을 발견하기 어렵지만, 그래도 포퍼의 주장은 유효하게 남아 있다. 어떤 일이 일어나거나 아니면 곧 일어날 것이라고 하지만 그것이 옳지만은 않기 때문이다. 그렇기에 신학이 문화 속에서 전개되는 발전상을 비판할 수 있어야 한다. 신학은 자신에게 제공되는 최신 문화 상품을 수용하기에 앞서, 엄격한 질문들을 먼저 제기해야 한다.

종교개혁은 이 세상을 비판의 눈으로 바라보면서도 다른 한편으로는 그것을 향하여 긍정하는 자세를 버리지 말라고 제안한다. 종교개혁은 여전히 추천할 거리가 많다. 우리가 이를 수용한다면 틀림없

---

54 1902년에 태어나 1994년에 세상을 떠난 오스트리아 태생의 영국인 철학자다. 평생을 인간의 자유를 탐구하는 데 바쳤는데, 그런 연장선상에서 파시즘뿐 아니라 마르크스주의에도 반론을 제기했다. 그의 의도는 인간의 자유로운 의사 표현을 막는 전체주의와 교조주의의 문제점을 짚어내는 데 있었으나, 좌파 계열의 지식인들은 이를 오해하여 미국류의 자본주의 체제를 옹호하는 인물로 비판했다.

이 진지하면서도 끈기있는 신학적 성찰에 푹 잠길 좋은 기회들을 얻게 될 것이다. 기독 교회의 영성과 신학이 갖는 풍성한 보배들은 누구나 선용할 수 있고 쉽게 다가갈 수 있어야 한다. 그 보배들이 사용되지 않은 채, 방어에만 급급하여 정통이라는 이름의 지하 금고에 처박혀 먼지나 뒤집어쓰도록 방치해서는 안 된다. 그저 우리의 동의를 거친 후, 현대 문화의 어떤 양상도 비판없이 받아들여 뒤섞음으로써 그 보배가 천박한 물건으로 전락하는 일이 있어서도 안 된다. 보관된 금고에서 그 보배들을 꺼내어 녹인 다음 현대의 주화, 곧 순수하고 어느 것도 견줄 수 없는 그리스도인의 주화로 새롭게 탄생시켜야 한다. 종교개혁은 그런 신학과 영성 교육 프로그램을 실천하려고 시도했으며, 나아가 그 교육을 받은 사람들이 자신의 신앙을 명쾌하고 해박하게 이해하고 적용하게 했다. 역사는 우리에게 상당한 가능성이 존재한다는 환상을 심어 준다. 어쩌면 바로 그 기초 위에서 행동을 개시할 여지도 있을 것이다. 다음 장에서 분명하게 드러나는 것처럼, 개혁자들이 펼친 노동의 영성이야말로 그에 대한 적절한 사례이다.

7장

일상 세계 속의 신앙: 인간의 노동이 가진 고귀함

앞 장에서 우리는 종교개혁자들이 어떻게 하나의 정교한 영성을 발전시켜 그로 말미암아 신자들이 이 세상 속에서, 그리스도인의 소망이 영생에 있음을 결코 망각하지 않으면서도, 능동성을 발휘하여 살아가도록 했는지 살펴보았다. 이처럼 세상 속 그리스도인의 삶에 긍정의 자세로 접근함으로써 빚어진 결과는 어쩌면 종교개혁 영성이 근대 서구 문화의 형성에 끼친 가장 중요한 기여 가운데 하나인 직업윤리 속에서도 발견될 수 있을 것이다.

'개신교의 직업윤리'라는 말은 그 기본 사상이 오해받고 있는 것만큼, 또한 잘 알려져 있다. '직업윤리'라는 말은 계속하여 현대 서양 문화, 특히 미국에서 중요한 자리를 차지하고 있다. 전 미국 대통령

리처드 닉슨[55]은 자신의 유명한 노동절 연설에서 이런 말로 결론을 맺고 있다.

미국의 자유 경쟁 정신, 곧 이 국민의 직업윤리는 1971년 노동절에도 살아 활발하게 움직이고 있습니다. 직업의 고귀함, 성취의 가치, 자기 신뢰의 도덕 … 이들 가운데 그 어느 것도 결코 시대에 뒤떨어진 것이 되지 않을 것입니다.

이 개념이 중요하기에, 그 기원으로 가보는 것도 분명 도움이 된다. 원래의 개신교 직업윤리에 기초한 현대의 다양한 변형 또는 설명들은 그 원(原) 정신과 실체, 양면으로부터 자주 심각할 정도로 벗어나 있다. 어쩌면 가장 과격하게 벗어난 경우는 닉슨이 열정을 다해 장려했던 '자기 신뢰의 도덕'일 것이며, 바로 이것을 지금 검토해 볼 것이다. 종교개혁이 직업에 어떤 모습으로 접근했는지 살펴보는 것으로부터 이야기를 시작한다.

---

55 1969년부터 1974년까지 미국 대통령을 지냈다. 1972년, 중국을 방문하여 미-중 화해의 물꼬를 텄으며, 동서 냉전을 누그러뜨리는 데 힘썼지만 재임 기간 내내 월남전으로 인해 큰 효과를 거두지 못했다. 민주당 건물 도청 사건인 워터게이트 사건 때문에 의회에서 탄핵을 추진하자 1974년 자진 사임했다.

개신교의 직업 윤리

종교개혁의 직업(노동) 윤리가 갖고 있는 중요성을 이해하려면, 수도원 출신의 저술가들이 그려냈던 초기 기독교 전통에서는 직업(노동)을 강렬한 혐오감을 가지고 보았음을 이해해야 한다. 가이사랴의 유세비우스가 보기에, 온전한 그리스도인의 삶이란 육체 노동으로 더럽혀지지 않은 채 하나님을 섬기는 일에 헌신하는 것을 의미했다. 생계를 위해 노동하는 길을 택한 사람은 이류 그리스도인들이었다. 세상 속에 살면서 일한다는 것은, 일류 그리스도인으로 받은 부르심이 함축하는 모든 것과 함께, 부르심 자체를 포기하는 것이었다. 초기 수도원 전통에서 노동은 천박하고 비루한 행위로, 사회 계층이나 신령함에서 보아 자기 아래 사람들에게 맡기는 것이 최선이라고 여겨졌다. 그리고 사람들은 이런 초기 기독교 전통의 태도를 물려받은 것으로 보인다. 만일 고대 로마 사회의 문벌에 속한 유력자들(patricians)[56]이 노동을 자신들의 지위에 어울리지 않는 천한 것으로 여겼다면, 손을 써서 일하는 것을 좋지 않은 시선으로 배척하던 귀족 정치 역시 초기 기독교 안에서 발달했던 것으로 보인다. 그런 태도들은 중세 시대에 가장 큰 영향력을 발휘했다.

중세 시대가 직업(노동) 윤리에 대해 언급했다 할지라도, 부정적인

---

56 파트리치(patrici)는 귀족이라는 뜻보다도, 일반 평민과는 달리 사권뿐 아니라 공무를 담임할 수 있는 권리처럼 공권도 가졌던 시민권자를 가리켰다.

시선이 절대 비중을 차지했다. 그렇지만 하나님과 완벽한 관계를 맺는 데 노동이 늘 방해가 된 것은 아니었다. '노동이 곧 기도이다'(laborare est orare)라는 구호는, 비록 전부는 아니지만 몇몇 수도회가 갖고 있던 확신, 곧 묵상의 삶이 손수 노동을 한다고 해서 반드시 무너지는 것은 아니라는 믿음을 집약하고 있다. 수도사가 수도원에 있는 포도밭을 가꾸거나 수도원이 해야 할 세속사들을 감독하는 것처럼 몸소 부끄럽고 비천한 노동을 하는 데 잠시 시간을 보낸다 하여 묵상과 기도의 삶에 헌신한 것이 꼭 더럽혀지란 법은 없었다.

그러나 '노동'은 어디까지나 수도원 생활의 울타리 안에서 이루어져야 할 행위로 이해되었다. 그것은 결코 일상 세계에서 이루어지는 삶을 말하지 않았다. 카르투시오 수도회 같은 경우, 노동은 철저하게 '수사의 방 안에서 이루어질 수 있는 행위'(사본 필사는 특별히 선호되던 일이었다)로 이해했다. 사실 수도원 출신의 몇몇 저술가들은 노동을 겸비함으로 나아가는 데에 도움을 주는 것으로 추천했다. 노동은 품위를 떨어뜨리는 비천한 것이었으며, 존경받을 만한 사람이 그런 일을 하려고 생각하는 것은 결코 있을 수 없었다. 노동을 통하여, 수사들은 자신의 영혼을 깨끗하게 만드는 방편으로 고통스럽고 수욕을 주는 그 무엇을 감내했다.

로테르담의 에라스무스의 기록에 따르면, 수도원 영성은 노동을 품위를 떨어뜨리는 것으로 간주한다고 널리 인식하고 있음을 보여준다. 대부분의 수도원 영성은 평범한 그리스도인이 일상의 세계에서 자신의 삶을 영위하면서는, 어떤 거룩한 소명을 추구하거나 또는 자신이 일류 그리스도인(만일 이런 구별에 어떤 중요성이 있다고 한다면)의 한 사람임을 주장할 권리를 갖지 못한다고 이해했다. 일상 세계의 삶과 노동에 헌신한 그리스도인들은 당연히 이류 그리스도인들이었다. 아드리아노 틸거가 서구 세계의 노동에 대한 자신의 명쾌한 연구에서 결론내린 것처럼 수도원 영성은 세상에서의 일상적인 노동을 결코 가치 있게 여기지 않았다. 세상 속에서 살면서 일하는 길을 택한 사람들은 말 그대로 기껏해야 '관대한 사랑으로 바라보아야 할' 대상이 되었다. 요컨대 노동은 진정한 그리스도인이라면 결코 진지하게 고려할 수 있는 선택 방안이 아니었다. 에라스무스는 이런 사상을 경멸하며 다음과 같은 반문을 던지고 있다. '저 밭을 갈고 있는 비천한 농부가 한 일이 수도원의 의식보다도 하나님을 더 기쁘게 해 드리지 않았는가?'

종교개혁은 이런 사고방식에 대전환이 일어나는 것을 목격하게 된다. 우리가 보았지만 개혁자들은 중세가 생명처럼 소중히 여기던 '거룩한 것'과 '세속에 속한 것' 사이의 구분을 거부했다. '신령한' 질서와 '세속의' 질서 사이에는 그 지위에 어떤 진정한 차이도 존재하지 않았다. 모든 그리스도인이 제사장(성직자)으로 부름 받았고, 나아가 그 부르심은 일상 세계까지 확장되었다. 그리스도인은 이 세상으로 파송된 제사장으로서, 세상의 내부로부터 일상의 삶을 순결하고 거룩한 것으로 만들어야 할 소명을 부여받았다. 루터는 이 점을 간명하게 말하고 있다. '세속의 일처럼 보이는 것들이 사실은 하나님을 찬양하는 것이며, 그분을 너무나 기쁘시게 하는 순종이다.' 이런 소명의 개념에 한계는 존재하지 않는다. 루터는 심지어 가사 노동마저 거룩한 것으로 칭송하면서 '그것이 거룩함을 드러내주는 명백한 외양은 갖고 있지 않지만, 그럼에도 불구하고 가정에서 이루어지는 바로 이런 허드렛일이야말로 수도사와 수녀들이 하는 그 모든 일보다 더 가치 있는 것으로 간주되어야 한다'고 선언한다. 영국인으로서 루터를 추종했던 윌리엄 틴데일[57]도 말하기를, 비록 '설거지하는 것과 하나님의 말씀을 선포하는 것'이 각기 다른 인간의 행위를 대변하지만, '하나님을 기쁘시게 하는 일'이라는 점에서 둘 사이에는 아무 차이도 없다고 계속 주장했다.

이 새로운 태도에 바탕이 되었던 것이 '소명'(부르심, calling)이라는 개념이었다. 하나님께서는 당신의 백성들을 단지 신앙만이 아니라, 명확한 삶의 영역에서 그 신앙을 표현하도록 부르신다. 사람들은 먼저는 한 사람의 그리스도인이 되도록 부르심을 받고, 나아가 두 번째로 세상 속에 있는 너무나 명확한 영역에서 그 신앙을 드러내는 삶을 살도록 부르심을 받는다. 수도원 영성이 소명(vocation)을 세상으로부터 부르심을 받은 뒤 수도원에 들어가 은둔과 고적의 삶을 사는 것으로 간주한 반면, 루터와 칼뱅은 소명을 일상 세계 속으로 부르심을 받은 것으로 간주했다.

하나님은 신자들을 신앙뿐만이 아니라, 당신이 지으신 세상 속에서 펼쳐지는 행위의 장으로도 부르신 것이다. 부르심 곧 소명이 의미

---

57 1492년에 태어나 1536년에 세상을 떠난 영국의 종교개혁자요 성경번역자이다.

하는 것은 그 무엇보다 우선, 하나님으로부터 부르심을 받아 그분이 지으신 이 세상 속에서 그분을 섬긴다는 것이다. 그런 점에서 노동은 그리스도인들이 그것을 통해 자신의 신앙을 더욱 깊게 하는 행위요, 하나님께 새롭게 헌신하게끔 인도하는 것으로 여겨진다. 하나님께서는 이 세상에 헌신하고, 그 안에서 행하도록 그리스도인을 부르셨다는 것이다. 세상에서의 행동은, 기독교 신앙으로 인해 원동력을 얻고 박식해지며 인정받게 되면서, 신자들이 하나님을 향한 헌신과 감사를 표현할 수 있는 최고의 수단일 수 있다. 하나님을 위하여 무언가를 한다는 것, 나아가 그것을 훌륭하게 해내는 것은 순수한 기독교 신앙의 기초가 된다. 틴테일에 따르면, 그 일이 양을 치는 일이든 하나님의 말씀을 선포하는 것이든 상관이 없다. 어떤 사람이 일상의 삶에서 보여주는 근면과 헌신이야말로 하나님께 드리는 적절한 응답이다.

'모든 개인의 삶의 방식은, 말하자면, 주님에 의해 그에게 부여된 위치다.' 칼뱅이 보기에 하나님은 각 사람들을 당신이 두고 싶어하는 곳에 두신다. (우연히도 이 점은 칼뱅이 인간의 욕망을 비판하는 데 중요한 역할을 하는데, 하나님께서 우리에게 주시는 행동의 범주를 받아들이지 않으려는 마음에 욕망이 그 기초를 두고 있다고 그는 논증한다.) 이러한 위치를 사회적 지위로 파악하는 것은 적절치 않으며, 그것은 어떠한 영적 중요성도 없는 인간의 발명품일 뿐이다. 그 누구도 어떤 직업의 지위에 대한 인간의 평가를 하나님의 판단보다 위에 놓아서는 안 된다. 인간의 모든 노동은 '하나님이 보시기에 진정으로 존중할 만한 것이며, 중요한 것으로 여겨질 수 있다.' 그 어떤 직업도, 그 어떤 소명도, 너무 비천하고 볼품없어서 하나님의 은총을 받을 수 없다는 말은 성립할 수 없다. 잉글랜드의 종교개혁자인 휴 라티머[58]는 이렇게 말한다.

> 우리를 구원해 주신 그리스도는… 목수이셨으며, 나아가 고된 노동으로 생계를 꾸려가신 분이었다. 따라서 그 누구도 평범한 소명과 직업을 갖고 그분을 따르는 것을 하찮게 여겨서는 안 된다. 스스로 인간의 모습을 취하심으로써 우리의 인간됨에 복을 베푸셨던 것처럼, 당신의 노동을 통해 모든 직업과 기술들에 복을 베푸셨기 때문이다.

그런 점에서, 눈으로 볼 수 있는 노동의 결과보다 신자들의 노동은 훨씬 더 큰 중요성을 갖는다. 하나님이 보시기에 중요한 것은 일의 결과뿐 아니라 그 일을 하는 사람이다. 영적인 일과 일시적인 일, 거룩한 일과 속세의 일 사이에는 어떤 구분도 존재하지 않는다. 인간의 모든 노동은, 설령 그것이 볼품없는 것이라 할지라도 하나님께 영광을 돌릴 수 있다. 한마디로 말해 노동은 찬양, 그것도 뭔가를 만들어 낼 수 있는 찬양이다. 루터의 말처럼 '모든 세계가 하나님을 섬기는 것으로 채워질 수 있다. 비단 교회뿐 아니라 가정, 부엌, 지하

---

58 1485년에 태어나 1555년에 세상을 떠난 영국의 종교개혁자이다. 헨리 8세가 이혼을 금지한 교회법을 회피하고 새 아내를 얻기 위해, 앤 불린을 처형하고 제인 시머와 결혼하려 하자, 앤 불린을 구명하기 위해 차라리 이혼에 찬동했던 일화를 남겼다. 메리 튜더 시대에 개신교가 탄압을 받게 되면서 화형당했다.

에 있는 포도주 저장고, 일터 그리고 들판까지도…' 중요한 것은 루터와 칼뱅 모두 그리스도인에게 자존감을 심어 주는 데 생산적인 행동이 중요함에 주목했다는 점이다. 하나님을 위해 일함으로써 그리스도인들은, 다른 어떤 것을 통해서도 얻을 수 없는 만족감과 자존감을 얻을 수 있다.

현대 서구의 분석가들은 흔히 노동을 '급료를 받는 일'로 간주한다. 그들의 가정은 자본주의와 그 비평가들로부터 유래된 세속적 가치라는 틀에 의해 형성되었다. 이런 흐름을 가장 잘 보여주는 사례가 콘하우저의 연구서인 『산업 노동자의 정신 건강』(*The Mental Health of the Industrial Worker*, 1965)이다. 자신의 논제들에 비추어 노동의 중요성을 평가하면서, 콘하우저는 그가 말하는 '노동'의 개념에서 급료를 받는 이외의 다른 어떤 것도 엄격하게 배제하고 있다. 디트로이트의 자동차 공장 노동자들은 자동차를 조립하고 급료를 받을 때 '일한다'는 말을 들었지, 급료를 받지 않고 자기 정원이나 집에서 일할 때에는 일하는 것이 아니었다. 그러나 종교개혁의 직업(노동) 윤리 속에는 이처럼 편견으로 얼룩진 평가가 없다. 종교개혁자들에게 노동은 급료를 받고 고용되어 일하는 것과 결코 같은 말이 아니었다. 도리어 그것은 노동의 보수 또는 사회가 그것에 부여한 가치에 상관없이, 하나님을 기쁘시게 하고 그분을 섬기기 위해 인간이 맡아 행하는 모든 것을 말했다.

노동의 본질에 대하여 종교개혁자들과 산업 사회 사이에 존재하는 중요한 차이라면, 그 노동을 하도록 만드는 동기에 있다 할 것이다. 중요한 연구서인 『1850-1920년대 미국 산업의 노동 윤리』(*The Work Ethic in Industrial America 1850-1920*)를 보면, 세속의 노동에 동기를 부여하는 원리들을 다음과 같이 서술하고 있다.

노동 윤리의 중심 전제는 노동이 도덕을 추구하는 삶의 핵심이라는 것이었다. 노동은 인간을 희귀성이라는 경제 원리가 지배하는 세상에서 쓸모 있는 존재로 만들었다. 그것은 게으름을 먹고 사는 의심과 유혹에서 벗어나는 것이었으며, 합당한 재부와 지위를 얻을 수 있는 길을 열어 주었고, 사람들로 하여금 마음과 숙련된 기능을 물질세계에 새겨 넣게끔 만들었다.

그러나 종교개혁자들이 보기에 인간 행위의 근본 동기는 하나님을 지향하는 마음에 자리잡고 있었다. 개혁자마다 특별히 강조점을 둔 내용은 다를 수 있지만, 그 근간이 되는 주제는 일관된다. 곧 노동은 하나님께서 은혜로 먼저 베풀어 주신 것들에 대한 자연스러운 응답으로, 바로 그 노동을 통해 우리는 감사의 마음을 그분께 표현하고, 동시에 그분이 지으신 세상에서 그분을 영화롭게 하며 섬기는 것이다. 사회적 효용이라고 문화적으로 특징 지워진 개념들도 최우선적인 이 관심사로 인해 단지 상대적인 의미로 변했다. 노동은 하나님을 영화롭게 하는 그 무엇이다. 그것은 공동의 선에 기여한다. 그것은 인간의 창조성이 표현되는 통로다. 마지막 둘은 첫째에 포함된다. 잉글랜드 사람으로 칼뱅을 따랐던 윌리엄 퍼킨스[59]는 '우리 삶의 진정한 목표는 사람을 섬기면서, 바로 그 섬김으로 하나님을 섬기는 것이다'라고 말했다.

이런 통찰은 종교개혁의 노동 윤리가 갖고 있는 몇몇 측면들을 평가하는 데 중요하다. 예를 들어 칼뱅은 '누구든지 일하기 싫어하거든 먹지도 말게 하라'(살후 3:10)는 바울의 훈계를 지지하면서 큰 비중을 부여한다. 충격 그 자체였던 1920년대의 사회 상황을 마음속에 기억하고 있는 몇몇 작가들은, 칼뱅의 말이야말로 일터를 잃어버린 이들의 절박함에 너무나 둔감한 그의 모습을 그대로 드러내는 것이라고 느꼈는지, 그를 통렬하게 비판한 바 있다. 하지만 칼뱅이 염두에 둔 주요 목표는 그것과는 너무나 달랐던 것 같다. 제네바에 망명해 있던 프랑스 귀족들은 자신들의 사회적 지위로 인해 스스로가 일할 필요가 없는 자리에 있다고 생각했다. 그들은 일하려 들지 않았다. 칼뱅이 보기에, 모든 인간의 공통 의무는 어떤 방식이 되었든지 하나님이 주신 재능과 능력을 따라, 다른 한편으로는 환경이 요구하는 바에 따라, 하나님의 정원(곧, 이 땅)에서 일하는 것이다. 일해야 한다는 이 공통의 의무는 사회 구성원들을 평등하게 하는 위대한 도구이며, 하나님께서 모든 인간을 동등하게 창조하셨다는 사실을 되새기게 만드는 것이다.

이런 윤리로 인해 노농이 갖는 위치가 역사 속에서 변모하게 되었

59　1558년에 태어나 1602년에 세상을 떠난 잉글랜드의 설교자요 신학자이다.

음은 정말 주목할 만하다. 비토리오 트란퀼리는 자신이 쓴 권위 있는 연구서 『노동의 개념: 아리스토텔레스로부터 칼뱅까지』에서, 사회가 자기보다 사회적 지위가 낮은 사람들에게나 어울리는 행위로 보았던 노동을, 칼뱅의 신학이 어떻게 직접 변모시켰는지 보여준다. 한편으로는 하나님이 창조하신 세계와 또 이 세계를 통해 하나님을 찬양하고 그를 긍정하는 영예롭고 영광스러운 도구로, 다른 한편으로는 이 세계에 행복을 더해 주는 개념으로 말이다. 개신교를 받아들인 유럽의 지역들이 이내 경제 번영을 구가하는 자신들의 모습을 발견하게 된 것은 결코 우연이 아니다. 이는 의도했거나 사전에 깊이 생각했던 결과라기보다, 오히려 종교가 새롭게 노동에 부여한 중요성이 가져온 파생물이었다.

개신교의 직업(노동) 윤리는 근래 '자기 신뢰의 윤리'라는 말로 빈번하게 표현되고 있다. 앞에 인용했던 리처드 닉슨의 말이 그 증거이다. 그것이 암시하는 바는 사람들이 스스로 무언가를 이룩해 내야 한다는 관념을 탄생시켰다는 점이다. 그런 점에서 자수성가한 사람이라는 관념은 개신교 노동 윤리에서 핵심으로 간주된다. 그러나 사실, 이는 종교개혁이 말한 노동 윤리의 참 모습을 심각하게 오해한 결과이다.

개혁자들은 줄기차게 지금의 우리가 된 것은 하나님의 은혜 때문이지, 결코 인간의 노력 덕택이 아님을 강조한다. 성취 중심의 영성이라는 관념은, 그런 생각의 신학 토대를 줄곧 그 근본부터 비판해 온 개혁자들에게 생소한 것이었다. 사실, '자수성가한 사람'이라는 개념은 종교개혁에서 비롯된 것이 아니다. 그것은 이미 16세기 초부터 도시들 속에 존재하고 있던 하나의 현상이었다. 개혁자들은 '자수성가한 사람'이라는 개념과 실재에 대하여 말할 수밖에 없었다. 그 개념은 그들이 만든 것이 아니었다. 비록 그리스도인이라 할지라도 기껏해야 이류에 불과하다는 중세 수도원들의 일관된 주장에 비추어, 오히려 복음은 그런 사람들과 연관되어 있음을 보여주는 것이 그들의 과업이었다. 성공을 외치는 영성들에 대해 종교개혁의 비판이 너무나 중요하고, 나아가 그 비판이 현대 서구 사회와 긴밀하게 연관되어 있기에 우리는 다음 두 장을 할애하여 이 문제를 다룰 것이다.

우리는 노동을 바라보는 종교개혁의 태도를 다음과 같이 요약할 수 있다. 우리가 자신의 동료인 사람들을 섬길 때, 그것은 곧 하나님을 영화롭게 하는 것이다. 하나님은 인간의 노동에 영예를 부여하셨다. 우리가 하는 모든 행위 — 그것이 피아노를 연주하는 것이든, 책 쓰는 것이든, 정원을 가꾸든 아니면 제3세계에서 도시의 빈민들과 함께 살며 그들을 돌보는 것이든 — 에 최선을 다함으로써, 우리는 자신의 신앙을 행동으로 옮기고, 우리를 부르신 하나님께 영광을 돌리는 것이다. 그리스도인이 되는 것은 세상으로부터 도피하는 것이 아니라, 도리어 새로운 모습과 새로운 자질의 헌신으로 무장한 채, 세상 속으로 자신을 내던짐으로써 조용한 만족을 누리고 자신이 하나님을 섬기고 있음을 깨닫는 것이다.

현대 복음주의, 그리고 세상으로부터의 도피

바로 이 점에 대해 현대 복음주의는 중요한 종교개혁적인 통찰을 잊었다. 제임스 데이비슨 헌터는 최근 복음주의 신학생들을 조사하여 발표한 『복음주의: 다가오는 세대』에서, 노동이 이전 세대에서 갖고 있던 중요성을 완전히 잃어버렸다는 결론을 내린 바 있다. '노동은 그것이 갖고 있던 영적이고 영원한 중요성을 모두 잃어버렸으며, 개개인이 가진 어떤 자질들을 키우는 정도로만 그 중요성을 찾아볼 수 있을 뿐이다.' 복음주의는 노동의 영적인 고상함이라는 개념을 되찾아야 한다. 이제 직업(노동) 윤리는 '주말을 즐기려고 일한다'는 수준으로 전락해 버렸다. 직업과 노동에 대한 성경의 태도는 근대 초기와 연관되어 있으며, 그 시대에 적용될 수 있음이 증명되었다. 그 태도는 오늘날도 여전히 커다란 의미를 갖고 있다.

현대의 많은 복음주의 양식들이 기독교 하위문화라는 한정되고 케케묵은 침체 상태에 빠져 그 속에 갇혀 버렸다는 말은 슬프게도 진실이다. 세속의 세계와 접촉하는 것은 빈번히 얼굴을 찌푸리게 한다. 그러나 그리스도인들은 이미 세상 속에서 살아가게 되어 있다. 그들은 이 세상을 향하여 증언하도록 되어 있는 사람들이다. 그것은 세상 안에서 그리스도인이 살아갈 현존을 암시한다. 그리스도인은 철저히 세상으로부터 도피하는 것이 아니라, 이 세상 '속에서' 빛과 소금이 되도록 부르심을 받았다. 무엇보다도 우선 하나님의 사랑이 우리를 세상으로부터 불러낸다. 그런 다음 우리가 그 속으로 되돌아가도록 추진력을 불어 넣는다. 소명(부르심)이라는 기독교 교리는 우리가 '이 세상 속에서' 하나님을 섬기도록 부르심을 받았다는 것을 강조한다. 고립된 그리스도인의 영토 속에 안전하게 머무르면서 세상을 향하여 증거하는 것은 진정으로 신뢰하기 어렵다.

종교개혁의 노동 윤리는 그리스도인이 세상 속에서 성실과 헌신의 자세로 자신의 삶을 꾸려 나갈 수 있는 생생한 — 그러나 무시된 — 하나의 틀을 제공한다. '이 세상에 머무르며 그 안에서 일하면서도', 당신은 주님을 섬길 수 있고, 그의 이름을 영화롭게 할 수 있으며, 나아가 그분의 사랑을 증거할 수 있다. 세상을 향하여 증거하는 진정한 증인은 그 속에 몸을 담근다. 노동은 찬양의 행위이며 나아가 증언하는 행위가 될 수도 있다. 당신이 하는 일에 새롭게 헌신하며 새로운 깊이를 더함으로써, 일하면서 동시에 증인이 될 수 있다. 이는 그야말로 세속의 냄새가 진동하는 세상에 자신을 적응시키는 것이지, 그 일원이 되는 것은 아니다.

세상에서 그처럼 자신을 내던지는 것에는 위험이 수반된다. 이 세상 속에 깊이 자신을 담금으로써, 그리스도인은 자신만이 갖고 있는 독특함, 기풍 그리고 생명력을 잃어버릴 위험을 부담한다. 신앙 공동체는 세상에 자신을 내던진 사람들을 위하여 살아 숨쉬는 지원 조직과 양육 체계를 제공한다. 그것은 마치 오아시스와 같아서, 세상이라는 메마른 사막 속에 대담하게 자신을 내던신 이들의 기운을 소생시켜 준다. 우리는 이 문제를 이후의 장에서 더 깊이 다루어 볼 것이다.

하지만 정작 우리의 눈길을 끄는 것은 현대 서구 사회를 향해 목소리를 발하고 그것과 맞붙으려는 어떤 기독교 영성이든지 안고 있는 현실 문제인데, 이는 일상에서 노동에 부여된 중요성으로부터 직접 비롯된 것이다. '당신은 자신을 만들어 내는 사람입니다.' '당신은 자신의 힘으로 성공해야 합니다.' 성취를 지향하는 서구 문화가 널리 만들어 낸 이 같은 구호들은, 은혜의 복음에 비추어 볼 때 어려운 문제들을 일으키고 있다. 하나님의 은혜와 인간의 성취 사이에서 우리는 어떻게 올바른 균형을 잡을 수 있을까? 그런 질문들과 함께, 우리는 기독 교회를 개혁하며 거듭나게 했던 종교개혁 투쟁의 심장부에 자리잡은 일단의 쟁점들 ─ 하나님의 은혜의 교리와 이신칭의 교리 ─ 을 계속해서 살펴볼 것이다.

8장

넘치는 은혜: 하나님의 자비를 다시 발견하다

'하나님의 은혜'라는 테마를 다룬 학부생들의 소논문을 수없이 읽으며, 나는 이 주제가 가장 다루기 힘든 기독교 개념 중 하나라는 결론을 내릴 수밖에 없었다. '하나님의 은혜'라는 개념이 갖는 중요성은 그 복잡성에 정비례하는 것처럼 보인다. 내가 가르치는 학생 가운데 하나는, 자기 스스로 이 개념을 정의해야 한다는 나의 주장에 화가 난 나머지, 언젠가는 '제가 은혜라는 것을 이해하지 못하는 것일 수도 있습니다. 하지만 저는 은혜를 철저하게 믿습니다!'라는 말로 반론을 제기하기도 했다. 사람이 믿기 어려울 만큼 단순한 이 '은혜'라는 말이 실제로 의미하는 것은 무엇일까? 우리가 그것을 설명할 도리가 있을까? '은혜'라는 말은 무언가 막연하고 추상적이며, 특정한 사람과 상관없이 그저 일반적이고, 나아가 인간의 삶의 현실과는 전혀 관련이 없는 것으로, 분명하게 규정되지 않는 난해한 개념을 가리키는 것처럼 보이기 때문이다. 어쩌면 은혜라는 개념이 갖는 추상성 때문에 토론이 어려운 것인지도 모르겠다.

중세 시대 동안, 은혜는 하나님께서 구원을 촉진할 목적으로 인간의 영혼 속에 주입한 어떤 실체로서 초자연성을 갖는 것으로 이해되곤 했다. 이런 접근법의 기초가 되는 논증 가운데 하나는 이렇다. 즉, 하나님과 인간의 본성 사이에는 철저하게 건너갈 수 없는 간격이 존재하고 있다. 이 간격 때문에 인간이 하나님과 어떤 의미 있는 관계를 맺는다는 것은 불가능하다. 하나님께서 우리를 받아 주시기 전에, 이 간격을 이어주는 뭔가가 필요하다.

따라서 은혜는 하나님이 우리 속에 창조하신 그 무엇으로, 순수한 인간 본성과 신의 본성 사이에 가교 역할을 하는 것 — 일종의 중간종 — 으로 이해되었다. 은혜라는 개념 — 더 엄밀히 말하면 은혜가 갖고 있는 피조성(하나님이 창조하신 것이라는 성질) — 은 그런 점에서 일종의 교두보 또는 앞과 뒤를 연결하는 중간 지대로 여겨졌으며, 그것을 통해 다른 어떤 것도 결코 이어주지 못할 하나님과 인간 사이의 깊은 틈이 이어질 수 있게 되었다. 종교개혁 이전에는 그런 은혜 개념들이 혹독한 비판을 받는 주제였다. 16세기의 막이 열릴 무렵에는, 그러한 개념들은 대부분 나쁜 평판을 얻었다.

그럼에도 불구하고, 이 개념은 여전히 적절치 못하게 추상성을 띤 일반 용어로 인식되었다. 이러한 잠재적인 오해는, 은혜를 단지 하나님의 자비로우심으로만이 아니라, 이를 인간의 실존에 활력 있고 창조적으로 나타난 것으로 이해하게 하신 성령님의 행동과 은혜 사이의 관계를 이해하게 되면서 비로소 제거되었다.

은혜: 회복된 개념

신약 성경의 그리스어 본문이 말하는 의미에 민감했던 종교개혁자들은 '은혜'의 근본 의미는 다름 아니라 우리를 향하신 하나님의 자비롭고 특별한 사랑이라고 주장했다. 그것은 어떤 실체를 가리키는 것이 아니었다. 그것은 우리를 향하신 하나님의 인격이 보여주신 태도였다. 그것은 말하자면, 하나님으로부터 분리될 수 있는 어떤 것(신적인 실체 같은)을 가리키는 것이 아니었다. 오히려 그것은 하나님의 인격이 갖는 역동적인 측면을 보여주는 것이었다. 이런 점에서 은혜가 함축하고 있는 강력한 인격성이 개혁자들을 통해 재발견되었다. 은혜에 대하여 말할 때는, 그분이 우리를 대하시는 모습 속에 표현된 것처럼, 하나님의 자비로우심에 대해 얘기하는 것이다.

만일 내가 내 친구를 '친절한' 사람이라고 말한다면, 나는 그런 친절함을 잘 드러내는 그의 행동을 제시함으로써 내 말이 옳다는 것을 증명해야 할 것이다. 친절이라는 말은 그저 뜬구름 잡는 막연한 개념이 아니라, 우리가 다른 사람과 관계를 맺는 방식 속에서 표현되는 개인의 태도 또는 성품을 가리킨다. 친절도 은혜처럼 삶 속에서 드러나는 그 무엇이다.

은혜는 우리가 자비로우심이라는 말로 인식하는 신성한 임재와 행동의 틀을 나타낸다. 우리가 죄인임에도 불구하고 하나님은 기꺼이 우리를 만나려 하신다. 우리가 듣지 못함에도 불구하고 하나님은 기꺼이 그의 목소리를 듣게 하신다. 우리가 그로부터 멀리 떠났음에도 불구하고 하나님은 흔쾌히 우리에게 다가오셔서, 우리를 당신이 계신 본향으로 인도하신다. 그리스도는 부요하신 분임에도 불구하고 우리 때문에 가난한 분이 되셨다. 종교개혁 시대의 사상가들이 하나님의 은혜가 가진 깊이를 측량하여 전달하려고 노력하면서, 그 시대에 나온 저작들 전체에 걸쳐 그런 주제들이 반복하여 나타나고 있다.

이 점을 잘 설명하기 위해 하나님의 은혜로 돌릴 수밖에 없는 것으로, 루터, 칼뱅 그리고 츠빙글리(종교개혁을 대표하는 저명한 인물들 가운데 세 사람만을 든 것이다)의 삶 속에 나타난 사건들을 지적할 수 있다. 우리가 말하고 싶은 내용은 이렇다. 은혜에 대하여 말하는 것은 변화를 겪은 인간의 삶에 대하여 말하는 것이다. 은혜는 그것이 가져온 결과들로 인해 알려진다. 우리를 향하신 하나님의 태도는 우리를 향하신 그분의 행동 속에서 표현된다.

젊은 시절의 루터는 자신이 죄인임을 강렬하게 깨닫고 있었다. 그는 1483년에 태어나 1505년에 대학 도시인 에르푸르트에 있는 아우구스티누스 수도회 소속 수도원으로 들어갔다. 너무나 꼼꼼하게 자신의 죄를 고백했음에도 불구하고(훗날 그는 고백한 죄가 많았음을 술회했다), 그는 자신의 내면 깊숙한 곳에 불안이 도사리고 있음을 느꼈다. 그의 양심은 이런 죄들로 인해 격렬한 고통을 체험했으며 그것을 자신의 힘으로 극복할 수 없음을 절감했다. 그가 보기에, 그는 죄로 가득한 상황이라는 올무에 걸려든 것 같았으며, 거기로부터 도무지 빠져나올 길이 없어 보였다. 마치 환각 약물에 중독된 자처럼, 그는 갈고리에 꿰인 사람이었다. 그가 죄로부터 벗어나 자유를 누릴 수 있는 방도가 없었다.

그렇다면 어떻게 공의의 하나님이 그런 죄를 못본 체 넘어 가실 수 있겠는가? 루터는, 특히 바울이 즐겨 사용한 '하나님의 의'라는 문구로 인해 특별한 어려움을 겪게 되었다. 사실 어떤 곳을 보면(롬 1:16-17), 바울은 복음을 하나님의 의의 계시와 사실상 같은 것으로 본다. 루터는 이것을 이해할 수 없었다. 어떻게 하나님의 의의 계시가 죄인들에게 좋은 소식이 될 수 있다는 말인가? 루터가 보기에 복음은 의인들에게나 좋은 소식이었지 자신과 같은 죄인들에겐 상관 없는 일에 불과할 뿐이었다. 공의의 하나님이라면, 그분은 (마르틴 루터를 포함한) 죄인들에게 벌을 내리시고 그들이 죄인임을 선고하실 것이다. 그가 죽기 1년 전인 1545년에 쓴 어떤 글에서 루터는 청년 시절 내내 자신을 괴롭힌 영혼의 고통을 이렇게 되새기고 있다.

나는 '하나님의 의'라는 문구를 증오했다. … 하나님은 공의로우시며 나아가 그 의를 통해 죄인에게 벌을 내리신다. 한 사람의 수도사로서 흠잡을 데 없는 삶을 살았음에도, 나는 내가 죄인이며 하나님이 보시기에 껄끄러워하실 양심을 소유한 자임을 깨닫고 있었다. … 나는 자신에게 '비참한 죄인들은 원죄로 말미암아 영원히 정죄당할 수밖에 없는 처지인데, 게다가 구약의 율법으로 우리의 어깨 위에 모든 종류의 짐들을 더 많이 올려놓으시고, 그것도 모자라 하나님이 복음을 통하여 상황을 더 안 좋게 만드시다니, 이럴 수는 없는 거야!'라고 말하면서 하나님께 분노하고 있었다.

그런 뒤, 상황이 바뀌었다. 아마도 1515년쯤에 이르러 하나님이 루터 자신의 죄를 포함하여 모든 죄를 용서하실 수 있는 분임을 그는 깨닫게 되었다. 그는 완전히 새로운 시각으로 성경을 읽기 시작했다. 이제 더 이상 '하나님의 [공]의'와 같은 말이 그에게 극렬한 공포심을 안겨주지 않았다. 오히려 그런 말들은 이제 하나님의 은혜라는 테마와 잘 어울리게 되었다. 하나님의 의는 죄인들에게 벌을 내리시는 공의가 아니라, 도리어 죄인들이 하나님 안에서 위안을 얻으며 평강을 찾을 수 있도록, [인간의 공로로 얻는 것이 아니라] 철저하게 하나님께서 죄인들에게 선물로 주신 것이었다. 루터는 그때, 자신이 마치 낙원에 들어간 것과 같은 심정이었다고 회상했다.

나는 그 '하나님의 의'라는 말을 그 의로 인해 의롭게 된 사람들이 하나님이 주신 선물(곧, 믿음)로 말미암아 살아간다는 뜻으로, 나아가 '하나님의 의가 드러났다(계시되었다)'는 말을, 단지 수동성을 지닌(즉 우리는 단지 주시는 것을 받을 뿐인) 의를 가리키는 것으로, 또한 긍휼의 하나님이 그 의로써 우리를 믿음으로 인해 의롭게 여기신다는 뜻으로 이해하기 시작했다. … 이로 인해 나는 곧바로 내가 완전히 거듭났으며 나아가 열려 있는 문을 통하여 낙원에 들어가 있는 것처럼 느꼈다. 그때 이후로 성경의 모든 면이 나에게 전혀 다른 모습으로 다가왔다. 그리고 이전에 내가 '하나님의 의'라는 말을 증오했던 바로 그곳에서, 이제는 그 말씀을 사랑하게 되었고, 그 말씀을 가장 달콤한 말씀으로 찬양하게 되었으며 그 결과 바울 속에 있던 이 말씀이 내게는 낙원으로 들어가는 바로 그 입구가 되었다.

이런 점에서 루터가 보기에 은혜는 생명과 직접적인 관계가 있는 일단의 개념들을 가리키는 것이 되었다. 무엇보다도 은혜는 하나님께서 죄인들을 변함없이 사랑하신다는 놀라운 사실을 말했다. 하나님 앞에 서 있는 우리의 자리는 하나님께서 주신 것이지 우리 힘으로 얻은 것이 아니다. '죄인들은 사랑받고 있기에 매력이 있는 것이지, 그들이 매력이 있기에 사랑받는 것은 아니다.' 하나님의 놀라운 은혜는 우리가 사랑받을 만하기 전부터 사랑을 받고 있었다는 사실에서 잘 드러난다. 하나님의 은혜에 대하여 말하는 것은 하나님께서 그 죄의 권세를 부수시고 정죄를 말끔히 없애버리실 수 있으며, 나아가 평온한 양심과 마음의 평강을 허락하셨다는 놀라운 통찰을 선포하는 것이다. 비록 죄가 우리의 목을 조이고 있음에도 불구하고 말이다.

그런 점에서 은혜에 대해 말하는 것은 자신의 삶에 그 은혜기 미친 영향들에 대해 말하는 것이다. 우리를 향하신 하나님의 자비로 우신 마음은 우리에게 보이신 자비로운 행위들 속에서 분명히 드러나고 있다. 은혜는 그것이 우리의 영적인 삶에 끼친 영향으로부터 단절될 수 없다. 우리는 비슷한 성찰을 신약 성경에 있는 바울의 글에서 발견할 수 있는데, 거기서 '은혜'라는 말은 기본적으로 그로 인해 바울의 삶 속에서 실제로 이루어진 일 — 이를테면 그의 회심 — 을 빈번하게 설명하고 있다. 이와 흡사한 주장을 존 번연은 그의 남다른 (더불어 그 제목 역시 의미심장하다) 자서전 『넘치는 은혜』(Grace Abounding)에서 피력하고 있다.

이와 관련해 스위스 취리히의 개혁자 훌드리히 츠빙글리도 인상적이다. 츠빙글리는 1484년에 태어났고, 취리히 대예배당에서 백성들의 제사장이라는 새로운 직무를 시작함으로, 자신의 서른다섯 번째 생일(1월 1일이 그의 생일)을 자축했다. 몇 주가 지나지 않아, 그는 앞으로 그 지역에 상당한 영향을 미치게 될 개혁 프로그램을 설교하고 있었다. 설교 이외에도, 츠빙글리는 취리히 시 안에서 정규 목회자의 임무를 떠맡았다. 그 해 늦여름께 츠빙글리는 죽음이 임박했음을 느끼게 된다.

그 해 여름 전염병이 취리히를 강타하자 츠빙글리는 죽어가는 사람들을 방문하며 위로하는 일에 온전히 매달렸다. 아마도 이 시기에 취리히 전체 인구의 3분의 1 가량이 숨을 거두었을 것이다. 8월께는 츠빙글리 자신도 큰 병을 얻었고, 소생의 가망이 없어 보였다. 이 시기에 그는 시를 한 편 썼는데, 그 속에서 그는 하나님께 자신을 온전히 내어 맡긴 심정을 드러냈다. 죽느냐 사느냐는 오로지 하나님께 달린 문제였고 철저히 인간의 통제를 넘어선 것이었다.

그러다가 츠빙글리는 회복되었다. 그에게 '은혜'라는 말은 이제 하나님의 섭리와 전능하심을 드러내는 곡조와 함께 울려 퍼졌다. 은혜는 인간 실존의 행로를 하나님께서 기꺼이 인도하시며 인도하실 수 있다는 것, 인간이 통제할 수 없는 상황에 기꺼이 개입하시며 또 그러실 수 있다는 것을 가리키는 말이었다. 은혜가 그 무엇보다 우선 하나님의 호의를 발견하는 것이라면, 두 번째로 그 은혜는 인간의 삶 속에서 그 호의가 실제의 결과로 나타나는 것을 가리켰다(츠빙글리는 취리히의 전염병으로부터 자신의 생명이 보존되었음을 염두에 두었다). 여기서 한번 더, 우리는 이 같은 틀을 발견하게 된다. 은혜는, 하나님께서 역동성과 창조성이 넘치는 모습으로 자비를 베푸시는 인생들 속에 개입하심을 말한다.

1509년에 태어난 장 칼뱅은 일찍이 로마 가톨릭교회의 사제가 되려는 야망을 품었던 듯하다. 그의 이력으로 보아, 사제가 될 가망성은 상당히 높았다. 그의 아버지는 누아용에 있는 성당에서 유력한 교회 행정 책임자로 일했으며, 칼뱅은 그 지역에서 교회의 유력한 후원자이자 유력한 세도 가문 드 앙쥐 가와 친밀한 관계였다. 그러나 1529년이 되자, 이런 가망성은 물거품이 되고 말았다. 칼뱅의 아버지는 몇 가지 회계 장부의 불일치 사례가 드러나면서, 성당으로부터 신임을 잃게 되었다. 그 무렵 파리대학교를 졸업한 칼뱅은 신학 대신 법학을 공부하기로 결심한다. 아마도 그 쪽의 전망이 더 밝아 보였을 것이다.

그러나 법률가로 성공할 수 있는 자질을 갖추었음에도 불구하고,

칼뱅은 당시 프랑스 전역을 휩쓸던 새로운 복음주의 사상에 관심을 기울이게 되었고, 거기에 공감하게 되었다. 아마 1533년 말 아니면 1534년 초 쯤에 칼뱅은 훗날 스스로 '급작스러운 회심'이라고 표현한 하나의 체험을 하게 된다. 그는 당시를 회상하면서, 자신이 마치 자기만의 방식에 얽매인 채, 친숙하고 위안이 되는 옛 종교에 견고하게 참호를 파고 그의 몸을 숨기고 있는 것처럼 보였다고 했다. 그런 다음 뭔가가 일어났다. 그것이 정확히 무엇인지 설명하지 않을 뿐 아니라, 이 모든 것이 정확히 언제 일어났는지 입증할 만한 참고 자료도 그는 남겨 놓지 않았다. 그러나 그 기본 틀은 분명하다. 하나님께서 그의 삶에 개입하시고, 그로 하여금 옛 종교의 습속과 관계를 끊을 수 있도록 만드셨으며, 나아가 복음을 섬기는 길로 나아가도록 그를 해방시키셨다. 그는 자신처럼 고집세고 냉담한 인물을, 하나님께서 옛 방식에 의존하는 길에서 해방하셨다고 보았다. 마치 길들여진 한 마리의 말처럼 하나님께서 그를 '굴복시키셨다.' 칼뱅은 자신이 이 세상에서 하나님을 섬기도록, 바로 그분으로부터 부르심을 받았다는 것을 자각하고 있었다. 이 소명의 본질은 명확하지 않다. 하지만 그가 부르심을 받고 있었다는 사실은 논쟁의 여지가 없어 보였다. 은혜는 그런 방식으로 죄와 무지에 찌든 상황 속에 하나님이 개입하시는 것을 가리키게 되었다. 은혜는 사람을 완전히 새롭게 바꾸고 죄의 수렁에서 사람들을 구출해 내며, 하나님에 맞서던 사람들을 길들여 그분께 순종케 하는 하나님의 능력을 가리키는 것이었다. 아울러 칼뱅은 자신과 바울을 이런 방식으로 하나님의 은혜를 체험한 사람들 속에 포함시켰다.

그러나 그것은 사람을 완전히 뒤집어 놓는다는 것 이상을 의미했다. 비록 자신이 하나님으로부터 부르심을 받았다는 것(우리가 보았듯이 1533년 또는 1534년의 어느 시점에)을 칼뱅이 분명하게 느꼈다 할지라도, 어떤 능력으로 또는 어떤 위치에서 그가 하나님을 섬기도록 예정된 것인지 분명하게 드러나지 않았다. 그는 부르심을 받았다. 그렇지만 어떤 일을 하도록 부르심을 받았는가? 그는 16세기 가장 중요한 출판물 가운데 하나인 — 1536년 3월에 출판된 『기독교강요』 — 을 쓰는 것을 포함하여, 여러 가지 문제로 분주했다. 하지만 한 사람의 그리스도인으로 그가 부르심을 받았다는 사실이 어떤 결과를 가져오게 될지 자신에게도 여전히 미지수로 남아 있었다.

마침내 1536년 7월에 이르러, 그는 스트라스부르로 가서, 몇 가지 중요한 연구 작업을 진척시켜 완성해 가기로 결심한다. 전쟁[60]으로 인해, 사람들이 늘 이용하던 파리와 스트라스부르 사이의 교통로가 막혀 버렸다. 그는 다른 길을 이용하기로 하고, 전쟁을 피하여 스트라스부르보다 더 남쪽을 향해 출발했다. 그러다 어떤 도시에서 하룻밤을 묵어야만 했다. 그 도시가 제네바였으며, 당시 그곳은 한창 종교개혁의 원리를 받아들이던 중이었다. 그는 거기서 인정을 받고, 그

---

60 프랑스 왕 프랑수아 1세가 교황, 영국의 헨리 8세, 베네치아 공화국 등을 상대로 벌인 전쟁을 가리킨다. 자세한 내용은 앙드레 모루아, 『프랑스사』(서울: 김영사, 2016), 229면 이하를 보라.

곳에 머물도록 요청을 받는다. 기욤 파렐과 피에르 비레(개혁이 한창인 제네바를 그때까지 지도하던 개혁자들이었다)는 무엇보다도 중요한 한 가지를 칼뱅에게 이야기했다. '이 도시는 당신을 필요로 하고 있소!' 훗날 자신이 쓴 『사돌레토에게 답변함』(*Reply to Sadoleto*)[61]에서 말한 것처럼, 칼뱅은 자신이 제네바에 머물면서 그곳을 섬기라는 부르심을 받고 있음을 추호도 의심치 않게 되었다. 훗날 그가 보낸 서신들에서 뚜렷하게 나타나지만, 칼뱅이 자신의 소명을 자각하게 된 것은 제네바와 깊이 연관되어 있었다. 그가 1538년 제네바 시로부터 잠시 추방당했을 때[62], 칼뱅은 영혼의 위기라는 터널을 통과하면서, 비록 잠시 동안이었지만 자신의 소명은 이제 취소되었다고 믿을 정도였다.

한편, 이런 소명 의식의 동요는 처음에는 복음주의에 관심을 보이다가 이후 로마 가톨릭으로 되돌아간 루이 뒤 틸레가 보낸 몇 통의 편지로 인해, 더 촉발된 부분도 있다. 뒤 틸레는 칼뱅이 어리석게도

---

61 사돌레토는 칼뱅이 제네바에 머물 당시, 로마 가톨릭교회의 주교로서 개신교를 공격하던 인물이다. 그는 '인간의 제일 목적은 자신의 구원에 있으며, 이 점에서 천오백 년의 역사를 자랑하는 가톨릭교회에 의탁하는 것이 오만한 개혁자들이 주도하여 불과 25년의 역사만을 갖고 있는 곳에 의탁하는 것보다, 더 확실한 구원의 보장이 된다'고 역설했다. 칼뱅은 이에 대하여 '인간이 하나님의 영광보다 자신의 구원을 우선시해야 한다고 말하는 신학자가 정말 가치 있는 사람인지' 묻고 있다.

62 칼뱅이 축출당한 계기는 성탄절, 부활절, 예수 승천일 그리고 오순절 성령 강림일을 지키는 것과 성찬에서 무교병을 사용하는 것에 대해 칼뱅이 동의하지 않았기 때문인 것처럼 보이지만, 사실은 1536년 이후 줄곧 성경의 가르침에 합당한 삶을 요구하며 모든 시민에게 신앙 고백서에 서명할 것을 요구함에 따라 칼뱅에 대한 반감이 커가면서 생겨난 결과였다. 더욱이 칼뱅이 스위스 사람이 아니라 프랑스 사람이라는 부분도 원인이 되었다.

인간의 요청 — 즉, 파렐과 비레의 요청 — 을 하나님의 부르심과 혼동했다고 주장했다. 하나님은 칼뱅을 목회자로 결코 부르신 일이 없거니와, 제네바에서 일하도록 부르신 일도 없다는 것이 그의 주장이었다. 칼뱅이 제네바로부터 추방당했다는 사실이 의심의 여지없이 그런 주장을 증명해 주었다.

그러나 그런 동요의 심정과 추방은 잠시뿐이었다. 칼뱅은 자신이 그곳에서 일하도록 예정되어 있음을 발견한 듯 보였으며, 나아가 하나님으로부터 부르심을 받았다는 강력한 자각을 되찾았다. 칼뱅은 이렇게 쓰고 있다. '주님은 내가 나의 소명을 스스로 확신할 수 있는 강력한 이유들을 제시해 주셨다.' 이제 은혜는 하나님의 인도하심을 깨닫는 것과 연결되면서, 소명 그리고 선택과 예정처럼 그 소명과 연관된 교리들 속에서 더욱 엄밀하게 표현되었다. 은혜는 실제 인간의 삶 — 단지 일반적인 인간의 삶이 아니라, 특정한 한 사람 한 사람의 삶 — 속에서 나타나는 그 어떤 것으로 간주되었다.

이렇게 되면서, 이제 은혜는 하나님의 자비로우심이 그 백성들의 삶 속에서 창조성 넘치는 모습으로, 그들에게 새 힘을 부여하며 삶을 바꾸시는 모습으로 표현된다. 그것은 죄와 절망의 폭풍이 몰아치는 바다에 빠진 이에게 던져진 생명줄이다. 그것은 죄의 용서, 인간의 연약함의 변화 그리고 하나님이 각 사람을 세상에서의 소명으로 인도해 가시는 모습에서 나타나고 있다. 바울이 '나의 나 된 것은 하나님의 은혜로 된 것이니'(고전 15:10)라고 썼을 때, 그는 자신을 향한 하나님의 은혜뿐 아니라 그 은혜가 자신의 삶 속에서 현실로 나타났음을 동시에 증언하고 있는 것이다. 은혜는 결코 어떤 추상적인 개념이 아니다! 은혜에 대하여 말하는 것은 역사 속에 자리한 각 개인의 삶에 나타난 하나님의 자비로운 행위들을 연대순으로 기록한 것이라는 점에서, 사실상 전기―아니 오히려 자서전―를 쓰는 것이나 다름없다. 은혜는 하나님께서 당신의 백성을 위하여 베푸신 모든 것이다. 그것은 우리가 오늘도 선용할 수 있는 통찰이다.

죄의 실체 : 개인의 죄 그리고 구조적인 죄

은혜는 죄의 실체와 힘이 언급될 때에야 비로소 완전하고 적절하게 이해된다. 대부분의 개혁자들은 죄에 대해 말하는 것에 전혀 가책을 느끼지 않았다. 이런 견해를 뒷받침하는 근거로 두 가지를 들 수 있다. 첫째로는, 무엇보다도, 종교개혁을 지지했던 저술가들은 자신들이 죄를 다룰 수 있는 수단을 갖고 있다고 믿었다. 이신칭의의 교리는 죄를 정면으로 언급하면서, 하나님의 분노 대신에 하나님과 더불어 평강을 누리게 됨을, 죄의 삯인 사망 대신에 영원한 생명을, 정죄 대신에 용서를 제시했다. 이렇게 의롭다 칭함을 받게 되었다는 것이 실재임을 확신하면서, 죄의 실체에 정면으로 맞서는 데 어느 정도 자신감을 얻게 되었다. 그리스도는 실제로 존재하는 죄 때문에 죽으셨다. 어쩌면 이런 믿음이 가장 강력한―아울러 논쟁하는―어조로 표현된 글을 루터가 멜란히톤에게 보낸 한 편지에서 발견할 수 있을 듯한데, 그 편지에서 루터는 (멜란히톤 개인의 삶과 관련하여 그의 괴팍스러움에 화가 난 나머지), 이렇게 말하고 있다. '죄인이 되라, 그러면 담대하게 죄를 지으리라! 그러나 그리스도를 믿으라, 그리하면 더욱 더 담대한 기쁨을 누리게 되리라!' 루터가 말하고자 한 것은 (비록 절망의 심정 때문에 과장되었을 수도 있지만), 사소한 죄에 사로잡히게 된다 할지라도 그것은 아무 의미가 없다는 것이었다. 그리스도는 인생의 커다란 죄를 위해 죽으셨으며, 그런 이유 때문에 우리가 기쁨을 누리는 것임에 틀림없다.

그러나 두 번째 이유야말로 어쩌면 더 중요한 것일 수 있다. 주요 개혁자들은 삶의 경험이 대학이라는 상아탑에 한정되어 있던 학자들이 아니었다. 그들은 죄가 인간의 삶에 미치는 심대한 영향을 경험한 목회자들이었다. 그들은 유럽의 많은 도시와 성채에서 벌어진 권력 투쟁에 연루되었으며, 이는 그들로 하여금 구조에 얽힌 죄의 실체를 확실하게 깨닫도록 만들어 주었다. 요컨대 그들은 죄가 개인, 사회 구조 그리고 공동체에 미치는 영향을 깨닫게 하는 세상 속에 살고 있었던 것이다. 그들은 결코 터무니없는 공상에 빠진 채 세상을 살던 사람들이 아니었으며, 인간 실존이라는 냉혹한 현실에 정면으로 맞설 수밖에 없는 처지였다.

한편으로 보면, 개혁자들 스스로 죄의 개인적인 측면과 공동의 측면들을 고통스럽게 증언하고 있었다. 루터는 1525년, 농민 전쟁이 벌어지는 동안 너무나 어려운 지경에 몰려 있었다. 자신들을 억압하던 지배자들에 맞서 봉기한 농민들을 지지해야 하는지 아니면 루터의 개혁에 후원자였던 제후들을 지지해야 하는지, 그는 기로에 서 있었다. 얼기설기 꼬여 있는 거미줄처럼 복잡한 여러 가능성에 얽혀든 채, 그 가능성 가운데 어느 것을 꼬집어 '옳다' 또는 '그르다'라고 쉽게 말할 수 없는 상황 속에서, 루터는 제후들을 지지하기로 결심한다. 많은 사람이 보기에, 그것은 자신에게 치명타를 가한 것이었다.[63] 그가 말한 칭의 교리뿐 아니라 루터 자신의 행동이 그의 죄성을 증언해 주었다. 그는, 죄가 그 자신의 사생활뿐 아니라 개인이든 공동체와 관련되어서든, 모든 차원에 깊이 뿌리 내리고 있음을 깨달을 수밖에 없었다.

이런 점이 많은 현대 신학과 이루고 있는 대조는 의미심장하다. 이는 곧, 신학자를 신앙 공동체 안에 있는 사람으로 보았던 종교개혁의 패러다임에서, 어느 정도 그런 신앙 공동체 바깥에 존재하는 사람으로 보게 되는 틀로 옮겨가고 있음을 반영한다. 상아탑이라는 울타리에 갇혀 학문성만을 추구하는 현대의 신학자들은 목회로부터 따로 분리된 존재가 되었으며, 이 세상의 일과 아주 조금만 관련을 맺을 뿐이다. 학문성을 중시하는 이론가들과 그들이 해석하며 말을 건네려는 세상 사이에는 틈이 벌어져 있다. 어쩌면 바로 이런 이유들로 인해, 현대에 와서는 인간의 죄가 가진 실체를 자각하게 만

---

63 농민 전쟁의 근본 원인은 농노제 아래 고통을 겪던 농민들의 비참한 처지에서 비롯됐다. 농민들이 자신들의 권리를 되찾아야겠다고 결심하는 데 종교개혁은 큰 원동력을 부여했다. 로마 가톨릭교회는 농민 봉기의 책임을 루터에게 돌렸으며, 이 때문에 루터는 제후들을 지지하는 것이 자신의 개혁을 보존하는 길이라고 믿었다. 그러나 이로 인해 그의 종교개혁은 농민의 지지를 잃게 된다.

드는 역할을 제3세계의 목회자들과 저술가들이 맡고 있는지도 모른다. 서구의 대학들은 그들이 기반으로 삼는 사회만큼이나, 또는 그들이 가르치는 개인만큼이나 죄로 얼룩진 모습을 보여주고 있다.

20세기에 리처드 니버[64]는, '분노하심이 없는 어떤 하나님이, 죄가 없는 사람들을, 십자가를 진 일이 없는 그리스도라는 이의 사역을 통하여 심판이 없는 어떤 나라로 인도했다'는 사이비 복음에 대하여 강력하게 설파한 적이 있다. 많은 자유주의 신학이 보기에, 죄라는 개념은 시대에 뒤떨어진 것으로 우리와 전혀 상관이 없고, 특히 그 죄라는 것이 자유주의의 낙관론이 그 낙관의 근거로 제시하는 성선설 — 곧 인간이 그 근본에서는 선한 존재라는 개념 — 에 자주 강력한 도전장을 내밀고 있다는 점에서 축출되어야만 하는 개념이다. 종교개혁 영성을 회복하는 것은 죄의 실체가 거리낌없이 인정되던 시대로 되돌아가는 것이다. 뿐만 아니라, 그런 자세는 영성에 존재하는 하나의 어려운 영역 — 곧, 신자들 사이에 여전히 죄가 끈질기게 존재하고 있다는 점 — 과 관련하여 어느 정도 열린 마음을 북돋아 준다.

---

64 1894년에 태어나 1962년에 세상을 떠난 미국의 신학자이다. 라인홀드 니버가 그의 형이다. 처음에는 키르케고르와 바르트의 영향을 많이 받았으나, 후기에는 하나님과 인간의 관계를 연구하는 데 많은 관심을 기울였다.

죄 범하는 그리스도인들 : 말 자체에 모순이 있지 않는가?

대부분의 그리스도인들은 어떤 죄의식을 자각하고 있다. 사실, 가장 성숙한 그리스도인들이 자신의 죄를 가장 많이 깨닫는다. 그러나 이런 실제적인 관찰 결과의 밑바탕에는 이론적으로 하나의 어려움이 자리하고 있다. 어떻게 죄와 믿음이 공존할 수 있는가? 어떻게 의롭다 부르심을 받은 그리스도인들이 동시에 죄인일 수 있을까? 심리학과 신학은 이 쟁점에 대하여 서로 의견을 나눌 필요가 있다. 바로 이 점에 대한 루터의 논지는 그의 영성 중에서 가장 도움을 주는 부분 가운데 하나다. 그는 1515-1516년에 쓴 로마서 강의에서 그 문제를 다루고 있는데, 그가 이에 대하여 말할 수밖에 없었던 부분에 대해 살펴볼 것이다.

루터는 하나님이 우리를 바라보는 방식과 우리가 자신을 바라보는 방식 사이에 근본적인 구분이 있음을 말한다. 자신의 시각으로 바라본 우리의 지위와 하나님의 시각으로 바라본 우리의 지위 사이에는 근본부터 차이가 존재한다. 루터는 이와 관련하여 '내재하는'과 '외재하는'이라는 말을 사용한다. 인간이 안에서 바라본 시각과 하나님이 바깥에서 바라본 시각 사이에 이런 구분이 존재한다는 것을 밝힌 다음, 루터는 신자들과 불신자들(루터가 사용한 말로 표현하자면, 거룩한 자들과 위선자들) 사이의 차이를 고찰한다. '거룩한 자들은 자신의 시각으로 보면 늘 죄인이며, 따라서 늘 밖에서 보면 의롭다 여기심을 받는다. 반면 위선자들은 자신의 시각으로 보면 늘 의인이며,

따라서 늘 밖에서 보면 죄인들이다.' 신자들은 이렇게 자신을 죄인으로 간주한다. 하지만 하나님이 보시기에, 그들은 의롭다 여기심을 받은 고로 의인들이다. 하나님은 신자들을, 그들의 믿음으로 인해 의인으로 여기신다. 믿음을 통하여, 신자들은 그리스도의 의라는 옷을 입게 되는데, 이는 에스겔 16장 8절에서 우리의 벌거벗음을 당신의 옷으로 덮어 주시는 하나님에 대하여 말씀하는 것과 똑같은 방식이라고 루터는 주장한다. 루터가 보기에 신앙은 하나님과 맺고 있는 올바른(또는 의로운) 관계이다. 그런 점에서 죄와 의로움은 공존한다. 내면으로부터 본다면 우리는 여전히 죄인이지만, 겉으로 보면 하나님이 보시기에 의인이다. 신앙으로 우리의 죄를 고백함으로써, 우리는 하나님과 올바르고 의로운 관계를 맺게 된다. 자신의 시각으로 보면 우리는 죄인이다. 그러나 하나님의 시각으로 보면 우리는 의로운 존재이다.

거룩한 자들은 늘 자신의 죄를 깨닫고 있기에 하나님의 긍휼을 좇아 그분으로부터 나오는 의로움을 갈구한다. 바로 이런 이유로 그들은 하나님으로부터 의롭다 여김을 받는다. 그런 점에서 그들 자신의 시각으로 보면(그리고 실제로!) 그들은 죄인이다. 그러나 하나님이 보시기에 그들은 의로운 사람들인즉, 그들이 자신의 죄를 고백함으로 말미암아 하나님께서 그들을 의롭다 여기시기 때문이다. 실상 그들은 죄인이다. 그러나 그들은 긍휼이 풍성하신 하나님이 의를 전가하심으로써 의롭게 되었다. 그들은 자신들이 무의식적으로는 의인이나, 의식적으로는 죄인이다. 그들은 사실 죄인이나, 소망 안에서는 의인이다.

죄와 의로움의 이런 공존이 영원히 이어질 상태임을 루터가 암시하는 것은 아니다. 그가 말하려 한 것은, 하나님께서 당신의 의로움을 통하여 우리의 죄를 덮으신다는 점이다. 그분의 의로우심은 마치 하나의 보호하는 덮개 같은 것이며, 그 보호 아래 우리는 자신의 죄에 맞서 싸울 수 있다. 그러나 ― 이것이 루터가 통찰한 핵심이기도 한 것인데 ― 죄가 존재한다 하여 그리스도인이라는 우리의 지위가 부정되는 것은 아니다. 칭의를 통하여 우리에게는 의로움이라는 지위가 주어졌지만, 또 한편으로 우리는 의로움이라는 본성을 얻기 위하여 하나님과 더불어 일한다. 언젠가 우리를 의로운 자로 만드시고, 결국 우리 죄를 깨끗하게 제거하겠다고 하나님이 약속하셨다는 점에서, 이미 어떤 의미에서, 우리는 그분의 눈앞에서 의로운 사람이다. 루터는 이를 다음과 같이 말하고 있다.

그것은 마치 아픈 사람과 흡사하고, 나아가 그에게 완전한 회복을 약속한 의사를 신뢰하는 사람과 똑같다. 치료를 받는 동안, 그는 약속된 회복을 소망하면서 의사의 지시에 순종하고, 권유 받은 것들을 그만두게 되며, 그리함으로써 건강을 회복하는 데 어떤 방해거리도 없게 된다. … 이제 이 병자는 회복될까? 사실 그는 병자이면서 동시에 건강한 사람이다. 그는 병을 앓고 있으나, 그가 신뢰하고 그를 이미 완치된 사람으로 여기는 의사의 확실한 약속 때문에, 건강한 사람이다.

그 의미가 뚜렷하게 드러나는 이 의술 비유를 즐겨 사용하면서, 루터는 한 걸음 더 앞으로 나아간다. 죄를 병에, 의로움을 건강에 비유하면서, 그는 이렇게 결론을 내리고 있다.

그러므로 그는 죄인임과 동시에 의로운 사람이다. 실상 그는 죄인이나, 하나님이 그(병자)를 완전히 치료하실 때까지 그를 계속하여 죄로부터 구원하실 것임을 약속하시며 확실히 책임을 맡으셨으므로, 그는 의로운 사람이다. 따라서 지금은 실상 죄인인 그가, 소망 안에서는 완전한 건강을 누리고 있는 것이다.

이런 접근은 신자 속에서 죄가 끈질기게 자리잡고 있는 현상을 설명해 주고, 그러면서도 동시에 점차 바뀌어 가는 신자의 모습과 더불어 미래에 그의 죄가 말끔히 씻기게 될 것임을 설명해 준다는 점에서 도움이 된다. 하지만 그리스도인이 되기 위하여 반드시 완전한 의로움을 갖추고 있어야 하는 것은 아니다! 죄가 곧 믿음이 없다는 것을 가리키는 것은 아니며, 하나님의 일이 실패했다는 것을 말하는 것도 아니다. 오히려 죄는 사람들이 자신의 인격을 끊임없이 하나님의 너그러우신 보살핌에 내어 맡겨야 함을 강조하고 있다.

이런 사고방식이 목회에서 차지하는 중요성은 상당하다. 한번은 내 동료 한 사람이 '자아 존중'이라는 주제를 놓고 자신이 살던 지역의 교회에서 최근에 열린 한 모임에 참석했던 이야기를 들려주었다. 그 모임의 참석자들은 자신에게 0점(소름이 끼친다)부터 10점(완벽하다)

까지 점수를 매기도록 요구받았다. 대부분의 사람들 — 점잖은 미국인들이다 — 은 자신을 4점과 6점 사이의 점수(특별히 좋지도 않지만, 그렇다고 해서 특별히 나쁘지도 않은 수준)에 해당하는 것으로 평가했다. 당시에 초청했던 강사(한참 인기를 끌던 몇 권의 심리 치료 서적을 이미 읽은 사람이었다)는 모든 사람들이 자신을 10점으로 평가해야 한다고 밝혔다. 그의 말인즉, 거기 있던 모든 사람이 다 완벽한 존재들이며, 다만 자아 존중이 철저히 결핍되어 있는 탓에 고통을 겪을 뿐이라는 것이었다. 이런 주장은 참석자들 사이에 흥미로운 반응을 불러일으켰다. 그들은 대개 자신들이 스스로를 정확하게 평가하고 있다고 생각했으며, 나아가 그 강사의 말을 철저한 속임수로 여겼다는 사실이었다.

이처럼 죄를 부인하는 모습은 완벽함을 말하는 신화 — 지금의 우리 모습은 그렇게 살도록 되어 있던 그 모습이라고 주장하는 현실성 없는 신화 — 속에서 자연스럽게 나타나고 있다. 칭의 교리는 우리로 하여금, 우리의 불완전함과 죄를 시인하게 만든다. 그러면서도 빈곤한 우리의 모습은, 예수 그리스도를 닮아가도록 우리를 바꾸시려는 하나님의 목적과 그 일을 해내시는 그분의 능력을 기뻐하게 만든다. 언젠가 아우구스티누스는 교회를 하나의 병원에 비유한 적이 있다. 그곳은 기꺼이 자신들의 죄를 시인하고 의사들의 숙련된 의술에 소망을 품고 그것을 신뢰하여 그 치료의 손길에 자신을 내어 맡김으로써, 한 몸이 된 병자들의 공동체이다. 위에서 보았듯이, 루터는 이런 사고의 틀을 견지한다. 곧 우리는 실제로 죄인일 수 있지만, 소망 안에서 이미 의인으로 존재하고 있다.

그 이야기 역시 이 자아 존중의 문제에 대한 루터의 접근법이 얼마나 중요하고 유익하며, 기독교다운 것인지 잘 보여주고 있다. 하나님은 지금 우리의 모습 이대로 우리를 받아들이신다. 한 사람의 그리스도인이 되기 위해 당신 자신을 10점으로 평가할 필요는 없다. 하나님이 보시기에 완전함은 당신을 받아주시는 필요조건이 아니다. 하나님은 당신의 현재 모습 그대로 당신을 받으신다. 그분은 당신을 완전히 새롭게 하시고 빚으시겠다는 약속으로 인해, 당신에게 기꺼이 10점의 지위를 부여하시는 것이다. 당신이 4점, 5점, 아니면 6점이라 할지라도, 그분은 당신을 흔쾌히 받으신다. 그분의 자비로우심으로 인해, 하나님은 당신을 받아들이신다. 당신은 완전한 것처럼 가장함으로 자신을 속일 필요가 없다(또는 하나님이 속으실 거라고 생각지도 말라). 죄인을 의롭다 인정하심은 결코 그 어떤 속임수나 법정에서 진술된 거짓말, 나아가 거짓으로 꾸며낸 거룩함을 근거로 이루어지지 않는다. 하나님은 우리를 이 모습 그대로 받으시면서도, 또 한편으로 우리 속에 들어오셔서 원하시는 대로 우리의 모습을 빚어가신다. 우리를 새롭게 빚으시고, 나아가 우리에게 10점의 본질을 주시겠다는 하나님의 약속에 비추어 우리에게 10점의 지위가 부여된다. 그것이 우리에게 우리의 등급을 끌어올리려는 용기와 동기를 부여하며, 우리의 연약한 모습과 결점들에 끊임없이 영향을 미친다. 그처럼 하나님의 은혜로 인해, 4점, 5점 그리고 6점인 우리가 8점, 9점 그리고 10점이 된다. 하나님께서는 당신의 은혜로 재창조될 우리의 장래 모습에 관하여 품고 계신 환상과 의도 그리고 약속을 반영하는 지위를 우리에게 부여하신다.

그러면 이제, 전문가인 체 행세하는 우리의 풋내기 심리치료가—내 동료 교회에 초청 연사로 온 인물—의 접근법을 살펴보자. 그는 청중에게 그들이 완전한 사람이라고 말하고 있었다. 청중은, 두 가지 이유 때문에 그 말이 어처구니없다고 간주했다. 첫째, 그 말은 청중의 경험과 일치하지 않았다. 청중은 자신들이 만점에 미치지 못한다는 것을 알고 있었다. 그들이 사람 앞에서는 어떤 수단을 써서라도 완전한 인간인 것처럼 꾸며낼 수 있을지 모르지만, 홀로 있을 때에는 자신의 죄를 철저히 자각하고 있었다. 두 번째로, 그런 접근법은 자아 발전을 위한 어떤 동기도 제거해 버렸다. 만일 당신이 10점 만점에 10점이라면, 더 이상 성취할 것이 없다. 이는 무사태평을 낳게 되고, 자아 발전과 거룩함의 성장을 철저하게 등한시하는 결과를 가져올 뿐이다. 루터의 접근법은 이 두 함정을 모두 피하고 있다. 그의 접근법은 우리가 현재 죄인이며(이 점은 자신의 경험과 우리가 아는 자신의 모습과 일치한다), 나아가 상당한 발전의 여지가 있음을 밝히고 있다. 그렇지만 다른 한편으로, 그의 선언은 우리가 여전히 하나님이 보시기에 의인의 지위를 누릴 수 있다는 것도 긍정하고 있다. 20세기 독일계 미국인 저술가요 신학자인 폴 틸리히는 이런 통찰을 다음과 같이 제시하고 있다. '우리는, 받아들여질 수 없음에도 불구하고, 이미 받아들여졌다는 점을 받아들여야만 한다.'

따라서 죄를 자각하고 있다 하여, 그것이 꼭 신앙으로부터 벗어나게 될 것을 보여주는 어떤 징후라거나 하나님을 향하여 완전하지 못하게 헌신하고 있음을 보여주는 표지인 것은 아니다. 오히려 그것은 죄에 맞서 끊임없이 투쟁하는 모습, 바로 그것을 반영하는 것일 수 있으며, 그런 투쟁은 칭의와 거듭남의 과정에 반드시 필요한 부분이다. 루터의 말을 빌어 이 문제에 대한 결론을 내려 본다. '우리의 본질을 놓고 보면 우리는 죄인이지만, 그러면서도 믿음을 통하여 하나님이 우리의 죄책을 전가하심으로써, 우리는 의인이다. 왜냐하면 우리는 우리를 구원해 주시겠노라고 약속하신 그분을 신뢰하고 있으며, 나아가 한편으로 죄가 우리를 주장하지 못하게 하면서 다른 한편으로 하나님이 우리에게서 말끔히 죄를 제거하실 때까지 그 죄에 맞서고 있기 때문이다.'

성례들: 은혜를 되새기게 하는 것들

'내 백성을 늘어나게 할지어다!'는 20세기 후반을 풍미하던 교회 성장 운동의 구호였다. 종교개혁 역시, 그것이 살아남고 싶다면, 무엇보다 역시 성장이 급선무였다. 그러나 단지 숫자가 늘어나는 것이 유럽 전역의 복음주의 공동체들이 요구하는 바에 부응하는 것은 아니었다. 개혁 교회에 속한 구성원 수가 늘어나더라도, 그러한 증가는 교회 구성원들의 신앙, 분별력 그리고 헌신에 있어서의 성숙과 일치해야 했다. 그렇지 않을 경우, 숫자의 증가는 자신의 신앙을 견고히 지켜갈 수 없는 껍데기 그리스도인들만을 무더기로 양산할 따름이었다.

그런 점에서 영혼의 성장은 중요한 관심 분야였다. 여러 자원들이 동원되어야만 했으며 다양한 신앙의 성숙을 위한 기술들이 발달했다. 그것들이 오늘날도 여전히 우리와 관련되어 있다는 믿음으로, 종교개혁자들이 사람들의 신앙적 자질을 더욱 깊이 하는 데 사용했던 수단 중 하나를 살펴볼 것이다. 성례는 눈으로 볼 수 있는 하나님의 은혜의 표지이며, 우리로 하여금 그 은혜를 되새기게 하는 것으로 간주되었다. 묵상에 큰 도움이 되며, 그리스도인의 신앙과 분별에 새로운 자질을 더할 수 있는 잠재성이 있다.

종교개혁은 논쟁 속에서 태어났다. 논쟁은 탐구와 명쾌한 설명을 촉진한다는 점에서 유익할 수 있다. 4세기에 벌어졌던 논쟁들이 예수 그리스도의 신성과 삼위일체의 본질에 대한 기독교 사상의 발전에 중요한 자극이 되었다는 점은 이를 증명하는 사례다. 하지만 다른 한편으로, 논쟁은 대단히 좋지 않은 결과를 낳을 수도 있다. 논쟁이 뜨거워지면서 그 결과에 집착하다보면, 논쟁 당사자들은 과장하거나 으스대는 태도를 취하는 경향이 있다. 그 결과, 다른 때 같으면 완전히 받아들일 수 있는 생각이나 관습들도 즉시 거부된다. 개신교가 성례를 두드러지게 폄하했던 것이 그 적절한 예이다. 개신교 신자들은 아마도 성례를 긍정하는 자세를 취할 경우 대적자인 로마가톨릭 진영에 동의를 표시하는 것으로 해석될 수 있음을 두려워한 탓인지, 성례에 마땅히 돌아가야 할 분량에 훨씬 못 미치는 평가만을 내리면서 성례를 홀대하는 경향이 있었다.

예를 들면, 빅토리아 시대의 잉글랜드 복음주의자들은 일반적으로 저교회주의자들이었으며(그들의 신학이나 영성에는 교회 제도가 비집고 들어갈 자리가 없었다), 그들은 성례에 중요한 지위를 부여하는 그 어떤 형태의 예배에도 적대감을 드러냈다. 그와 같이 당시에 종교가 극단에 치우친 부분이 나타나면서, 말씀과 성례는 사실상 서로 양립할 수 없는 것으로 간주되었다. 그 결과, 개신교 영성의 전통은 메마른 것으로 전락해 버렸다. 다행스럽게도 종교개혁 초기의 영성을 연구하면서 우리는 이런 상황이 어떻게 치유되었는지 알 수 있다. 종교개혁의 유산 가운데 현대 복음주의의 손으로 회복되고 갱신될 필요가 있는 부분이 있다면, 그것은 바로 성례 분야이다.

복음주의 영성에 성례가 중요하다는 점을 종교개혁이 강조할 때 중심이 되었던 주제는 하나님이 인간의 연약함에 눈높이를 맞추셨다는 점이다. 이런 생각은 특히 칼뱅과 관련되어 있는데, 그는 이런 생각을 가장 명쾌하게 해명한 인물로 여겨진다. 칼뱅은 이렇게 말한다. 모든 훌륭한 연설자들은 청중이 가진 한계를 알며 이해한다. 나아가 그들은 청중의 한계에 자신들의 연설 방식을 맞춘다. 그들은 자신들의 언어를 바꾸어 청중의 요구와 능력에 맞추면서 어려운 말과 개념들을 피하고, 나아가 그런 것들 대신에 더 적절한 연설 방식을 사용한다. 이런 '적응의 원리'는 다른 한편으로 유비나 시청각 교육 도구의 사용에까지 미치게 된다. 많은 사람들은 다루기 힘든 개념이나 관념을 발견하면, 공중 앞에서 연설하는 신뢰할 만한 사람들에게, 그들이 주장하는 요지를 분명히 전달할 수 있는 이야기와 사례들을 사용하도록 강력히 요구한다.

그 점은 하나님의 경우에도 마찬가지라고 칼뱅은 주장한다. 그분이 스스로를 우리의 연약함에 맞추신다. 스스로 우리 수준으로 내려오셔서, 강력한 이미지와 다양한 화법들을 사용하심으로, 각 사람의 다양한 능력에 따라 자신을 계시하실 수 있다. 어느 누구도 자신의 배움의 정도 때문에 하나님을 아는 것으로부터 배척당하지 않는다. 하나님께서 자신을 계시하실 때 그와 같이 낮은 차원의 방식을 사용하신다 하여, 그것이 곧 그분에게 어떤 연약함이 있다거나 결점이 있음을 말하는 것은 아니다. 도리어 그것은 우리에게 있는 어떤 연약함을 반영하는 것이며, 하나님은 은혜로써 그 연약함을 인정하시고 받아들이신다. 하나님은 믿음을 창조하고 그것을 유지하실 때, 광범위한 자원들―이를테면 말씀, 개념, 유비, 본보기, 표적 그리고 상징―을 동원하실 수 있는 분이다. 성례는 이런 자원들이 보관되어 있는 병기고 속에서 중요한 요소로 간주된다.

종교개혁 첫 번째 세대들이 보기에, 성례는 인간의 연약함에 대한 하나님의 응답이었다. 우리가 그분의 약속들을 받아들이고 그 약속들에 응답하는 데 어려움이 있음을 아시고, 하나님은 당신의 말씀을 눈으로 볼 수 있고 손으로 만질 수 있도록 자비로운 은혜의 표적들로 보충하셨다. 그것은 우리 능력의 눈높이에 맞추어진 것이다. 성례는 일상 세계의 사물들을 통하여 매개된 하나님의 약속들을 대변한다. 멜란히톤은 자신이 쓴 <미사에 대한 제안들>(Propositions on the Mass, 1521)에서, 성례는 무엇보다 자비로우신 하나님께서 당신을 인간의 연약함에 맞추신 것임을 강조했다. 65개조로 구성된 이 제안 속에서 멜란히톤은 자신이 기독교 영성에서 성례의 대안으로 신뢰할 만하다고 간주했던 한 접근법을 제시하고 있다. '표적들은 그것을 통해 우리가 믿는 말씀을 되새기며 그것을 다시금 확신하게 하는 수단들이다.' 모든 표적이 성례는 아니다. 성례는 하나의 제도로 권위를 부여받은 은혜의 표지(표적)이며, 그 성례의 자격을 증명하는 신임장은 견고한 복음주의의 토대 위에 그 기초를 두고 있다. 그 표지는 우리가 임의로 고를 수 있는 것이 아니며, 도리어 우리를 위하여 선택된 표지이다.

이상적인 세계에서 인간은, 오직 하나님의 말씀에 근거하여 그분을 믿고 그분께 모든 것을 내어 맡기도록 되어 있다고 멜란히톤은 주장한다. 그러나 타락한 인간 본성이 갖고 있는 연약한 부분 가운데 하나는 바로 표적을 구하는 것이다(멜란히톤은 이런 주장을 펼치면서 기드온의 이야기[삿 6:36-40]를 언급한다). 멜란히톤이 보기에 성례는 표적들이다. '몇몇 사람들이 성례라 부르는 것을 우리는 표적이라 부른다. 또는 당신이 원한다면 성례의 표적들이라 부르겠다.' 이런 성례의 표적들은 하나님을 더욱 신뢰하게 한다. '인간의 마음속에 도사리는 불신을 완화하시려고 하나님은 당신의 말씀에 표적들을 더하셨다.' 그런 점에서 성례는 하나님의 은혜를 보여주는 표적들이며, 타락한 인간의 믿음에 다시금 확신을 심고 그 신앙을 든든히 세우기 위해 은혜의 약속들에 더해진 것이다.

루터도 이와 비슷한 주장을 하면서, 성례를 '표적을 동반한 약속들' 또는 '하나님이 제도로 세우신 표적들과 죄 용서의 약속'이라고 정의한다. 흥미롭게도 루터는 '담보'(보증)라는 말을 성찬이 갖고 있는 보증의 특성을 강조하는 데 사용한다. 떡과 포도주는 우리 죄를 용서하신다는 하나님의 약속이 실제임을 우리에게 거듭 확신시켜 주면서, 우리로 하여금 그 약속을 더 쉽게 받아들이도록 할 뿐 아니라, 나아가 그 약속을 견고하게 붙들도록 한다.

> 우리가 이런 그리스도의 약속을 확신할 수 있도록, 나아가 추호의 의심도 없이 그 약속을 진정으로 신뢰할 수 있도록, 그분은 우리에게 가장 고귀하고 값비싼 보증인과 담보 — 곧 그 떡과 포도주 속에 주어진 그분의 진정한 살과 피 — 를 제공해 주셨다. 이 떡과 포도주는 곧 그분의 살과 피와 똑같은 것인즉, 그리스도께서는 당신의 살과 피를 내어주심으로써 우리를 위하여 이 귀중하고 은혜로운 보배의 선물과 약속을 획득하셨으며, 약속된 은혜를 우리가 받아들일 수 있도록 당신의 생명을 바치셨던 것이다.

그런 점에서 성찬의 떡과 포도주는 하나님의 은혜가 실제이면서 대가를 치른 것임을 우리에게 상기시켜 주면서, 다른 한편으로는 우리가 신앙으로 이 은혜에 응답해야 한다는 점을 되새기도록 해준다.

이처럼 하나님이 약속하신 것들은 실제로 존재하며 엄청난 값을 치른 것들이다. 그리스도의 죽음은 하나님의 은혜가 신뢰할 만하며 거대한 가치를 지닌 것임을 보여주는 표시이다. 루터는 '임종 직전의 의사 또는 약속이라는 의미로 이해되는 유언'이라는 개념을 사용하여 이런 논지를 전개하고 있다.

> 그리스도는 이것이 우리를 위해 당신의 피로 세우신 새 언약임을 선언하셨다(눅 22:20). … 모든 사람은 유언을 임종 직전에 사람이 하는 약속으로 알고 있으며, 그 유언을 통해 자신의 유산을 열거하며 그것을 물려받을 사람을 지명한다는 것을 알고 있다. 따라서 유언은 무엇보다도 우선, 유언자의 사망을 포함하고 있으며, 둘째로는 유산을 지정하고 그 유산의 상속인을 지명하는 것을 포함한다.

여기서 루터가 통찰하고 있는 점은 이것이다. 유언이란 가장 먼저, 유언자가 죽어야만 효력이 발생하게 되는 약속들을 포함하고 있다. 그런 점에서 성찬은 너무나 중요한 세 가지 사항을 제시한다.

1. 성찬은 은혜와 죄 용서의 약속들을 확증한다.
2. 성찬은 그런 약속들을 받은 사람이 누구인지 확인해 준다.
3. 성찬은 그런 약속들을 했던 사람이 죽었음을 선언한다.

그런 점에서 성찬은, 마치 드라마처럼 은혜와 죄 용서의 약속들이 이제는 그 효력을 발생하고 있음을 선언한다. 그것은 '하나님께서 우리에게 주신 죄 용서의 약속이며, 나아가 하나님의 독생자가 죽으심으로써 확증된 약속이다.' 그리스도의 죽으심을 선포함으로써, 신앙 공동체는 죄의 용서와 영원한 생명이라는 귀중한 약속이 신앙을 소유한 이들에게 이제는 유효해졌음을 확인하게 된다.

그렇지만 물, 떡 또는 포도주와 같이 보잘 것 없고 평범한 것들이 어떻게 그리스도인의 삶 속에서 그토록 큰 중요성을 가질 수 있을까? 확실히 기독교가 내놓는 모든 주장은 물질로부터 우리의 시선을 돌려 하나님 바로 그분이라는 더 위대한 실체를 바라보도록 가리키고 있지 않은가? 우리가 하나님의 말씀 앞에서 자유로울 수 있다면, 물질에 거리낄 이유가 무엇이 있겠는가? 루터는 이 중요한 문제를 다음과 같이 다루고 있다.

> 성례에서 우리는 결코 진기한 그 무엇도 못 본다. 우리가 보는 것은 단지 평범한 물, 떡 그리고 포도주 그리고 설교자의 말씀뿐이다. 거기에 무슨 장엄한 구경거리가 있는 것도 아니다. 하지만 우리는 이런 하찮은 것들 속에 영광스러운 어떤 엄위가 감추어져 존재하는 것을 발견한다. 그 떡, 물 또는 포도주는 육신으로 오신 그리스도와 같은 것이다. 우리는 깨어지기 쉽고, 약하며 죽음에 이르는 한 인간을 본다. 그러나 그분은 하나님의 엄위 그 자체이다. 똑같은 방식으로, 하나님 바로 그분이 평범하고 보잘것 없는 이 성찬의 소재들 속에서 우리에게 말씀하시고 우리를 다루신다.

루터의 기독론은 그가 성례에 접근하는 방식을 알려준다. 하나님은 이 세상에 있는 것들을 통해 자신을 알리실 수 있다. 그러나 루터와 그의 동료들이 강조했던 것처럼, 우리는 다만 눈에 보이는 어떤 표지들을 성례로 간주하도록 허락받았을 뿐이다.

어쩌면 내가 겪은 일 하나를 설명함으로써 루터가 염두에 두었던 논지를 더 잘 보여줄 수도 있을 것 같다. 나는 캠브리지에서 연구생으로 지내는 동안, 정해 놓은 때를 따라 학교 근처의 한 마을에 사시던 연로한 어르신 한 분을 찾아뵙곤 했다. 어느 봄인가 나는 그분 집 근처에 흐드러지게 피어 있던 나팔수선화를 소재로 삼아 그분과 이야기를 나누게 되었다. '난 나팔수선화를 좋아한다오'라고 그분이 이야기했다. '겨울이 가고 나니, 새로운 생명이 돋아났구려. 저 꽃을 볼 때마다 나는 부활을 생각한다오!' 그분은 그 해 여름, 세상을 떠나셨다. 그 이후로 나는 봄에 피는 나팔수선화를 볼 때마다 부활과 그 어르신을 되새기곤 한다.

하지만 그런 기억과 연상은 어디까지나 개인 차원의 것이다. 신앙 공동체의 구성원들은 개인 차원에서 연상하는 것들에 종속될 수 없다. 성례는 그 신앙 공동체의 모든 구성원들이 연상하는 어떤 명확한 것들을 말한다. 그리스도인의 예배에서 사용됨으로써 더 강력해지고 그 의미가 깊어지는 연상과 기억들을 가리킨다. 그러나 떡과 포도주와 같은 세속의 소재들이 어떻게 그토록 강한 연상 효과를 가져올 수 있는지 의문이 들 수도 있다. 츠빙글리는 이런 질문을 해결하는 데 도움이 되는 답을 하나 제시하고 있다. [근래에 우리는 그의 접근법을 '상징설'(a theory of transsignification)[65]이라는 말로 부르곤 한

---

[65] 로마 가톨릭 교회가 성찬에서 떡과 포도주가 실제로 주님의 몸과 피로 변한다는

다. 다행스럽게도 정작 츠빙글리 자신은 그런 말을 사용하지 않았다! 종교개혁자들의 저술들은 목회에서 사용되는 일상 언어로 기록되어 있으므로 우리에게 기쁨을 안겨준다. 오늘날 신학이라는 이름으로 통용되는 전문 용어들에 진저리가 난 사람들에겐 이것이 하나의 구원이 될 수도 있다.]

어쩌면 우리는 한 걸음 뒤로 물러나 토론을 시작해야 할 것 같다. 츠빙글리가 보기에 성찬의 주요 목적 가운데 하나는 우리로 하여금 그리스도를 되새기게 하는 것이다. 그는 이 점을 분명히 하고자 하나의 유비를 사용한다. 오랜 시간이 걸릴 사업상의 출장을 막 떠나려 하는 상인을 생각해 보라(그는 어쩌면 이탈리아 및 독일과 무역 거래를 했던 자신의 고향 취리히의 상인들을 염두에 두었을 것이다). 그는 떠나기 전에 자신의 조그만 초상이 들어 있는 반지 하나를 아내에게 준다. 그 반지는 아내를 향한 남편의 사랑을 되새기게 하며 나아가 그가 다시 돌아온다는 것을 유념하게 만드는 것이라고 츠빙글리는 말한다. 그가 집을 떠나 있을 때 아내는 그를 기억 속에 떠올린다. 그 반지는 곧 그를 기억하도록 하며, 따라서 강력하게 그를 연상시키는 힘이 있다. 아내는 자신의 기억 속에서 그 반지를 남편이 떠나던 날과 연결하면서, 나아가 다시 돌아오겠다는 그의 약속과 반지를 결합시킨다. 남편

'화체설'을 주장했던 반면, 츠빙글리는 단지 그 떡과 포도주는 우리를 위한 그리스도의 대속 희생을 기념하는 상징일 뿐이라고 주장했다. 루터는 '공재설'을 주장하면서, 주님의 몸과 피가 성찬의 떡과 포도주 안에, 그와 함께 그리고 그 밑에 존재한다고 말했다.

이 떠나 있는 동안 반지는 남편과 그의 아내를 이어준다.

츠빙글리는 떡과 포도주가 신자들에게 이 반지와 비슷한 연상 작용을 한다고 주장한다. 신자들의 마음속에서, 떡과 포도주는 세상과 세상 삶으로부터 떠나실 준비를 하시던 그리스도의 마지막 만찬과 연결된다. 떡과 포도주는 다시 오시겠다는 그분의 약속을 되새기게 해준다. 나아가 그리스도가 계시지 않을 때 그의 백성들은 그 떡과 포도주를 주님이 다시 오실 것임을 보증하는 것이자 주님을 되새기게 하는 것으로 늘 소중히 여길 수 있다. 떡과 포도주는 특별한 것이 되었다. 하지만 어떻게 특별하게 되었는가? 성찬에 쓰이는 떡과 포도주에 뭔가 특별한 것이 있다는 것인가? 그 떡과 포도주는 평범한 떡과 포도주와 어떻게 다른 것인가?

츠빙글리는 이 물음에 두 가지 비유를 들어 답하고 있다. 전혀 다른 두 개의 정황 속에 놓인 하나의 반지를 생각해 보라고 그는 제안한다. 첫 번째 정황에서 그 반지는 단지 존재할 뿐이다. 어쩌면 당신은 탁자 위에 있는 반지를 상상할 수도 있고, 보석상의 진열대에 들어 있는 반지를 그릴 수도 있다. 그것은 귀중한 금속이다. 그렇지만 그 반지에 대해서는 더 이상 말할 것도, 연상되는 것도 없다. 이제 그 반지를 새로운 정황에 옮겨 놓았다고 가정해 보자. 반지는 이제 어떤 왕의 손가락에 끼워졌다. 이제 그 반지는 권위, 권력 그리고 위엄 등을 갖추고 있는 왕과 연관되어 연상된다. 이런 연상들은 처음의 정황에서 새로운 정황으로 옮겨 가면서 생겨난 것이다. 물론 반지 그 자체는 전혀 변함없이 그대로다.

츠빙글리는 이미지를 바꾸어, 들에서 자라는 몇 송이의 백합을 생각해 보라고 한다. 이제 그것들이 완전히 다른 정황 — 즉 면사포를 쓴 신부 같은 — 으로 옮겨졌다고 상상해 보라. 이제 왕관 모양으로 묶인 그 꽃들은 완전히 새로운 의미를 띠게 된다. 이제 그 꽃들은 신부의 아름다움을 찬미하는 것의 일부이다. 혼인하는 날의 신부와 연결되면서 그 꽃들은 기쁨과 찬미를 연상시키는 것이 된다. 이는 그 꽃이 자연의 들판 속에 있던 때에는 전혀 갖지 못한 이미지다. 정황이 바뀌면서 연상되는 것들에 어떤 변화가 생긴 것이다.

각각의 경우에 똑같은 방식이 등장한다. 사물 그 자체는 변함없으나, 도리어 그 사물의 의미가 드라마처럼 변하고 있다. 그 의미 — 바꾸어 말하면 그 사물들이 연상케 하는 것들 — 는, 사물 그 자체의 본질에 어떤 변화도 가져오지 않은 채 바뀔 수 있다. 그와 똑같은 과정을 성찬의 떡과 포도주에서도 목격할 수 있다고 츠빙글리는 주장한다. 평범한 일상의 정황 속에서, 그 떡과 포도주는 말 그대로 평범한 떡과 포도주이며 특별히 연상하게 하는 것도 없다. 그러나 어떤 새로운 정황 속으로 옮겨지면 그것들은 새롭고 중요한 의미를 연상케 한다. 그 떡과 포도주가 어떤 예배 공동체의 중심부에 놓이게 되면, 나아가 거기에 그리스도가 이 땅에서 보내신 마지막 날 밤의 이야기가 다시 덧붙여지면, 그 떡과 포도주는 기독교 신앙의 토대가 되는 사건들을 강력히 되새기도록 만든다. 떡과 포도주에 이런 의미를 부여하는 것은 바로 그것들이 놓여 있는 정황이다. 그 떡과 포도주는 본질이 전혀 변하지 않은 채 그대로 남아 있다. 많은 사람들은 이런 접근법이 유익함을 발견한다. 특히 그 접근법이 복잡한 형이상학의 문제들(이를테면 중세에 등장한 개념인 화체설과 같은 문제들인데, 화체설에 따르면 성찬의 떡이 떡을 받는 자에게 건네질 때 실제로 그리스도의 몸이 된다고 한다)을 피하고 있기 때문이다.

그런 점에서 종교개혁이 신앙의 필요성을 강조하면서 하나님의 말씀을 최우선으로 삼았을지라도, 그것이 곧 기독교 영성에서 성례에 중요한 위치를 부여하는 것과 결코 모순되지 않는다. 사실 성례는 신앙과 하나님의 말씀을 강조한 것과 완전히 궤를 같이 한다.

첫째, 성례는 신앙을 뒷받침할 의도로 제정된 것이다. 신앙이 없다면, 성례는 아무런 효력이 없다. 루터는 이 점을 두드러지게 강조했다. 성례는 신앙이라는 정황 속에서 그 효과를 발휘하게 된다.

기독교 신앙에 대하여 확신을 가지려는 이들이 얼마나 많은지, 또는 자신들이 하나님과 친밀한 관계를 유지하고 있음을 자신들에게 보여줄 표적이 하늘에서 내려오기를 갈망하는 사람들이 얼마나 많은지, 나아가 그들이 택함 받은 자 가운데 들어 있음을 보여주는 표적이 하늘로부터 주어지기를 갈구하는 이들이 얼마나 많은지 생각해 보라! 하지만 만일 그들에게 여전히 신앙이 없다면, 그런 표적이 무슨 소용이 있겠는가? 신앙이 없다면 표적이 대체 무슨 유익이 있겠는가? 그 성례란 것도 신앙으로 받아들이지 않는다면, 우리가 살고 있는 이 시대에, 과연 그 성례라는 장엄한 표적이(또는 그 문제에 관해 하나님께서 하신 말씀 자체도) 무슨 쓸모가 있겠는가?

둘째, 성례는 하나님의 말씀을 대체하는 것이 아니라, 확증하는 목적으로 제정된 것이다. 루터가 쓴 것처럼 '만일 당신이 하나님의 말씀을 무시해 버린다면, 세례는 단지 물에 불과하며 나아가 주님의 마지막 만찬은 단지 떡일 따름이다.' 성례는 말씀과 표적을, 그리고 은혜의 약속과 이 은혜를 눈으로 보도록 가리키는 것을 하나로 묶는다. '성례에서 가장 중요한 부분은 하나님의 말씀과 언약이다. 이 말씀과 언약이 없다면 성례는 죽은 것이요 쓸데없는 짓일 뿐이다.' 하나님께서 당신의 약속들을 우리에게 더 실감있게 보여주시려고 하심에 따라 성례는 우리의 연약함에 눈높이를 맞춘 것이 되었다.

성례가 이렇게 이해되면서, 그것 ― 특별히 성찬은 ― 은 종교개혁 영성 안에서 생생하고 중요한 기능을 갖게 된다. 성례는 하나님에 대한 우리의 신뢰를 더욱 깊게 하려고 하나님이 제정하시고 그 권위를 부여하신 은혜의 표지이다. 성례는 우리 기독교의 뿌리를 되새기게 하면서, 우리 구원을 위해 그리스도께서 죽으셨다는 사실을 강력하게 일깨운다. 올바로 이해한다면, 성례는 영적 자원으로서 거대한 잠재력을 지닌다. 역사를 살펴볼 때, 개신교 교회가 성례의 중요성을 폄하했던 것은 사실이다. 이는 여러 종교 전쟁과 30년 전쟁(1618-1648)을 비롯한 종교개혁 이후의 대규모 종교 분쟁들과 관련이 있다. 그러한 시절은 이제 지나갔다. 어쩌면 개신교 영성 안에서 성례를 회복해야 할 때가 도래했는지도 모른다.

우리가 이제 살펴보게 될 영적 훈련이라는 개념과 관련하여 더 자세히 살펴보자.

9장

훈련과 자유:
이신칭의와
그리스도인의
삶

종교개혁이 제시한 주요 통찰 가운데 하나가 이신칭의 교리이다. 더 정확히 말하면, 은혜로 말미암아(by) 믿음을 통하여(through) 의롭다 여김을 받는다는 것이다. 사실, 이 교리는 이번 장에서 더 상세하게 살펴볼 터이지만, 순전한 형태의 기독교 교리와 영성으로 되돌아가기 위해 종교개혁이 펼친 투쟁의 한 가운데 자리했던 것이다. 개혁자들에게 그리스도인의 실존 그 전체는 처음부터 끝까지, 하나님의 은혜의 결과요 그 은혜의 표현이었다. 이는 그리스도인의 인생관 전체를 형성하는 사실이다.

종교개혁이 하나님의 은혜로우심을 강조하게 되면서, 기독교 영성에 지극히 중요한 시각 하나가 회복된다. 구원은 곧 하나님이 은혜로 주신 선물이지, 결코 우리가 수고로 얻는 것이 아니라는 점이다.

하나님 앞에 서 있는 우리의 지위는 우리에게 주어진 그 무엇이지, 우리의 공로 또는 업적을 통해 우리가 얻어낸 것이 아니다. 우리는 걸인처럼 하나님의 은혜에 의지하고 있다. 하나님으로부터 뭘 얻어낼 수 있을까 하여 그분을 상대로 소송을 제기할 수 없다. 루터가 보기에, 은혜의 복음은 공로라는 개념이 짓누르던 압박감 — 하나님이 우리를 주목하시기 전에 우리가 하나님을 위하여 뭔가 도움이 되는 일들을 해야 한다고 주장하는 심리 상태 — 으로부터 우리를 해방시켜 준 것이다.

하나님의 은혜를 이처럼 새롭게 강조한 것은 통속의 냄새가 짙은 중세 후기의 영성이 판을 치던 숨 막힐 듯한 세계 속에서 마치 신선한 공기를 호흡하는 것과 같았다. 그러나 그 결과, 이런 은혜의 재발견이 심각한 오해 — 즉, 하나님의 은혜로우심으로 인해 훈련에 대한 어떤 필요성도 철폐되었다는 주장 — 를 불러 올 가능성이 생겼다. 그리스도인의 자유는 자칫 그리스도인이 감당해야 할 의무조차도 제거해 버린 것으로 생각될 소지가 있었다.

실제로 이런 생각들이 종교개혁 진영내의 몇몇 분파들에서 신뢰를 얻었음에도 불구하고, 주류 개혁자들은 그런 생각들이 복음서와는 동떨어진 것이라 믿었다. 그래서 그리스도인의 삶에 있는 자유와 책임의 관계를 다루는 것이 필요했다. 그가 쓴 『그리스도인의 자유에 대하여』에서 루터는 두 가지 관점에서 이 관계를 말하고 있다.

그리스도인은 모든 것의 주(lord)로서 완전한 자유를 누리고 있으며,

어느 누구에게도 종속되지 않는다.

그리스도인은 모든 이를 섬기는 사람으로서 완전한 의무를 부담하고 있으며, 모든 이에게 종속되어 있다.

이 마지막 장은 이신칭의 교리를 다소 깊이 다루어 가면서, 이 교리가 영성과 어떤 관계에 있는지 발견하는 것을 목표로 한다. 이미 앞 장에서 이 교리가 가진 많은 면 중 몇 가지를 다루었지만, 미처 언급하지 못한 부분이 아직 남아 있다.

이신칭의와 인간의 공로

이신칭의 교리가 확증한 주요 주장들 가운데 하나는 우리의 구원에 필요한 모든 것을 하나님이 우리에게 주신다는 것이다. 우리는 구원을 성취할 필요가 없다. 우리가 힘들여 수고함으로써 구원을 얻을 필요가 없다. 구원은 우리에게 주어진 그 무엇이며, 나아가 우리는 단지 그것을 받아들이도록 초대받고 있을 뿐이다. 그러나 또한 그 구원은 우리의 모습을 바꾸시는 선물이다. 우리가 의롭게 되었음을 받아들이는 것은 곧, 우리 실존의 모습이 바뀔 길을 열어놓는 것이다. 우리에게는 칭의로 인해 하나님 보시기에 의로운 자라는 지위가 주어지고, 동시에 그리스도 안에서 우리의 모습을 하나님께 일치시켜 가는 과정이 시작된다. 우리의 지위에 하나님이 가져오신 변화는 우리 마음속에서 하나님이 일으키시는 변화와 함께 한다. 의롭게 되었다는 이 외면의 선물은 성령이 우리 내면에서 펼치시는 갱신의 역사로 인해 보충된다.

이것이 암시하는 바를 탐구하기 전에, 우리는 이신칭의가 함축하고 있는 신령한 암시들을 다룰 때 사람들이 경험하는 몇 가지 어려움을 살펴보아야만 한다. 첫 번째 어려움은 현대인들의 귀에는 생소한 것처럼 들리는 '칭의'(의롭게 됨)라는 말 그 자체와 관련되어 있다. 현대에 들어와 '칭의'라는 말은 어떤 논쟁이나 법정 소송에서 자신의 주장을 방어하거나, 또는 작가의 경우, 인쇄된 페이지 전체에 걸쳐 오른쪽에 있는 여백을 고르게 만드는 과정으로 이해되고 있다. 그렇다면 문서 작성의 세계에서나 익숙할 법한 말이 어떻게 기독교 영성과 생생한 연관을 맺게 되었을까?

'justification'이라는 영어 단어는 '하나님 앞에서 올바르다'는 구약의 개념을 지칭하는 말이다. 번역과 해석이라는 뒤틀리고 복잡한 전통을 거쳐 — 히브리어에서 그리스어로, 그리스어에서 라틴어로 그리고 마침내 라틴어에서 영어로 — 'justification'은 하나님이 보시기에 의로운 자의 지위를 가리키게 되었다. 의롭게 되었다는 것은 하나님이 보시기에 흠잡을 데가 없는 것을 가리킨다. 우리가 이미 언급한 것처럼, 루터에게 믿음을 갖는다는 것은 곧 하나님 보시기에 흡족한 것이었다. 곧 하나님을 신뢰하는 태도로 살아가는 것이다. 하나님의 눈앞에서, 믿음이 바로 삶의 바른 길이다. 따라서 만일 '칭의'라는 말을 '하나님이 보시기에 흠잡을 데가 없는 것'이라는 말로 바꿔쓰면 도움이 될 수 있다. 이와 비슷하게 '의롭게 되었다'는 말 역시 '하나님과 올바른 관계에 놓이게 되었다'는 말로 바꿀 수 있을 것이다.

하지만 이것은 기독교 신학에만 독특한 문제는 아니다. 모든 전문 용어들은 그것을 듣는 청중에 맞추어 설명되어야 하는 것이다. 미국에서 쓰이는 '헌법 수정 제5조'라는 문구는 전문 용어처럼 보이는 탓에 많은 사람들에게 친숙하게 들리지 않는다. 그러나 그것은 지금도 너무나 중요한 그 무엇을 가리키는 말이다. C. S. 루이스는 언젠가 이렇게 쓴 적이 있다.

우리는 청중의 언어를 배워야만 한다. 더불어 '평범한 사람'이 이해하거나 혹은 이해하지 못하는 것을 단지 경험 이전의 영역에 속하는 것(a priori)으로 돌려버리는 것은 소용없는 일이란 점을, 여기 서두에서 말해 두고자 한다. 당신은 경험을 통해 발견해 내야만 한다. … 조그만 부분 하나하나에 이르기까지 당신의 신학을 일상의 언어로 옮겨야만 한다. 이것은 너무나 골치아픈 일이지만, … 그렇다 할지라도 꼭 해야 하는 일이다. 그것 역시 자신의 사상에 가장 크게 도움을 준다. 만일 당신의 사상을 교육받지 못한 이들이 쓰는 평범한 언어로 옮길 수 없다면, 그 사상은 혼란만 불러일으키고 말 것이라는 결론에 이르게 된다. 일상의 언어로 옮길 수 있는 실력이야말로 당신이 말하는 것이 무엇인지 자신이 실제로 이해했음을 보여주는 척도가 된다.

만일 이신칭의 교리가 '이해할 수 없는 것'이라면, 그렇게 된 연유는 우리가 그 말을 이해할 수 없는 말로 만들었기 때문이며, 나아가 그 말이 인간의 정황 속에서 가지는 힘과 그 정황과 맺고 있는 연관성을 설명하지 못했기 때문이다. 그 실패는 우리로부터 비롯된 것이지, 교리 자체에서 연유한 것은 아니다.

둘째로 '이신칭의'라는 문구는 심각한 오해를 불러올 가능성을 열어놓고 있다. 그것은 어떤 개인이 '그의 믿음 때문에' 의롭게 된다는 의미로 비춰질 소지가 있다. 달리 말하면, 믿음이라는 인간의 행위야말로 '하나님이 보시기에 의로운 자'라는 지위를 우리에게 부여하겠다고 그분이 결정하시는 근거가 된다는 것이다. 이 말이 옳다면, 이는 공로로 인해 의롭다 여김을 받는다는 교리에 이를 것이며, 믿음은 다만 선행의 어떤 특별한 유형으로 여겨지게 될 것이다.

사실 '이신칭의'라는 문구는 전혀 다른 의미를 갖고 있으며, 어쩌면 그 의미는 멜란히톤이 사용한 한 라틴어 문구를 살펴봄으로써 가장 잘 이해될 수 있을 것 같다. 우리는 '그리스도로 인해 믿음을 통하여'(propter Christum per fidem : on account of Christ through faith) 의롭게 된다. 하나님께서 우리를 당신과 올바른 관계를 갖는 자리에 두실 것을 결정하시는 근거는 예수 그리스도 바로 그분께 있다. 우리가 의롭게 된 것은 그리스도께서 그의 평생 동안 하나님께 순종하셨기 때문이며, 나아가 그분이 십자가에 못 박혀 돌아가셨기 때문이다. 우리가 이미 해 놓은 어떤 일 또는 앞으로 할 어떤 일 때문이 아니라, 바로 그분 때문에 우리는 하나님의 마음에 흡족하게 된 것이다. 하지만 우리가 의롭게 된 수단은 믿음이다. 믿음은 마치 하나의 물길 같은 것이어서, 그것을 통해 그리스도가 베푸신 은혜가 우리에게 흘러 들어온다. 또는 우리가 이미 앞 장에서 살펴보았던 루터가 제시한 이미지를 들어보면, 믿음은 우리를 그리스도와 연합시키는 하나의 혼인 약정과 같은 것이다. 우리는 우리의 믿음 때문에 의롭게 된 것이 아니라 도리어 우리의 믿음을 통하여 의롭게 된 것이다. 의롭다 여기는 데 기초가 된 것은 어디까지나 그리스도께서 하신 일이지, 우리의 믿음이 아니다. 믿음은 그리스도께서 하신 일이 우리의 삶에 적용되는 방편이다. 이것은 결코 인간의 공로 때문에 의롭다 여기심을 받는다는 교리가 아니다. 도리어 그것은 그리스도 때문에 의롭다 여기심을 받는다는 교리이다.

하지만 그 교리는 이런 의미보다 더욱 많은 내용을 함축하고 있다. 믿음 그 자체도 하나님의 선물이다. 달리 말하면 의롭다 여기심을 얻게 하는 외부의 기초(곧 그리스도께서 하신 일)와 내부의 방편(곧 믿음)이 모두 하나님께서 주신 것이라는 말이다. 믿음은 우리의 노력으로 이룰 수 있는 그 무엇이 아니다. 그것은 우리 속에서 하나님으로 인해 이루어지는 것이다. 만일 믿음을 단순히 '하나님이 존재하신다는 것에 대한 동의' 또는 '기독교의 핵심 교리들에 대한 믿음' 정도로 이해한다면, 이런 주장은 당신을 당황하게 만들 수도 있다. 그러나 우리가 이미 앞 장에서 언급했듯 종교개혁이 이해했던 믿음은 이보다 더욱 많은 의미를 포함하고 있다. 믿음은 우리를 그리스도와 그분이 베푸신 모든 은택에 연합시킨다. 구원에 필요한 모든 일이 하나님의 손을 통해 이미 이루어졌으며, 나아가 완전하게 이루어졌다. 믿음의 보증이라는 종교개혁의 중심 교리는 바로 이런 인식 위에 그 기초를 두고 있다.

하지만 이것은 자연스레 세 번째 난제를 불러온다. 위에서 설명한 바와 같은 이신칭의 교리는, 마치 도덕 또는 순종과는 애당초 전혀 관련이 없는 것처럼 들린다. 선한 행실, 곧 선량한 그리스도인의 삶을 살아가야만 한다는 요구에 대한 언급은 전혀 이루어지지 않았다. 이 점은 너무나 중요한 것이기에, 우리는 그것을 다음 항목에서 더 깊이 다룰 것이다. 하지만 이 단계에서도 처음에 언급했던 몇몇 내용들은 쓸모가 있다.

개혁자들의 근본 관심사는 우리가 성취한 그 무엇 때문에 의롭다 여기심을 받았다고 주장하는 것을 배제하는 것이었다. 이런 주장은 받아들일 수 없는, 다음의 세 가지를 담고 있었다.

1. 그런 주장은 하나님께 우리의 행위에 대한 보상을 베푸셔야 할 의무를 지우는 것이기에, 칭의가 갖는 은혜성과 하나님의 자유를 부인하는 것이었다.

2. 그런 주장은 인간이 한 일들을 '의롭다 여기심'(칭의)이라는 상품을 사 들일 수 있는 공로로 간주한다. 만일 그렇다면 칭의는 하나의 보상, 곧 인간의 공로에 근거하여 우리에게 주어지는 그 무엇이 되었을 것이다. 개혁자들은 이런 주장이야말로 위험스러운 추정이라고 믿었다.

3. 그런 주장은 공로의 영성을 부추기는 것이며, 그로 인해 인간들은 대담하게도 자신들이 하나님의 도우심이 없더라도 칭의에 필요한 기준들을 성취할 수 있다고 믿었다.

이런 위험들 하나하나는 중세의 가톨릭 신학에서도 이미 언급되었다. 그럼에도 불구하고 이런 위험들과 관련되어 채택된 전략들은 복잡하고 혼란스러운 것으로, 평범한 사람들이 이해하기 힘들었던 — 그리고 지금도 여전히 이해하기 힘든 — 정교한 신학적 구분을 포함하고 있었다(예를 들어, 적합한[congruous] 공로와 지당한[condign] 공로의 구분처럼). 신학이란 것은 사실상 철저하게 수도원에 국한된 것이었다는 점을 기억해야 한다. 스콜라 신학의 복잡한 개념 구분에 익숙해 있던 수도사들은 아마 이를 수월하게 다룰 수 있었을 것이다. 하지만 평범한 사람들은 그 개념들이 도무지 이해할 수 없으며, 그들에게 전혀 도움이 안 되는 것들임을 알아차렸다. 종교개혁자들은 이런 공로의 종교를 피할 수 있는 유일한 길은 칭의가 철저히 선물로 주어진 것이라는 점을 강조하는 길뿐이라고 믿었다. 하나님은 우리의 그 어떤 공로 — 과거, 현재 그리고 미래의 — 도 전혀 참작하지 않으신 채 우리를 의롭다고 인정하신다.

그런 점에서 그리스도인으로 삶을 시작하는 것은 우리의 도덕이나 영혼이 성취한 것에 털끝만큼도 신세지지 않는다. 하지만 일단 그리스도인으로서 삶이 시작되면, 새롭고 중요한 어떤 역할이 인간의 행위에 부여된다. 우리의 모습을 철저히 바꾸어 버리는 신앙의 본질 때문에 우리의 본성이 바뀌게 되고, 그 결과 우리는 자연스럽게 선한 일을 하고 싶어 한다. 종교개혁 후기의 저술들이 주장했던 것처럼, 믿음은 선행을 잉태하고 있다. 우리가 그 시작에 기여한 것이 전혀 없음에도 불구하고, 그리스도인으로서 새로운 삶이 시작된다. 그 삶은 우리가 성령으로 인해 새롭게 되고 거듭나면서, 나아가 하나님을 향하여 우리의 감사를 표현하고 도덕에 부합하는 삶을 통해 우리의 새로운 본질이 갖게 된 실재를 드러내게 되면서, 선한 행실을 통하여 지속된다. 여기서 핵심이 되는 통찰은 곧, 인간의 행위는 의롭다 여겨 주심에 대한 하나의 응답일 뿐이지, 그 행위가 의롭다 여겨 주심에 선행 조건은 아니라는 점이다. 이런 생각을 여기서 한 번 더 상세히 살펴보고자 한다.

그렇다면 기독교 영성에서 이 종교개혁의 중심 교리가 함축하고 있는 것들은 대체 무엇일까? 아마도 가장 중요한 함축은 자수성가한 사람이라는 현상과 관련되어 있는데, 특별히 이런 사람이 인간의 노력을 강조하는 종교들의 중심을 이루기 때문이다. 현대 서양 사회, 특별히 미국에서는 너무나 성취(성공) 지향의 사고방식이 만연되어 있다. '당신은 당신이 스스로 만드는 존재입니다'라는 말은 기업 문화에서 핵심 표어다. '당신은 당신 자신의 힘으로 해내야만 합니다.' 많은 사람들이 우리의 가족과 또래들을 통해 우리에게 스며 들어온 성공이라는 세속 가치들에 깊이 영향을 받고 있다. 또 이런 세속 지향의 태도들은 영혼의 중요한 부산물들이다. 많은 사람들은 하나님이 그들을 사랑하실 수 있도록 자신들이 무언가를 해야 하거나 무언가를 이루어 내야만 한다는 의무감을 느끼고 있다. 복음이 우리에게 하나님께서 베풀어주신 사랑의 무조건성을 선포한다 해도, 그런 의무감에 사로잡힌 사람들에겐 그런 선포는 선뜻 받아들일 수 없는 것이다. 그것은 너무나도 뚜렷이 서구 문화의 기준들과 모순되기 때문이다.

하나님께서 우리를 받아들이시려면, 우리가 그 전에 무엇인가를 해야 한다는 것이 확실한가? 많은 사람들은 타인에게 의존하는 것이 곧 용기를 잃어버린 것과 같다고 배웠다. 그 결과, 그들은 '독립'이라는 사이비 종교를 강력하게 신봉하고 있다. 인격의 완성은 다른 사람 또는 다른 사물에 의존하지 않는 것에 기초를 두고 있다. 그러나 하나님이 우리를 사랑하신다는 관념은 도리어 하나님을 의지하도록 권면하고 있다. 이런 관념은 많은 사람들이 무심결에 세속 문화로부터 흡수해온 여러 가치들과 충돌을 일으키는데, 그런 세속 문화는 세상 속에서 다른 사람보다 앞서 나가는 방도에 대해 말할 때 그 무엇에도 의존하지 않는 것이라고 주장하기 때문이다.

흥미롭게도 이와 비슷한 태도를 인간의 행위와 노력에 강조점을 두었던 중세 후기의 영성에서 찾아볼 수 있다. 루터는 이런 태도들에 강력한 도전을 제기했다. 우리는 받아들여질 수 없는 존재임에도 불구하고, 예수 그리스도를 통하여 하나님께 받아들여졌다는 사실을 받아들이도록 요구받고 있다. 루터는 이것이야말로 인간의 자존심이 견디기 어려운 것이라고 주장한다. '이 칭의라는 개념에 저항하는 유일한 존재는 바로 우리 마음속에 도사리는 자존심이며, 그 자존심은 자신의 불신앙에 대해 자부심을 갖고 있다.' 하나님 앞에 선 우리 지위는 주어진 것이지, 우리가 수고하여 얻어낸 것이 아니다. '죄인들은 사랑받고 있기에 매력이 있는 것이지, 그들에게 매력이 있어서 사랑받는 것은 아니다.' 우리를 향한 하나님의 사랑은 우리가 성취한 것들에 좌우되는 것이 아니다. 우리는 결코 우리의 수고를 통하여 우리의 구원을 얻어낼 수 없다. 그리스도인이 되기 위하여, 우리가 더 높은 것을 성취해야 하는 것도 아니다. 그 모든 일을 이루시는 이는 우리가 아니라, 바로 하나님이시다.

루터는 1546년 2월 17일, 목요일, 이른 시각에 숨을 거두었다. 그가 남긴 마지막 말은 '물론'이었다. 그 대답은 그가 죽음에 다가가면서, '자네가 설교했던 기독교 신앙과 교리를 변함없이 고수할 것인가' 라고 물어 온 한 친구에게 대답하며 중얼거린 말이었다. 그가 숨을 거둔 직후, 친구들은 그 집의 탁자 위에 놓여 있던 공책 하나를 발견했다. 그것은 루터가 생전에 마지막으로 남긴 글이었다. 그 글의 마지막 여섯 단어는 이러하다. '우리는 거지들이다. 이것은 진실이다'(Wir sind Bettler. Hoc est verum). 루터가 보기에 그리스도인들은 영적인 거지들로서, 하나님의 도우심이 없으면 그 무엇도 얻을 수 없으며, 나아가 후하게 베풀어 주시는 하나님의 관대하심에 철저히 의지하고 있는 자들이다. 루터의 영성 전체는 바로 그 여섯 단어로 압축될 수 있을 것이다. 하나님이 베풀어 주신다. 우리는 다만 받을 뿐이다. 기뻐하며 그리고 감사하면서.

은혜와 훈련

하나님의 은혜를 엄청나게 강조했던 한 운동이 또 마찬가지로 인간의 훈련에 상당한 비중을 부여했다는 점은 어쩌면 16세기의 가장 커다란 역설 가운데 하나일 것이다. 그렇다면 여기에 확실히 어떤 모순이 존재하는가? 개인이나 공동체가 훈련을 받는다는 개념은 하나님의 은혜의 우선성을 강조하는 것과 모순을 빚는 것은 아닐까?

얼핏 보면 양자가 모순된다는 주장은 그럴 듯해 보인다. 이신칭의 교리는 인간의 공로를 강조하는 어떤 종교도 그 지반부터 무너뜨린다는 점에서 심오한 해방을 안겨다 준다. 모든 일을 이루시는 이가 하나님이시라는 생각—결코 우리가 아닌!—은 너무나 좋은 소식이었으며, 특별히 자신의 부서지기 쉬운 연약함을 자각하는 이들이나 자신의 능력을 확신하지 못한 이들에겐 더욱 복음이었다. 그런 점에서 그리스도인의 삶 속에서 연단의 중요성에 대하여 말한다는 것은 이처럼 해방을 안겨다 준 주제를 거스르는 것처럼 보인다. 그것은 엄격한 규율에 따르는 삶을 강조하는 중세 수도원 주의의 사고방식으로 뒷걸음질치는 것은 아닐까?

하지만 좀 더 가까이 관찰해 보면 의구심은 사라지게 된다. 겉보기에 모순처럼 보이는 부분에 대해서는 인간을 변화시키시는 하나님의 은혜 속에 그 대답이 자리하고 있다. 은혜는 우리를 지금 여기 이곳에 그대로 놓아두지 않는다. 은혜는 우리를 앞으로 나아가도록 만든다. 앞에서 언급한 루터의 의사 비유가 여기서 도움이 된다. 은혜는 단지 우리의 상황을 진단할 뿐 아니라 그 상황을 치료한다. 은혜는 우리의 연약함을 지적할 뿐 아니라, 한 걸음 더 나아가 우리에게 도움을 준다. 선한 일을 할 능력이 없거나 중요한 의미가 있는 그 어떤 일도 이루어 낼 수 있는 능력이 없기에, 자신을 의로운 존재로 만들 능력이 없었던 인간의 본성은 급격하게 그 모습이 바뀐다. 하나님의 은혜의 도우심으로 인해 인간의 본성은 하나님을 위하여, 하나님과 더불어 일할 수 있는 능력을 갖게 된다.

믿음과 선행의 관계를 살펴봄으로써 이 문제를 분석해 보도록 하자. 우리가 이 의미를 명확히 깨닫도록 개혁자들은 두 개의 신학 모델을 제시한다. 첫째는 루터의 것이다. 루터는 신약 성경의 나무 비유를 들어, 나무의 생산력이 오로지 그 뿌리에 의존하고 있음을 주장한다. 좋은 뿌리는 좋은 열매를 맺게 한다. 루터는 논증하기를 믿음은 나무의 생존에 없어서는 안 될 건강한 뿌리를 제공한다고 말한다. 바로 그때, 곧 건강한 뿌리가 주어지는 때로부터 나무는 자연스럽게 좋은 열매를 맺을 수 있게 된다. 좋은 뿌리가 존재함으로써, 자연 법칙의 작용으로 좋은 열매를 산출하는 연관 관계가 마침내 복잡한 생명의 과정 속에서 이루어진다. 그 나무에게 좋은 열매를 맺으라고 굳이 말할 필요가 없다. 그것은 말 그대로 자연스럽게 일어난다. 일단 그 뿌리가 자리를 잡으면, 그것은 나무가 대지로부터 자양분을 흡수할 수 있도록 만들며 나머지 과정은 자연스럽게 이루어진다.

믿음도 이와 마찬가지라고 루터는 주장한다. 믿음은 마치 좋은 뿌리와 같다. 일단 그것이 견고하게 자리잡게 되면, 자연스럽게 선한 삶을 살아가면서 선한 행실에 진력하는 하나의 과정이 시작된다. 진정한 믿음은 자연스럽게 선한 행실을 낳는다.

> 믿음으로부터 주 안에서 맛보는 사랑과 기쁨이 흘러나오며, 사랑으로부터 우리 이웃들을 기꺼이 섬기는 마음, 나아가 자유로운 마음이 흘러나온다. … 하늘에 계신 우리 아버지께서 당신의 자유로우신 뜻으로 그리스도 안에서 우리를 도우셨듯이, 우리 역시 우리의 몸과 우리의 행실을 통하여 우리 이웃들을 도와야 하며, 나아가 각 사람이 말 그대로 다른 이들에게 그리스도와 같은 사람이 되어야만 한다.

그러나 나무의 뿌리가 그 터를 잡기 전에는 열매를 낼 수 없는 것처럼, 그 어떤 선한 행실도 믿음이 존재하기 전에는 불가능하다. 여기서 루터는, 그 연원이 히포의 아우구스티누스에 있는, 한 가지 중요한 구분, 곧 도덕에 비추어 행한 선한 행실과 하나님을 믿는 결과로 이루어진 선한 행실 사이의 구분을 원용하고 있다. 루터에게 있어 선한 행실의 본질은 곧 감사로 충만한 심령과 하나님을 기쁘시게 하려는 소원 가운데 이루어진다는 것이다. 그런 점에서, 신앙은 선한 행실로 나아가는 적절한 원동력을 부여한다. 그 행실 자체가 목적이 아니다. 그 행실은 우리의 이웃에게 깊은 인상을 심어줄 목적으로 이루어진 것이 아니다. 오히려 그 행실은 신자가 자연스럽게 하나님께 드리는 응답이다. '우리가 그리스도를 믿는다 하여 그것이 곧 우리를 행위(행실)로부터 벗어나게 하는 것은 아니며, 다만 행위에 관한 그릇된 견해들(이를테면, 행위로 인해 우리가 의롭다 여김을 받는다는 우둔한 견해처럼)로부터 벗어나게 할 뿐이다.' 그런 점에서, 우리는 자신을 짓누르는 공로 지향의 심리 상태로부터 해방된 존재이다.

칼뱅은 좀 더 정교한 모델을 전개하면서 신자 안에 그리스도의 인격이 현존(임재)한다는 관념을 끌어다 쓰고 있다. 복음은 우리가 그리스도를 만나는 것, 그리고 신앙을 통하여 그분과 연합하는 것과 연관되어 있다고 칼뱅은 주장한다. 우리가 믿음을 통하여 하나님으로부터 받는 것은 줄줄이 이어지는 여러 선물이라기보다는, 오히려 하나뿐인 최고의 선물이다. 자비롭게도 예수 그리스도 바로 그분이 우리 안에 들어와 계신다는 것이다. 여기서 칼뱅은 루터가 사용한 유명한 비유, 곧 그리스도와 신자 사이의 결혼을 원용하고 있다. 신자는 부활하신 그리스도의 생명에 연합되었다. 나아가 신자는 그리스도를, 순수하게 겉으로 드러나는 방식이 아니라 오히려 내면의 방식으로 신앙의 삶 속에 통합시킨다. 믿음은 신자를 예수 그리스도와 연합시키면서, 그것을 통하여 그리스도의 인격과 공로가 전달되는 하나의 수로 역할을 하게 된다. 이렇게 그리스도와 연합함으로써 두 가지 중요한 결과가 나타난다. 칼뱅은 고린도전서 6장 11절을 근거로, 그 결과들을 '의롭다 여기심 받음'(칭의)과 '거룩하게 됨'(성화)이라는 '이중 은혜'로 부르고 있다.

그리스도는 '우리에게 지혜와 의로움과 거룩함과 구속함이 되셨다'(고전 1:30). 따라서 그리스도는 어떤 사람을 거룩하게 만들지 않으신 채, 그를 의롭다 여기지 않으신다. 그 복은 영원히 끊어질 수 없는 끈으로 결합되어 있다. 당신의 지혜로 깨우치신 이를, 그가 또 구속하신다. 그가 구속하신 그 사람을 그가 또 의롭다 여기신다. 그가 의롭다 여기신 이를, 그가 또 거룩하게 만드신다.

우리가 실제로 믿음을 통하여 그리스도와 연합되었다는 점에서, 우리는 실제로 그의 지혜와 의로움에 참여하고 있다. 우리에게 구속을 안겨준 그리스도를 우리가 만나며 그와 연합하는 것이 철저하게 무상으로 이루어진다는 점에서, 칭의가 값없이 주어지는 선물임이 확인된다. 그리스도와 연합하는 것과 거룩하게 되는 것(성화) 사이에는 결코 뗄 수 없는 연관이 존재함으로 인해, 거듭남과 성화의 필연성이 확인된다. 칭의는 우리가 하나님 보시기에 의롭다는 것을 그분이 여전히 외부적으로 선언하시는 것이다. 그러나 이는 우리 안에 살아 계신 그리스도께서 현존(임재)하신다는 사실에 근거하여 이루어진다. 그런 점에서 그리스도의 인격이 신자 안에 현존하신다는 것과 칭의 사이에는 신학적인 면에서 엄청난 연관 관계가 설정되는 것이다.

그러나 우리의 논점에 비추어 볼 때, 가장 중요한 특징은 이 모델이 성화에 대해 엄밀하게 분석하고 있다는 점이다. 그리스도인이 내면으로부터 새롭게 되며, 그리스도의 형상에 일치되어 가는 갱신의 과정이 곧 성화이다. 칼뱅이 보기에 칭의와 성화는 둘 다 신자 속에 그리스도께서 현존하심으로 직접 일어난 결과들이다. 칭의는 성화를 가져오지 않는다. 또 성화는 칭의를 가져오지 않는다. 오히려 이 둘 모두 사람을 바꾸시는 그리스도의 현존으로 인해 일어나며, 그 현존은 신자를 하나님 보시기에 의로운 존재로 만들면서(칭의), 나아가 동시에 신자의 모습을 그리스도의 모습에 일치시키는 과정(성화)을 시작한다. 성화는 사람의 행위로 이해되지 않는다. 그것은 우리 속에서 하나님이 하시는 일로써, 이미 우리 속에 들어와 계신 그리스도의 모습에 우리의 모습을 일치시켜 가는 것이다. 그것은 마치 신자 속에 그리스도가 현존하심이 하나의 촉매 역할을 하면서 그 촉매로 인해 갱신과 재창조의 과정이 일어나게 되는 것과 흡사하다.

그런 점에서 루터와 칼뱅 둘 다 영성에서 너무나 중요한 일련의 통찰들로 신학의 기초를 놓아준 셈이다. 우리는 우리 자신의 순종으로 인해 의롭다 여기심을 받지 않는다. 도리어 의롭다 여기심을 받는 것(칭의)이 순종을 낳는다. 신약 성경에 등장하고 있는 수많은 바울의 통찰들이 여기서 합쳐지면서 일관되고 신뢰할 수 있는 하나의 기독교 영성을 낳는다. 그리스도인들은 '그리스도 안에' 있는 사람들이며, 그의 의로움과 거룩함에 동참하고 있다(고전 1:30). 그리스도인들은 그리스도의 모습에 일치되어 가고 있는 사람들이다. 여기에는 그분의 순종에 일치되어 가는 것을 포함한다. 그리고 순종은 신앙으로부터 생겨난다(롬 1:5). 이런 통찰을 바르멘 선언(1934)이 완벽하게 포착하고 있는데, 이 선언을 통해 고전 복음주의 영성의 이런 원리가 히틀러 치하에 있던 독일 교회의 상황과 관련을 맺게 되었다.

예수 그리스도가 우리의 모든 죄를 용서하신다는 하나님의 보증이신 것처럼, 똑같은 방식으로 그리고 똑같이 진지하게 그는 우리의 삶 전체에 대한 하나님의 강력한 권리 주장이다. 그의 피조물들을 자유롭게, 감사하며 섬길 수 있도록, 바로 그리스도를 통하여 하나님을 믿지 않는 세상의 속박들로부터 환희에 찬 구원이 이루어지게 된다.[66]

그러나 여기서 한 가지 어려움이 발생한다. 만일 의롭게 하는 믿음이 동시에 선한 행실을 낳는다면, 자신이 그리스도임을 주장하면서도 정작 선한 행실이라는 명백한 표지들을 전혀 보여주지 못하는 사람들에 대해서는 어떤 말을 할 수 있을까? 그 처음 답변은 이렇다. '선한 행실'이 반드시 '공중이 볼 수 있고 공중 앞에서 이루어진 선한 행실'을 가리키는 것은 아니라는 것이다. 그리스도를 신뢰하는 개인이라면 그는 자신의 신앙을 조용한 방법으로, 오로지 몇몇 사람들만이 알 수 있게 표현할 수도 있는 것이다. 특별히 루터가 보기에 어떤 사람의 행위나 영적 성취에 공중의 이목이 끌린다는 개념은 유쾌하지 않은 것이었으며, 자칫 자신에게 영광을 돌리는 위험한 결과를

---

66 바르멘 선언은, 히틀러가 이끌던 독일 국가사회주의(나치주의)의 영향으로 인해 독일 교회가 기독교 본연의 신앙 고백을 잃어가고 있음을 염려하던 이들이 1934년 5월 29일부터 31일까지 바르멘에 모여 회동한 결과를 6개 테제로 압축하여 내놓은 것이다. 본문은 그 테제들 가운데 두 번째 것인데, 고린도전서 1장 30절을 테제의 주제로 삼고 있다. 원문을 직역하면 이러하다. '우리는, 마치 예수 그리스도가 그 소유의 주인이 아닌 영역이 우리 삶에 존재하는 것처럼, 또 그리스도를 통하여 이루어지는 칭의와 성화가 필요치 않은 영역이 우리 삶에 존재하는 것처럼, 그릇되게 말하는 가르침을 배척한다.'

낳을 수도 있었다. 하지만 여전히 대답이 필요한 진짜 핵심은 남아 있다. 선한 행실로 명백하게 표현되지 않는 믿음이 그리스도인의 믿음으로 간주될 수 있을까? 사람이 이 믿음을 판단할 수 있을까?

이 문제는 종교개혁자들에게 실제의 관심사였으며, 우리는 제네바에 살던 칼뱅의 회중과 관련하여 그들의 접근법을 살펴볼 수 있다. 칼뱅은 자신의 회중 가운데 많은 사람들이 이름만 그리스도인인 껍데기 신자들임을 확신하고 있었다. 그렇지만 누가 그리스도인인가 아닌가를 결정할 수 있는가? 오직 하나님만이 그런 판단과 결정을 내리실 수 있다. 곡식과 가라지의 비유(마 13:24-30)를 토대로 칼뱅은, 자신이 해야 할 일은 신실하게 인내하면서 복음을 설교하고, 복음서에 담긴 이적들을 선포하며 나아가 그것이 인간의 행위에 있어 암시하는 바를 될 수 있는 한 명료하게 제시하는 것이라고 주장했다. 하지만 그는 누가 그리스도인이며 누가 아닌지를 판단할 수도 없었고 또 판단해서도 안 되었다. 신자와 비신자를 구분하는 일은 하나님께 맡겨지는 것이 최선이었다. 그 비유가 말하듯이 회중 속에서 그들을 갈라놓으려는 어떤 섣부른 시도도 해악을 불러올 수 있다. 그런 구분에는 인간의 마음속에 숨겨진 동기에 접근하는 것이 필요하기에, 우리는 이 문제에 대해 판단할 권한을 가질 수 없다. 그러나 칼뱅이 강조한 것처럼 설교자와 목회자는 복음과 그것이 담고 있는 결론들을 될 수 있는 한 분명하고 자세히 설명해야 하며, 그 밖에 있는 것은 하나님께 맡겨야 한다. 목회자는 복음이 당연히 선한 행실을 낳는다는 점을 강조해야 한다. 그러나 그 설교를 듣는 이들의 믿음에 관해서는 하나님께 판단을 맡겨야 한다.

결국 이 분석의 마지막 부분 — 그리스도인의 삶에서 훈련이 갖는 중요성 — 에 이르게 되었다. 이것은 자주, 어떤 율법주의 — 오로지 율법 자체가 목적이 되어 엄격하게 인간의 행위를 규제하면서 인간을 짓누르는 규율들을 지켜야 한다고 외치는 사상 — 로 뒷걸음질치는 것이라고 오해 받고 있다. 하지만 훈련은 믿음에서 비롯한 반응이요 믿음의 결과이지, 결코 믿음으로부터 독립된 그 무엇이 아니다. 어떤 사람도, 단 한 순간일지언정, 당신이 규정이나 규율들을 지킴으로써 하나님 나라에 들어갈 수 있다고 말할 수 없다.

훈련을 — 삶 전체로 그분의 뜻에 따르는 것을 포함하여 — 당신의 인격 전체가 하나님께 응답하는 것으로 생각하라. 훈련은 삶의 모든 부분에서 하나님을 향한 당신의 헌신이 깊어지는 것을 의미한다. 그것은 아무 생각없이 규율들을 지키는 것이 아니다. 그것은 당신 삶의 모든 측면 — 사고방식과 행동 방식 — 이 새로운 깊이와 헌신을 갖게 할 전략들을 발전시키는 것이다. 훈련은, 우리를 그리스도인으로 부르신 하나님의 뜻에 신실하고자 할 때 요구되는 지성적이고 도덕적인 정결함을 부여한다. 그것은 세상 속에서 우리를 하나님의 백성으로 다듬어가며 하나님의 백성으로 살게 하는 과정, 곧 하나님이 허락하시고 은혜로 추진해 가시는 바로 그 과정에 우리가 기여하는 것이다. 그것은 우리의 구원받지 못한 삶을 어수선하게 만드는 장애물들을 제거한다.

믿음을 연애와 같은 것으로 생각하라. 모름지기 최선의 연애라면,

당신은 사랑을 나누는 그 사람을 기쁘게 하려 할 것이다. 그것은 사랑에 대해 자연스럽고 완전히 이해할 수 있는 반응이다. 당신이 현재 모습을 바꾸어 연인이 원하는 모습이 되려고 노력하는 것을 말한다. 당신은 연인이 원하는 것을 시작할 것이다. 왜 그런가? 그것이 자연스럽기 때문이다. 그것이 바로 사랑이다. 그것은 율법주의도 아니며 비합리적인 것도 아니다. 그것은 연애라는 영광스러운 사업의 일부다. 그리스도인의 삶에 있어 훈련도 하나님이 베푸신 사랑에 우리가 사랑으로 응답하는 것이다. 그것이 곧, 우리의 삶을 다시 빚으시는 하나님의 역사에 우리가 걸림이 되지 않으리라는 것을 스스로 보증하는 방식이다. 훈련은 하나님께서 우리를 새롭게 하시는 일에 주님의 은혜로운 자원들을 완전히 동원하실 수 있도록 우리 영혼이 살아 숨쉬는 무대를 말끔히 치우는 것이다. 나아가 훈련은 이신칭의의 교리와 모순되지도 않는다.

이신칭의는 그리스도인의 삶이 인간의 성취나 공로를 통하여 시작되는 것이 아니라, 하나님이 우리를 위해 예수 그리스도를 통해 행하신 모든 일로 인해, 하나님의 은혜로우신 선물로 시작된 것임을 확인해 준다. 그러나 그 삶이 일단 시작되면, 계속되어야 한다. 지속되는 부분이 바로 성화이며, 바로 그 성화의 과정을 통해 성령이 일하심으로써 우리 내면이 새롭게 되는 것이다. 훈련은 하나님의 도우심을 받아, 그런 성화의 과정에 우리가 기여하는 것이다. 우리는 훈련으로 인해 의롭다 여기심 받지 않는다. 하지만 우리의 성화는 하나님과 더불어 일하려는 우리의 의지로 인해 도움을 얻으면서, 우리가 그리스도를 더 많이 닮아갈 수 있도록 우리 삶 속에 자리잡은 틈 새들을 그분께 내어드리게 된다.

그런 점에서 훈련은 개인 차원과 타인과 함께하는 공동 차원의 삶 양쪽에서 그리스도의 모습을 닮아가는 과정을 촉진하는 수단이다. 훈련은 누구의 도움도 받지 않고 혼자서 감당하는 것이 아니다. 도리어 훈련은 하나님이 도우시는 자기 검증의 과정이며, 그 과정을 통해 그리스도를 닮아가려는 목표에 장애가 되는 것이 무엇인지 확인된다. 나아가 그 장애물을 없애게 된다. 훈련은 영혼의 순종을 보여주는 하나의 형식이며, 하나님을 향한 신앙의 새로운 자질과 헌신을 가져오는 신앙의 열매로 간주된다. 종교개혁자들이 보기에 제대로 훈련되지 않은 군대는 전장에서 전혀 쓸모가 없었다. 이와 비슷하게, 제대로 훈련받지 않은 그리스도인들은 신앙의 전장에서 극히 제한된 가치만이 있을 뿐이었다. 비록 군사 비유가 오늘날 몇몇 사람들에겐 다소 부담스러운 인상을 줄 수 있지만, 그 기본 취지는 신뢰할 수 있다. 개인이 어떤 훈련을 받았느냐에 따라 그의 대인 관계, 학문 세계 그리고 사업 세계(단지 세 개의 경우만을 예로 들었을 뿐이다)에서 지극히 중대한 차이가 발생한다. 마찬가지로 그런 연단의 차이는 믿음에서도 너무나 중요한 차이를 만들어 낼 수 있다. 훈련을 거친 믿음은 살아남을 가능성이 높으며, 나아가 다른 사람을 믿음으로 인도할 가능성이 높나.

이것이 갖는 실천적인 중요성은 16세기 중엽 유럽에서 칼뱅파가 겪었던 운명을 통해 증명된다. 루터파는 자신의 인생관에 잘 맞는 것으로 여겨졌던 지방 제후들과 군주들의 친절한 영향력 덕택에, 널리 확산되면서 살아남았다. 그러나 칼뱅파는 대적들이 우글대는 험난한 조건 아래에서 살아남아 발전해 가야만 했다. 프랑스의 경우가 이를 잘 보여준다. 1534년 이후로, 프랑스에서 칼뱅파는 사실상 금지됐었다. 칼뱅파가 된다는 것은 신속하게 (그리고 전혀 즐겁지 않게) 자신의 목숨을 바치게 될 위험을 감내하는 것이었다. 그러나 칼뱅파는 번성했다. 1560년대 초에 이르자, 그토록 대적들이 우글대는 상황에서도 칼뱅파는 결국 우세한 지위를 차지할 것처럼 보였다. 어떻게 그런 일이 가능했을까?

그 해답의 일부는 칼뱅의 사상이 종교와 경제면에서 매력이 있었다는 점에서 찾을 수 있다. 그로 인해 확실히 많은 사람들이 그의 사상에 귀를 기울였다. 하지만 대답의 주요한 부분은 바로 칼뱅이 자신을 따르던 프랑스인들에게 끊임없이 훈련의 필요성을 역설했던 데서 찾을 수 있다. 프랑스 전역에 걸쳐 작은 모임들이 생겨나, 모이는 시기를 정하여 비밀리에 하나님의 말씀을 공부하고, 기도하며, 나아가 함께 떡을 떼기 위해 모였다. 그들이 살아남은 것은 그들의 믿음이 갖고 있던 자질과 탄력성 때문이었다. 이 모임들과 마키 (maquis)[67] 같은 2차대전 당시의 프랑스 레지스탕스 운동 단체들 사이에는 매우 흥미를 끄는 유사한 관계가 존재한다. 특히 이 모임을 도

---

67 나치가 프랑스를 점령했을 당시, 주로 산악 지대나 삼림 지대를 무대로 나치에 대항하여 무장 투쟁을 전개했던 단체들이다.

운 세력이 제네바였다는 점에서 더욱 그러하다. 이들 16세기 원형은—작은 성경 공부 모임 같은—프랑스 칼뱅파의 중추였다. 기도와 성경공부라는 일정한 양식을 발전시키고 나아가 환난의 때에 서로 도울 것을 맹세함으로써, 이 모임들은 칼뱅파의 미래를 보장하는 데 많은 도움을 준 믿음을 발전시켰다.

이 장을 끝맺으면서 우리는 위에서 언급한 이미지를 원용해 그것을 더욱 발전시킬 수 있다. 프랑스의 칼뱅파와 2차 세계대전 중의 프랑스 저항 운동 사이에는 실제로 유사 관계가 존재한다. 그들은 둘 다 점령당한 영토에서 생존을 위해 싸움을 벌였고, 끝까지 살아남아 자신들의 최종 목표를 이루려면 신앙(신념)과 훈련(연단)이 요구되었다. C. S. 루이스는 언젠가 현대 그리스도인의 상황을 2차 대전 중의 저항 운동에 비유한 적이 있다. 그는 그리스도인들이 점령된 영토 안에서 살고 있다고 주장했다. 세상은 외세(흔히 '죄, 세상 그리고 마귀'라는 이름으로 불리는 세력)가 접수했다. 또 그리스도인들은 침략자인 외세가 축출되고 올바른 정통 정부(하나님을 가리킨다)가 회복되도록, 끈질기게 저항 투쟁을 이어가야만 한다.

이런 이미지가 유익한 이유로는 특히 현대의 많은 서구 문화들이 가진 지독한 적대 성향 때문이다. 이런 문화들은 빈번히 기독교와 그리스도인들을 지나간 시대가 남긴 기괴한 유물로 묘사하면서, 신자들의 관심사를 단순히 향수에 젖은 갈망이요 시대 변화에 대처할 수 없는 무능함을 반영한다고 여겨 배척한다. 하지만 우리가 주장하고픈 것은 바로 이것 즉 생존 여부가 개인의 훈련 여하에 달려 있다는 점이다. 16세기 프랑스에서 칼뱅파 신자들이 만들었던 소규모 모임들이 훈련(연단)으로 인해 지속될 수 있었던 것처럼, 지금 우리가 살아남을지의 여부도 그와 같은 것들에 달려 있을 수 있다. 그 상황들(16세기 칼뱅파가 맞이했던 상황과 2차대전 당시 저항 운동 세력이 직면했던 상황) 사이에, 또 거기에 대처하려고 사용된 수단들 사이에 대응 관계가 존재한다는 점은 유익한 교훈을 안겨준다. 우리는 칼뱅이 '흔들림없이 꿋꿋하게 서 있는 교회들'(eglises plantees)이라고 규정했던 프랑스의 그 작은 모임들과, 그들이 훈련을 강조했다는 사실로부터 교훈을 얻는다. 군사에 관한 하나의 비유를 끌어다 쓰면서 칼뱅 자신이 쓴 글을 읽어 보자. '그리스도인들은 하나님께서 믿는 모든 이들을 위해 예비해 놓으신 투쟁을 준비해야 한다. 무장한 적이 가까이 있다. 그리고 그 적은 교활하여 순전히 인간의 힘으로 격퇴할 수 없다.' 훈련은 바로 그러한 때에 하나님의 힘을 끌어다 쓸 수 있게 한다. 대학에서의 학생연합 성경공부, 교구에서의 기도 모임, 공동체의 교제 등 모든 것이 활력 넘치고 훈련된 작은 단위 모임들로 그 역할을 감당하며, 곤고한 상황 속에서도 계속 믿음이 성숙하며 자라가게 하는 능력이 있다. 바로 이것이 그 어떤 영성에서도 중심이 되는 것이 아니겠는가?

종교개혁자들은 성인이 아니었다. 그들은 다만 근대 초기라는 위험하고 새로운 세계 속에서 교회가 자신의 소명에 충실할 수 있도록 그 출발점을 마련한 사람들이었다. 우리는 그와 똑같은 소명을, 그리고 똑같은 시대를 물려받은 사람들이다. 이 책에서 나는 개혁자들의 관점, 사상 그리고 접근법들이 오늘에도 여전히 쓸모 있음을 논증했다. 이런 고전 복음주의 영성의 자원들은 현대 교회에서도 선택 가능한 방안들이며 그 생명력을 유지하고 있다.

시간이 지날수록 기독교 목회자들과 교사들로부터 터져나오는 절규가 있다. 바로 이렇게 요약될 것이다. 우리는 현대의 갈급함을 채워 줄 신학이 필요하다. 우리는 죄책감과 두려움에 찌든 사회의 쟁점들에 대해 말해 주는 영성을 구한다. 우리는 지금 살고 있는 도시에서 효과적으로 작용할 복음을 필요로 한다. 그러면서도 그것은 기독교에서 나온 것이어야 한다. 그리고 비록 그 접근법이 어떤 관련성이 있다 해도 그것은 순전해야 한다. 잠시 있다가 사라지게 될 신념들을 좇아가느라 그리스도인다운 성실성이 헛되이 사용되어서는 안 된다.

그러나 이 책에서 강조하듯, 우리는 그 수레바퀴를 재창조할 필요가 없다. 종교개혁 영성은 곤고함에 지친 채 그 영성을 필요로 하고 그것이 제공하는 기회들을 자각하는 교회를 새롭게 하고 신선한 공기를 불어 넣을 수 있는 너무나 귀중한 출발점이요 자원이다.

지금도 작용하는 개념들은 드물다. 그러나 우리가 이 책에서 살펴본 종교개혁 영성의 여러 부분들은 근대 초기 유럽의 고달프고 절박한 조건들 아래에서 시험되고 검증된 것들이다. 우리는 그 부분들을 되찾아 다시 우리의 소유로 삼아야만 한다. 이런 개념 중 몇 가지는 흙먼지로 뒤덮여 버렸다. 어떤 개념들은 오해 때문에 사장되었다. 이 책은 그런 개념들을 선용할 수 있도록 되살리면서 그 개념들이 나오게 된 역사적 정황의 중요성을 강조함으로써, 현대를 살아가는 그리스도인의 삶에 새로운 자원과 자극을 풍성하게 제공하려고 했다.

이 마지막 장은 단순히 이 책의 내용을 요약하는 데 목적이 있지 않다. 여기서는 현대 교회가 필요로 하는 것들에 접근하는 몇 가지 의견을 제시하려고 한다.

종교개혁 영성은 우리 신앙의 뿌리로 돌아가려는 도전을 대변하고 있다. 그것은 과거가 현재와 상호 영향을 주고받게 하면서, 다시 기억 속에 되살려 사용해야 할 것임에도 불구하고 우리가 억압하거나 망각하고 있는 문제들을 발견하도록 과거를 초청하는 것이다. 종교개혁 영성의 중심 특징인 전통과 현대 사이의 창조성 넘치는 상호작용 역시 우리의 것이 될 수 있다. 전통주의와 근현대주의 모두 나름의 명백한 결점들이 있는데, 전자는 현재를 못 보는 반면 후자는 과거를 보지 못한다. 현대는 과거가 가진 한계에 구애받지 않고, 그 과거로부터 자극을 받으면서 자양분을 섭취해야 한다. 과거는 죽은 것이 아니기 때문이다. 그것은 우리의 미래를 여는 열쇠를 쥐고 있다.

그리스어에는 시간을 나타내는 말로 두 단어가 있다. 크로노스와 카이로스가 그것이다. 전자(이 단어에서 영어의 정밀시계[chronometer]와 연대기[chronology]라는 말이 나왔다)는 객관성을 띤 시간의 경과, 시계가 똑딱거리며 몇 분인지 가리키는 것, 개념과 사건 그리고 사람들로부터 우리를 떼어 놓는 간격을 말하고, 우리로 하여금 그것들을 과거의 일로 이야기하게 한다. 하지만 다른 한편으로 시간은 주관성을 띤 개념으로 순수하게 분, 시간 또는 년(年)으로 정의될 수 없는 그 무엇이기도 하다. 카이로스라는 그리스어는 시간이 갖고 있는 이러한 측면과 관련되어 있다. 그것은 시간 속에서 무엇을 하기 좋은 순간을 가리키거나, 어떤 개념이나 사건(그것의 크로노스에 상관없이)이 우리가 사는 세상의 벽을 뚫고 들어와 거기에 새로운 해방의 빛을 비추는 적기를 가리키는 말이다.

내가 이 책 전체에 걸쳐 강조했듯이, 개념이나 가치들의 연대기는 현재와의 연관성을 보여주지 못하는 경우가 허다하다. 그런 연관성은 오로지 인간의 경험이라는 실험실 속에서 검증될 수 있을 뿐이다. 그렇지만 종교개혁과 연관된 많은 개념들이 그 연대가 오래되었음에도 불구하고, 현대적인 느낌을 풍긴다는 것은 놀라운 일이다. 사실 그 내면을 보면, 고전 복음주의 영성은 여전히 청년이며 그 앞에는 창창하고 두드러진 미래가 열려 있다. 우리가 기꺼이 그 영성을 사용하며 그것을 토대로 행동하려 한다면 그 영성은, 여러 해 동안 움직이지 않고 누워 있었지만 활동을 재개하여 성장해 갈 수 있는 능력을 보유한 하나의 씨앗처럼 작용한다.

종교개혁 영성과 개인

근대 초기는 기독 교회사에서 단순히 기독교의 외면, 곧 껍데기만을 이해한 것들이 적절치 못했음을 발견한 시기였다. 에라스무스가 쓴 『그리스도의 군사에게 주는 안내서』는 이런 점을 강력하게 증거하는 것으로, 기독교 신앙의 내면으로 파고들어가 그것을 이해해야 함을 강조한다. 이제 더 이상 기독교 신앙을, 교회 출석이나 성례에 참여하는 것처럼 순전히 겉에 드러난 것에 비추어 규정하는 것은 적절치 않게 되었다. 대신, 신앙은 각 개인의 은밀한 경험 세계와 관련을 맺으며 현실로 나타나야만 했다. 개인의 영역에 신앙이 실재한다는 것은 인기있는 쟁점이 되었으며, 이는 그 이전에 결코 유례가 없던 일이다.

종교개혁은 이 새로운 분위기에 차분히 호소했다. 그것이 곧 사도 시대의 기독교가 갖고 있던 생생한 측면을 회복하는 것이라고 믿었다. 바울의 글들은 신앙 안에 있는 개인 차원의 측면, 주관성의 측면 그리고 경험의 측면을 그가 깨닫고 있었음을 보여주지 않았는가? 그렇다면 대체 왜 이런 통찰과 기회들이 하나님의 모든 백성에게 쓸모 있는 것이 되지 못했을까? 근대 초기의 여명이 밝아오면서 순전한 기독교에 담겨 있었지만 잃어버렸거나 억제되었던 측면들을 되찾을, 하늘이 내린 기회가 도래한 것으로 여겨졌다. 회복된 기독교야말로 참 기독교였다.

기독교 신앙을 주관성을 깨달은 개인들과 관련지어주는 것이 종교개혁 영성의 중심 특징이었다. 그런 사람들에게 복음이 실재가 되지 못한다면, 신학은 자살 통보서를 쓸 수도 있었다. 중세 기독교 세계는 죽어 가고 있었다. 나아가 근세 초기의 사람들이 필요로 하던 것들과 연관되도록 기독교가 다시 진술되고 주조될 수 없다면, 기독교도 그 중세와 더불어 죽음을 맞이할 위험성이 있었다.

개혁자들은 이런 어려움을 기꺼이 감내했고, 그 꽃은 결코 값을 매길 수 없을 만큼 귀중한 보석이 될 것을 믿었다. 역사가 발전하면서 오랫동안 지연되었던 신앙의 재건에 있어 좋은 기회가 마련되었다. 기독교를 그 본연의 올바른 상태로 되돌려놓는 것이야말로 미지의 세계가 요구하는 것들과 관련되어 있으리라는 믿음이 강렬했다. 어마어마한 위험을 안고 있었던 이 모험은 결국 성공하게 된다. 새로운 성경연구 방식, 설교 방식 그리고 교수 방식이 고안되었으며, 그것들은 모두 평범한 민중들에게 복음이 제시하는 거대한 잠재력을 탐구하고 설명하도록 만들어진 것들이었다.

이런 요구는 오늘날도 여전히 계속된다. 기독교를 외면과 형식에 맞춘 여러 행위들을 묶어 놓은 하나의 총체로 이해할 위험성은 여전히 존재한다. 근세 초기의 그런 태도들이 지금도 여전히 우리 가운데 존재한다. 실존주의는 그동안 줄기차게 이어졌던 요구, 곧 복음이 개인들의 주관적 의식 및 경험 세계와 관련되어야만 한다는 것을 강력히 되새기는 계기가 되었다. 키르케고르가 '가장 열정이 넘치는 내면(본질)을 자신의 소유로 만드는 과정'(그의 작품 『과학성이 없는 후기를 맺으면서』[Concluding Unscientific Postscript]에 나오는 말이다)이라고 불렀던 것을 향한 끊임없는 요구가 존재하는 것이다. 복음을 개인이 경험한 세계 위에 세우지 못한다면, 그것은 곧 기독교 자체의 미래에 손상을 가져올 수도 있다.

그러나 이것이 또한, 기독교가 주관성을 강조하는 개인주의의 안개 속으로 빠져들어야 한다고 말하는 것은 아니다. 종교개혁은 신앙의 주관성과 객관성을 확고하게 강조하며, 둘 사이에 균형이 유지될 수 있도록 주의를 기울였다. 교리는 신앙에 존재하는 주관성의 측면들이 가져올 수도 있는 위험을 바로잡는 지극히 중요한 도구로 간주되었다. 교리가 경험을 해석한다. 그 본질에 비추어, 경험은 결코 진리가 흘러나오는 원천으로서의 권위를 부여받을 수 없었다. 루터의 십자가 신학이 뚜렷하게 밝히는 것처럼, 우리가 현재 경험하는 일이나 사물의 모습이 그 일과 사물의 실제 모습과 반드시 일치하는 것은 아니다.

종교개혁이 주관주의로 뒷걸음질치는 것을 신중하게 거부했다면, 개인주의에도 이와 같은 비판의 시선으로 접근하고 있는 것이다. 이를 위해, 우리는 종교개혁 영성에서 교회가 담당했던 역할을 살펴보아야 할지 모른다.

종교개혁 영성과 교회

종교개혁은 과격한 기독교 개인주의를 용인할 수 없었다. 기독교 신앙이 개인적이어야 한다고 줄기차게 주장한 것도 사실은 그리스도인의 삶이 교회라는 공동체 안에서 이루어져야 함을 강조하기 위한 것이었다. 신앙 공동체는 신앙에 우연히 첨가된 어떤 부가물이 아니다. 교회는 어디까지나 신앙의 양육과 영혼의 성장을 위해 하나님이 부여하신 하나의 자원이다. 우리는 '고독한 방랑자'의 운명을 걸머진 사람들이 아니라, 도리어 하나님과 함께 다른 그리스도인들과 더불어 이 나그네 길을 걸어가도록 예정되었다. 그런 점에서 복음주의자들—종교개혁의 유산을 현대에 물려받은 상속인들—은 신앙이 갖고 있는 공동성의 측면들을 다시금 포착할 필요가 있다. 디트리히 본회퍼가 쓴 『성도의 공동생활』(*Life Together*)처럼 현대의 많은 개신교 저술들은 개인과 공동체의 신앙과 헌신을 깊이 함양하는 데 공동체가 중요한 역할을 한다는 점을 일깨워 주었다.

또한 종교개혁 영성은, 교회라는 제도의 생명력과 잠재력이 거기 속한 구성원들의 헌신의 질과 직접 연결되어 있음을 줄기차게 강조했다. 교회의 사명이 열매 맺을 것인가의 문제는 구성원 개개인의 신앙과 결코 별개일 수 없었다. 종교개혁의 이상은 자신의 전 인격을 헌신한 한 무리의 개인들이 가진 이상이며, 그 개인들은 자신의 헌신과 재능을 동원하여 단순히 그 개인들이 집합한 것보다 더 위대한 하나의 전체를 만들어 내는 길을 택한 사람들이다. 개인적인 부흥과 믿음은 교회의 삶에 없어서는 안 될 요소들이며, 나아가 바로 그 교회의 삶을 통하여 교회는 사회에 널리 영향을 미치게 된다. 드 몽틀랑베흐는, 자신의 유명한 연구서인 『서구의 수사들』(*The Monks of the West*)에서 6세기에 성 베네딕투스가 서구 사회에 끼친 영향에 대하여 이렇게 언급하고 있다.

역사가들은 앞 다투어 베네딕투스의 천재성과 혜안을 칭찬했다. 그들은 베네딕투스가 유럽을 새로운 정신으로 쇄신하고 사회의 해체를 멈추며, 공공 교육을 재건하고 나아가 문학과 예술을 보존하려 했다고 주장한다. … 나도 그가 단지 자기 자신의 영혼과 자신의 형제들인 수사들의 영혼을 거듭나게 하는 것만을 꿈꾸었던 것은 아니라고 굳게 믿고 있다.

베네딕투스는 복음주의 영성의 고전이 품고 있던 하나의 이상 — 곧, 개인의 거듭남이 제도의 유효성과 사회의 기능을 단단하게 한다는 것 — 을 잘 설명해 주고 있다.

그렇기에 비록 교회가 신앙이 자라날 수 있도록 안전하고 조심스럽게 돌보는 환경을 제공하더라도, 그 제도가 개인 신앙의 중요성을 가리는 것이 되게 해서는 안 된다. 그리스도를 믿는다는 것이 교회라는 제도에 무턱대고 맹종하는 것과 혼동되어서도 안 된다. 인간의 다른 모든 제도들처럼 교회 역시 죄로 오염되어 있으며, 개혁의 필요성이 존재한다['교회는 항상 개혁되어야만 한다'라는 구호 속에 함축되어 표현된 논지다]. 한 사람의 그리스도인이라 했을 때 먼저는 하나님께 자신을 내어 맡기는 것을 말하며, 두 번째로 교회라는 제도에 대해 자신의 책임을 다하는 것을 의미한다. 그처럼 교회에 책임을 다한다는 것은, 만일 그것이 교회의 정체성과 소명에 충실한 것이라면, 사랑과 염려의 심정으로 교회를 비판하는 것도 포함해야 한다.

현대의 복음주의를 포함한 현대 교회는 마르틴 루터가 중세 기독교 세계에 의도했던 지식, 도덕 그리고 신학 분야의 청소 작업 같은 것을 여전히 요구하고 있다. 현대 교회는 어떤 커다란 각성을 필요로 하며 그 각성을 통해 교회의 존재 이유를, 나아가 교회의 소명을 회복하여 그것을 완수할 수 있게 하는 교회의 자원들을 다시 발견해야 한다. 중세 교회가 온갖 종류의 추가와 왜곡을 통해 복음의 생명력에 — 일부러 그랬다기보다 부주의로 우연히 — 손상을 입혔던 것처럼, 현대 교회 역시 의문투성이인 가치와 의심스러운 출처로 뒤덮인 온갖 개념과 입장들을 동원하여 자신의 신앙을 난장판으로 만들어버렸다. 정말 무언가 새로운 틀을 짜는 것이 필요하다. 종교개혁은 그처럼 신선한 기풍을 되살리는 교정 작업에 필요한 하나의 본보기와 자원들을 제공해 주고 있다. 정결케 하는 일은 고통스러운 일이다. 하지만 이런 아픔 역시 우리를 깨끗케 한다.

뿌리로 말미암아 새롭게 되다

종교개혁 영성의 중심 주제 중 하나는 우리가 자신의 영성의 뿌리로 돌아가야만 한다는 것이다. 우리는 자기 과거에 놀라고 그것으로부터 자양분을 공급받으며, 그것으로부터 도전 받고 나아가 과거로부터 가르침을 받을 필요가 있다. 현대 복음주의는 자신도 모르는 사이에 우리에게 정체성을 부여해준 그 과거와의 연결고리를 끊어버렸다. 그것은 결국 자신의 뿌리와 이어진 유대의 끈들을 잘라버린 것이었다. 현대 복음주의는 16세기 종교개혁의 토대를 놓았던 사상가들 덕택에 선용할 수 있게 된 너무나 풍성한 유산들을 대부분 망각 속에 묻어버렸다. 이는 근심스러운 결과들을 가져왔다. 예를 들어 많은 현대 복음주의 세력들은 이 세상을 등지고 편협한 기독교 하위문화 속으로 도피했다. 그런 양상을 종교개혁자들이 목격했다면 그들은 충격과 당혹감을 감추지 못했을 것이며, 이것을 천박한 지식과 무책임한 신학 때문으로 간주했을 것이다.

현대 복음주의는 종교개혁의 근본 사상을 재발견해야 한다는 절박한 요구에 직면해 있다. 현대의 복음주의는 그의 뿌리로부터 자양분을 공급받고 그 뿌리로부터 도전을 받아야만 하며, 나아가 자신이 갈라져 나온 반석을 응시해야 한다. 그 복음주의는 중대한 지식과 영혼의 양식에 굶주려 왔기에 충분한 영양분을 공급받아야 한다. 자립을 외치는 심리학 교범들에 엉성한 근거를 둔 채 어정쩡하게 이해된 세속 사상은 기독교 신학에 대한 진지한 관심이 차지하던 자리를 빼앗아갔다. 현대 복음주의는 하나같이 성경에 기반을 둔, 개혁자들이 다듬어 낸 개념과 입장들을 회피한 채, 적절치 못하고 순전하지 않은 양식들로 대체했다. 이것들은 현대의 상황이 요구하고 있는 것들을 거의 만족시킬 수 없는 것이었다. 세상으로부터 도피하여 은둔하려는 충동에 사로잡힌 분파주의 풍조가 세상의 회개와 변혁에 헌신했던 움직임을 지배하게 되었다. 비록 때가 늦었지만, 복음주의의 뿌리를 다시 살펴보는 것이야말로 이처럼 침체된 양상을 바로잡는 것이 될 수 있다.

이 책은 종교개혁 영성이 전 세계의 기독 교회에 계속 기여하고 있다는 확신 가운데 쓰였다. 현대 세계에서 성장하는 기독교 양식들은 성경과 종교개혁 전통 속에 자리한 자신들의 뿌리를 진지하게 받아들인 교회들이라는 점을 모든 통계 수치들이 증거하고 있다. 20세기의 가장 큰 역설들 가운데 하나를 든다면, 세속 문화로부터 유래한 현대의 사고방식을 채택하여 현대인과 복음 간에 더 많이 관련을 맺게 한 교회들은 하나같이 교인수가 줄어들었다는 점이다. 복음과 현대인 사이를 연결하려는 것 자체는 기특한 일이다. 하지만 그러한 추구는 심각한 실패를 맛보았을 뿐이다.

슬픈 일이지만 이처럼 복음과 현대인 사이의 관련성을 추구했던 모습에는 기독교 복음 본래의 능력에 대한 확신이 결여되어 있었다. 관련성이 있다는 것이 곧 세상의 사상을 받아들이는 것을 의미하지는 않는다. 그것은 오히려 어떤 상황에서도 살아남을 수 있고, 신뢰할 만하며 나아가 매력 있는 대안을 세상에 제시하는 것이다. 그것은 복음 그 자체에 대해 확신하는 것이다. 종교개혁 영성은 성경으로부터 자양분을 흡수하면서 바로 그 성경에서 영감을 섭취한 뿌리에 깊이 호소함으로써, 책임있고 순전한 기독교의 방식을 통하여 세상과 관련을 맺기 원하던 교회에 많은 것을 줄 수 있는 자원을 보유하고 있다. 고전적 복음주의 영성은 우리에게 살아 있는 쟁점들과 관련된 생생한 방안들을 제공한다.

근대 초기의 여명이 밝아오던 때의 종교개혁자들은 우리가 사는 이 시대와 눈에 띄게 유사점이 있는 당시의 정황을 향해 말하지 않을 수 없었다. 그들은 자신들이 살던 시대의 요구들과 기회들을 만족시키는 영성들을 성경에 근거하여 만들어 냈다. 전통 속에 자리한 영성은 우리에게 줄 만한 것들이 많은데, 때로는 우리의 사고방식과 행동 방식에 도전장을 내밀기도 하고, 또 어떤 경우에는 현재의 접근법들을 보완해 줄 귀중한 자원들을 허락해 주기도 한다. 종교개혁은 우리에게 멈추어 서서 우리 상황을 곰곰이 살펴보고, 과거의 실패와 성공으로부터 교훈을 얻도록 권면하고 있다. 이 책은 다만 과거에게 현재를 향하여 말을 건네며 그 현재를 풍요롭게 할 수 있도록 한 겸손한 시도일 뿐이다.

하지만 이 고전 복음주의 영성이 남긴 중요한 공로는, 이신칭의 교리에 표현된 대로, 어제나 오늘이나 인간의 지혜와 능력이라는 이름으로 통용되는 그 무엇이 아니라, 오히려 하나님의 지혜와 권능이 그분의 몸 된 교회를 떠받치며 교회에 풍성한 양분을 공급한다는 사실을 우리가 거듭 발견한다고 옹골차게 주장하도록 했다는 사실이다. 이 책을 끝맺으면서 루터에게 교회를 향해 마지막 권면의 말을 할 수 있는 기회를 주도록 하자.

교회를 지탱할 수 있는 이는 지금의 우리가 아니요, 우리 이전에 있었던 이들도 아니며, 우리 이후에 있을 이들도 아닐 것이다. 교회를 지탱할 수 있는 이는 어제나, 오늘이나 그리고 내일이나 오직 한 분, 곧 '세상 끝날까지 내가 너희와 늘 함께 있으리라'고 말씀하신 바로 그분이다. 히브리서 13장이 말씀하는 것처럼, '예수 그리스도는, 어제나, 오늘이나 그리고 영원토록 동일하시다.' 또 요한계시록 1장이 말씀하는 것처럼, '그분은 이전에도 계셨고, 지금도 계시며, 장차 오실 자이시다.' 진실로 예수께서 말씀이신 바로 그분이며, 어느 누구도 그분이 아니요, 다른 그 누구도 앞으로도 영원히 그분이 될 수 없다.

당신과 나는 수천 년 전에는 없었으나, 교회는 우리가 없음에도 불구하고 지탱되었기 때문이다. 이는 '이전에도 계신 분' 그리고 '어제도 동일하게 계셨던 분'을 통하여 이루어졌다. … 만일 교회와 우리를 그토록 분명하게 떠받치고 계시는 바로 그분이 계시지 않는다면,

교회는 바로 우리 눈앞에서 무너질 것이요, 우리 역시 그 교회와 함께 쇠락할 것이다. 설령 우리가 그것을 마지못해 믿는다 할지라도, 이 사실은 우리가 붙잡을 수 있는 것이요 느낄 수 있는 것이다. 우리는 자신을 '지금도 계신' 그리고 '오늘도 동일하신' 바로 그분에게 드려야만 한다.

재차 말하지만 우리가 죽는다면 우리는 교회를 떠받치기 위해 아무 것도 할 수 없다. 하지만 바로 그분, 곧 '장차 오실' 그리고 '영원토록 동일하신' 분께서 당신의 교회를 떠받치실 것이다.

더 깊은 연구를 위한 참고문헌

종교개혁의 역사와 사상을 다룬 문헌

Bainton, Roland H., *The Age of Reformation* (Princeton, N.J.:Van Nostrand, 1956).

————, *Women of the Reformation* (3 vols. Minneapois: Augusburg Publishing House, 1971-1977).

————, *Here I Stand : A Life of Martin Luther* (Tring: Lion, 1987/ New York: Abingdon Press, 1950).

————, *Erasmus of Christendom* (Tring: Lion, 1988/ New York: Scribner, 1969).

Baker, Wayne J., *Heinrich Bullinger and the Covenant* (Athens, Ohio: Ohio University Press, 1980).

Battles, F.L., 'God Was Accommodating Himself to Human Capacity', *Interpretation 31* (1977), pp. 19-38.

Bornkamm, Heinrich, *The Heart of Reformation Faith: The Fundamental Axioms of Evangelical Belief* (New York: Harper & Row, 1965).

————, *Luther in Mid-Career, 1521-1530* (Philadelphia: Fortress Press, 1983).

Bouwsma, William J., *John Calvin: A Sixteenth-Century Portrait* (New York: Oxford University Press, 1988).

————, 'The Spirituality of John Calvin', in Jill Raitt (ed.), *Christian Spirituality II: High Middle Ages and Reformation*, (London: Routledge, 1987/ New York: Crossroad Publishing House, 1988), pp. 318-333.

Brecht, Martin, *Martin Luther: His Road to Reformation* (Philadelphia: Fortress Press, 1985).

Busser, Fritz, 'The Spirituality of Zwingli and Bullinger', in Jill Raitt (ed.), *Christian Spirituality II:* (London: Routledge, 1987/ New York: Crossroad Publishing House, 1988), pp. 300-317.

Butler, Diana, 'God's Visible Glory: The Beauty of Nature in the Thought of John Calvin and Jonathan Edwards', *Westminster Theological Journal 52* (1990), pp. 13-26.

Dillenberger, John, and Welch, Claude, *Protestant Christianity interpreted through its Development* (New York: Scribners, 1954).

Forde, Gerhard O., *Where God Meets Man: Luther's Down to Earth Approach to the Gospel* (Minneapolis: Augsburg Publishing House, 1972).

Ganoczy, Alexandre, *The Young Calvin* (Edinburgh: T. & T. Clark, 1988).

George, Timothy, *The Theology of the Reformers* (Nashville: Broadman Press, 1988).

Kittelson, James M., *Luther the Reformer: The Story of the Man and His Career* (Leicester; Inter-Varsity Press, 1989).

Leith, John H, *Calvin's Doctrine of the Christian Life* (Atlanta, Ga: John Knox/ Westminster Press, 1989).

Lienhart, Marc, *Luther: Witness to Jesus Christ* (Minneapolis: Augsburg Publishing House, 1982).

von Loewenich, Walter, *Martin Luther: The Man and His Work* (Minneapolis: Augsburg Publishing House, 1986).

Lohse, Bernhard, *Martin Luther: An Introduction to His Life and Work* (Edinburgh: T. & T. Clark, 1987/ Philadelphia: Fortress Press, 1986).

McGrath, Alister E., *Luther's Theology of the Cross: Martin Luther's Theological Breakthrough* (Oxford/Cambridge, Ma.: Basil Blackwell, 1985; reprinted 1990).

————, *The Intellectual Origins of the European Reformation* (Oxford/ Cambridge, Ma.: Basil Blackwell, 1987).

————, *Reformation Thought: An Introduction* (Oxford/Cambridge, Ma.: Basil Blackwell, 1988).

————, *A Life of John Calvin; A Study in the Shaping of Modern Western*

Culture (Oxford/Cambridge, Ma.: Basil Blackwell, 1990).

McKee, Elsie Anne, and Armstrong, Brian G., *Probing the Reformed Tradition* (Louisville: Westminster/John Knox Press, 1989).

Maxcey, Carl E., *Bona Opera: A Study in the Development of the Doctrine in Philip Melanchthon* (Nieuwkoop: de Graaf, 1980).

Oberman, Heiko A., *Luther: Man Between God and the Devil* (New Haven: Yale University Press, 1989).

Parker, T.H.L., *John Calvin* (Tring: Lion, 1985).

Potter, G.R., *Zwingli* (Cambridge: Cambridge University Press, 1976).

Quere, Ralph Walter, *Melanchthon's Christian Cognoscere: Christ's Efficacious Presence in the Eucharistic Theology of Melanchthon* (Nieuwkoop: de Graaf, 1977).

Richard, Lucien Joseph, *The Spirituality of John Calvin* (Atlanta, Ga: John Knox Press, 1974).

Schreiner, Susan, *Theater of His Glory: Nature and the Natural Order in the Thought of John Calvin* (Durham, NC: Labyrinth Press, 1990).

Spitz, Louis W., *The Protestant Reformation 1517-1559* (New York: Harper & Row, 1985).

Stauffer, Richard, *The Humanity of John Calvin* (Nashville: Abingdon Press, 1971).

Stephens, W.P., 'Zwingli's Reforming Ministry', *Expository Times* 93 (1981), pp. 6-10.

—————, *The Theology of Huldrych Zwingli* (Oxford: Oxford University Press, 1986).

Tracy, James D., 'Ad Fontes: The Humanist Understanding of Scripture as Nourishment for the Soul,' in Jill Raitt (ed.), *Christian Spirituality II: High Middle Ages and Reformation,* (London: Routledge, 1987/ New York: Crossroad Publishing House, 1988), pp. 252-267.

Wallace, Ronald S., *Calvin's Doctrine of the Christian Life* (Edinburgh : Oliver & Boyd, 1959).

다른 관련 문헌

Bonhoeffer, Dietrich, *Life Together* (London: SCM Press/ New York: Harper & Row, 1954).

Edwards, Tilden, *Spiritual Friend: Reclaiming the Gift of Spiritual Direction* (New York: Paulist Press, 1980).

Elton, G. R. (ed.), *The Reformation 1520-1559* (New Cambridge Modern History, Volume 2, 2nd edn: Cambridge University Press, 1990).

Forrester, W.R., *Christian Vocation* (New York: Scribners, 1953).

Foster, Richard J., *Celebration of Discipline* (London: Hodder & Stoughton, 1989/ New York: Harper & Row, 1976).

Hunter, James Davidson, *Evangelicalism: The Coming Generation* (Chicago: University of Chicago Press, 1987).

Kranzberg, Melvin, *By the Sweat of Thy Brow: Work in the Western World* (New York:Putnam, 1975/ London, Greenwood Press, 1987).

Hendrik, Kraemer, *A Theology of the Laity* (Cambridge: Lutterworth Press/ Philadelphia: Westminster Press, 1958).

McGrath, Alister E., *Iustitia Dei: A History of the Christian Doctrine of Justification* (2 vols: Cambridge: Cambridge University Press, 1986).

Miles, Margaret R., *Practising Christianity: Critical Perspectives* (New York: Crossroad Publishing Company, 1988)

Nichols, J. Randall, *The Restoring Word: Preaching as Pastoral Communication* (San Francisco: Harper & Row, 1987).

Oden, Thomas C., *Care of Souls in the Classic Tradition* (Philadelphia: Fortress Press, 1984).

Simpson, Lewis, *The Dispossessed Garden: Pastoral and History in Southern Literature* (Athens, GA.:University of Georgia Press, 1975).

Tilgher, Adriano, *Work* (New York: Arno Press, 1930).

Williams, Rowan, *The Wound of Knowledge: Christian Spiritualty from the New Testament to St John of the Cross* (London: Darton, Longman & Todd, 1980).